Christoph Dieckmann
My Generation

Christoph Dieckmann

# My Generation

Cocker, Dylan, Honecker
und die bleibende Zeit

Ch. Links Verlag, Berlin

*»Put the message in the box*
*put the box into the car*
*drive the car around the world*
*until you get heard.«*

World Party

Die Idee zu diesem Buch hatte Thomas Brussig.
Ich widme es meinen Eltern und allen Freunden, die mir halfen, auch in der Welt von gestern eine Art freier Autor zu sein.

Die Deutsche Bibliothek – CIP-Einheitsaufnahme

**Dieckmann, Christoph:**
My Generation: Cocker, Dylan, Honecker und die bleibende Zeit. / Christoph Dieckmann. –
2. Aufl. – Berlin: Links, 1999
(Literarische Publizistik)
ISBN 3-86153-195-X

2., veränderte Auflage, Januar 1999

Zehdenicker Straße 1, 10119 Berlin, Tel. (030) 44 02 32-0
Internet: www.linksverlag.de
Umschlaggestaltung: KahaneDesign, Berlin,
unter Verwendung eines Fotos von Harald Hauswald
Lektorat: Edda Fensch (1. Aufl.); Dr. Petra Kabus (2. Aufl.)
Satz und Lithos: LVD GmbH, Berlin
Schrift: New Century Schoolbook
Druck und Bindung: Wagner GmbH, Nördlingen
ISBN 3-86153-195-X

# Inhaltsverzeichnis

# My Generation

*»If I ask no questions*
*I don't get no lies.«*
Bad Company

## 1

Jedes Jahr im Oktober fuhren wir nach Warschau zum Jazz Jamboree. Das war unser herbstliches Fest: die nächtliche Reise ab Ostbahnhof, Grenzkontrolle, blechernes Polnisch, wenn der Zug seine ruckelnde Fahrt unterbrach. Ankunft im Morgengrauen, Schwarztausch (1 : 10). Die Tauben am Altstädter Markt, die bunten Parks, die Lesestuben mit Tee und »Spiegel«-Lektüre. Westplatten-Handel im Foyer des Kongreßpalastes, Konzerte bis weit nach Mitternacht, Sessions bis zum Morgen in den Clubs – »Stodola«, »Rynek«, »Remont«. Danach durch die eisige Frühe zurück zur Priesterschule St. Anna, wo wir in einem Klassenraum unsere Schlafsäcke ausbreiten durften.

Muddy Waters, Gil Evans, Woody Herman, Benny Goodman – viele der großen Toten habe ich in Warschau noch gehört. 1983 kam endlich Miles Davis, aber wegen des Kriegsrechts war Polen für uns zu. Irgendwie ergatterte ich ein Durchreisevisum, das mich über Polen und die Sowjetunion nach Iasi in Nordrumänien hätte bringen sollen. In Warschau wurde mir beim Gedanken an Weiterreise übel. Ich verließ den Zug, machte Quartier und begab mich auf die DDR-Botschaft, um dort einen Eindruck von meiner Erkrankung zu hinterlassen. Der Konsular-Attaché war besorgt. Er empfahl Bettruhe sowie, nach Genesung, Rückreise. »Nach Iasi fahren Sie besser ein andermal.« Ich sah es ein.

Die Miles-Davis-Tickets waren seit Wochen ausverkauft, doch ich besaß *Währung*: 40 DM hatten, versenkt in ein Brötchen mit Fleischsalat, die Grenze zum Bruderland überschritten. Dunkler Deal im »Hybrydy« an der Schummerbar. Das Brötchen reichte für alle sechs Festival-Tickets.

*Billy Bragg (Berlin, Festival des Politischen Liedes, Februar 1989)*

Eine Woche später spielte Miles Davis in West-Berlin.

Man kann die alte DDR unmöglich preisen für ihre Behinderungen, aber sie hat uns die Musik so teuer wie möglich gemacht. Man liebt doch nur, was man erkämpfen muß, und Kunst handelt von dem, was fehlt. Wir waren so romantisch mit diesem Klang der versagten Welt. Als Teens, Anfang der Siebziger, hingen wir täglich am Radio, um *aufzunehmen*. Reisemündige Großmütter wurden angestiftet, LPs von Colosseum und King Crimson zu schmuggeln. Heldische Hippies fochten mit Schuldirektoren, die kategorisch erklärten: Keine Abschlußprüfung mit dieser Frisur. Ha! Wir siegten, wie Crosby, Stills & Nash in »Almost Cut My Hair«, wie Lynyrd Skynyrd, benannt nach ihrem Sportlehrer Leonard Skinner, der den Long-hair-southernboys immer mit der Schere nachstellte. Langsam öffnete sich *unsere Republik*. Unsere Sender (die wir bis dato nicht hörten) spielten die ersten Rocknummern. »Türen öffnen sich zur Stadt« von den Puhdys auf Radio DDR – ich war geschockt! 1974 wagte AMIGA das Ungeheuerliche und edierte eine Jimi-Hendrix-LP. Vor den Plattenläden stauten sich Massen – ein Naturereignis, das sich während der nächsten anderthalb Jahrzehnte wiederholte, wann immer es *Lizenzen* gab.

Es ging nicht nur um Musik. Es ging um Auswege. Die DDR, bei relativer Vielgestalt, war eine eindimensionale Gesellschaft. Die Mauer hielt zusammen und ab und fern und zurück, falls man sich irgendwo zu reiben wünschte. DDR – das waren wir alle. Wir sahen alle dasselbe Westfernsehen. Wir kriegten alle dieselben Ostzeitungen vorgesetzt. Wir fuhren alle in südosteuropäischen Urlaub. Sofern kulturinteressiert, gingen wir in dieselben Bergman-Filme. Wir lasen Christa Wolf und Kafka und »Der Name der Rose« zur selben Zeit, treulich auf den Spuren hiesiger Editions-Politik. Als DDR-Verlage Camus und Sartre riskierten, brach bei uns Mitte der sechziger Jahre flugs ein kleiner französischer Nachkriegs-Existentialismus aus – lyrisch bereichernd, intellektuell hilfreich mit seinem Trost, daß jeder einsam gefangene Wolf sein Schicksal immerhin verachten dürfe, wann immer die DDR sich *Leseland* nannte. Wie hätten wir auch anders fragen können als Arnold Zweig in »Verklungene Tage«: »Blieb Lesen nicht berauschender als Leben?«

So wurden wir irgendwie satt, denn wir nahmen, was die Kelle gab. Auswahl, Alternativen gab es nicht genug. Man sah uns alle bei denselben raren Konzerten. Unglaubliche Gestalten reisten nach Peitz, dem Jazz-Nest bei Cottbus, und hörten die westeuropäische Free-Jazz-Avantgarde, serielle Musik, Konzerte für Solo-Posaune. Man hätte in diesen groben Vertilgern von Hähnchen und ganzen Rotwein-Ernten eher Rock- oder Bluesfans vermutet. Das waren sie außerdem. Sie kamen auch zu den Folkfesten des »Berliner Liedersommers der FDJ«.

Jedes Jahr im Oktober fuhren wir nach Warschau zum Jazz Jamboree. Das wird es nie wieder geben. Zum letzten Mal zusammen waren wir am 4. November 1989 und staunten, wer alles zu uns gehörte. »Wir!« dachten und riefen fünfhunderttausend in Berlin – noch einmal Eintracht gegen die Welt von gestern. Jetzt werden wir so verschieden, wie wir wirklich sind.

## 2

Weltanschauung: Gemenge aus Herkunft, Absicht und Resignation. Jede Generation hat ihr Erklärungsmodell. Die Pfeiler sind früh gesetzt. Alles Spätere ist Ausbau und Stuck am selben Haus. Man wird darin geboren. Man richtet sich ein, wie man das kennt. Honecker verblieb in seinem proletarischen Kinderland aus Brot und billigen Mieten, und daß er dessen König geworden war, machte ihn froh und vergessen, wieviel er vergaß. Mein Vater (Jahrgang 1920) freut sich ehrlichen Herzens auf Deutschland: »Jetzt wächst zusammen ...« Es wächst nicht zusammen. Es wird zusammengenagelt, wir bluten, und das tut weh. Kinderland ist abgebrannt.

Wir sind mehr Kinder unserer Zeit als Kinder unserer Eltern. Wir kannten die DDR und nur die DDR. Wir wurden hier hineingeboren und sahen sie nicht als Provisorium. Ich schreibe dies »wir« achtsam, auf Einspruch gefaßt. Aber ich glaube, daß viele aus meiner Generation, die als Künstler, Lehrer, Publizisten oder sonstwie moralisch urteilen wollten, ihren Staat immer noch ernsthaft behandelt haben. Nach uns tat das niemand mehr. Gerade dort, wo wir den Staat am bittersten beklagten, maßen wir ihn daran, was er zu sein vorgab. Sozialismus, das war nie ganz verschlissen, trotz aller Perversion. Ja, er hat uns angekotzt, der vulgär-ideologische Abhub, der Opportunismus der Mitläufer, der stinkende Müll der Medien, der Stuß der Parteilehrjahre, Fahnenappelle, Paraden, der zugeriegelte Alltag, der arrogante Umgang des Staates mit jenem Volk, dem er doch dienen sollte. Aber wir liefen nicht über, nicht nur, weil Ungarn noch geschlossen war. Die DDR schien von Bestand; sie machte auch historisch Sinn in einer bipolaren Welt, und daß die Geschichte dieses Ost-West aufgeben wollte, war nicht zu ahnen. Deutschland *ein* Staat? Gefährliches Geschwätz, die greise Marotte pfingstlich gestimmter Schlesier! Wir dachten links-rechts, nie national, und daß Kapitalismus, global gesehen, ein Killer ist. Und viele, die »Mandela« sagten, oder »Nikaragua«, importierten sich noch einmal jene politromantischen Hoffnungen, die wir für unser eigenes Land längst nicht mehr wagten.

Mit seiner Utopie verlor der Nischen-Sozialismus seinen einzigen, den moralischen Antrieb; einen materiellen hat er nie gehabt. Der typische DDR-Mensch investierte nicht in die gesellschaftliche Evolution, sondern in die vielzitierten materiellen Bedürfnisse. Daß deren Verkünder von sich ausgingen, mußte jeder wissen. Natürlich gab es da oben ungeahnte Schweinereien und Bereicherungen. Aber z. B. die Waid-Massaker unserer werktätigen Barone waren allgemein bekannt. Alljährlich im Januar blies Erich zur Diplomatenjagd. Als Günter Gaus, wahrlich nicht Top Gun, als »Ständiger Vertreter« der Bundesrepublik verabschiedet wurde, erhielt das ZDF Dreherlaubnis. Es filmte eine Glanznummer deutscher Satire: Gegen Ende des großen Hasenmordens begegnet Gaus Honecker: »Na, Herr Gaus, wieviel haben Sie denn?« – »Zwei.« Unbehagliche Pause. Gaus merkt, daß er zurückfragen soll: »Und Sie?« – »Siebzehn«, sagt Honecker und freut sich. Unbehagliche Pause. Wieder Gaus: »Ich habe Herrn Stoph getroffen. Er sagte, er habe neun.« – »Ja, ja, der Willi. Wenn er sagt, er hat neun, dann hat er auch neun.«

Wen schockten sie wirklich noch, die animalischen Abschußziffern unserer Willis und Harrys, ihre Pariser Deo-Roller, ihre Gelüste nach hochwertigen Nahrungsmitteln? Doch nur Heuchler, etwa jene Journaille, die im November 89 durch Wandlitz jagte, um alles, alles aufzudecken, was sie zuvor verhüllen half. Der Effekt war trotzdem ungeheuer und ein trauriges Beispiel des allgemeinen Rette-sich-wer-kann. Zugleich mit ihren alten Auftraggebern setzte sich die Medien-Maschine selber matt, obwohl sie es nicht sofort zu spüren bekam. Der Kollaps der DDR-Medien 1990 war ein Symbol: Das Land verlor die Stimme. Dieser Staat vertrug keine Wende. Wir auch nicht. Die kollektive Psyche der DDR, ihre gesamte Struktur, stand und fiel mit dem alten System, das sich so erfolgreich aller kritischen Nothelfer und Sympathisanten entledigt hatte. Das System hielt, da es drohte, solange es log, obwohl ihm keiner glaubte. Als es gestand, war es verloren.

War das Ende logisch? Nur die DDR betrachtet, nein. Wenn ich heute meine Texte der gestrigen Zeit nachlese, finde ich in all meinen Irrtümern die Bestätigung dafür, daß nichts wirklich ein Ende erwarten ließ. Schien uns der Staat zu bessern? Wir dachten nicht strikt. Wir hielten das Denken an, wo es noch günstig war, da es sich sonst wohl illegal verkrallt hätte, denn *die Machtfrage* war *geklärt*. Wir dachten also: Man müßte die Medien offener gestalten (und schrieben, was möglich war). Der Staat sollte mehr für Umweltschutz tun (und brachten unsere Flaschen und Zeitungen zu Sero). Der Zustand unserer Städte ist schlimm, dachten wir (und lebten in Berlin). Und allen Ernstes nahm ich an, das peu à peu der Westreisen seit 1987 würde uns zufriedener machen, was so logisch gewesen wäre wie die Stillung des Durstes durch das zwölfte Bier. Wir waren nicht strikt, aber hier spaltet sich das Wir.

Viele Aktivisten der Post-Biermann-Zeit und noch mehr ganz normale Leute fanden einfach keinen Grund mehr für ein freundliches Auskommen mit diesem Staat, der immer weniger der ihre war. In den achtziger Jahren bildeten sich fast überall in der DDR »sozialisierende Gruppen« – Friedens-, Öko-, Dritte-Welt-Kreise, Menschenrechtsverbünde, Pazifisten-Treffs, kritische Lesezirkel, die mit einfachster Technik eine kaum übersehbare Samisdat-Literatur herstellten. Die bekanntesten dieser Underground-Magazine waren die »Umweltblätter« der Berliner Umweltbibliothek, »Kontext« (fürs geistig erhabene Gemüt) und »Grenzfall«, herausgegeben von der Initiative Frieden und Menschenrechte und wegen seiner Unverblümtheit von der Stasi besonders heftig gesammelt. Die »Umweltblätter« wurden im November 1987 zusätzlich berühmt, durch eine nächtliche Stasi-Razzia im Gemeindehaus der Berliner Zionskirche, wo die grünen Aufklärer ihre Matrizen abzogen, nicht aber den »Grenzfall«, wie unsere heimlichen Hüter hofften. Daß der Vorfall die Kirche betraf, war typisch. Überall im Land suchten Oppositionelle kirchliches Obdach – mit wechselndem Erfolg. Die protestantische »Kirche im Sozialismus« (»nicht gegen, nicht neben ...«, so die Selbstdefinition) stand zwischen den Fronten. Staatshörig war sie keinesfalls, aber eben auch nicht unbedingt die Trutzburg der Opposition, zu der sie nach dem Sturz des SED-Regimes gern gemacht wurde. Die zornigen Liedermacher und Links-Anarchisten wurden bei weitem nicht überall umarmt, wo sie an Kirchentüren klopften. Des öfteren blieben sie draußen, wenn Pfarrer und Gemeinden ihren Glauben enger auslegten oder die Risiken wogen. »Die Kirche ist für alle da, aber nicht für alles«, sprach der Thüringer Bischof Werner Leich.

Die halbkirchliche Underground-Publizistik war eine großartige, idealistische Subkultur und, im elektronischen Medienzeitalter, von grotesker Wirksamkeit. Die Schöpfer hatten ihre Stärke in der Opposition. Ihr Verdienst bleibt, daß sie etwas taten, daß sie den maulenden Grundton des DDR-Volkes zur praktischen Kritik veredelten. Ihre Graswurzel-Träume von Basisdemokratie erfüllten sich nicht. Sie überschätzten ihren Einfluß und ihre Prominenz. Falls Otto Normalverbraucher Gerd Poppe oder Carlo Jordan kannte, sah er sie als städtische Intellektuelle und verdächtige Bohemiens, denen er sich schwerlich anvertrauen mochte, weil sie weder lebten noch sprachen wie er. Politiker wurden die Anarchos auch dann nicht, als sie am Runden Tisch Platz nehmen durften. Statt das Menetekel an der Wand zu lesen, das gegen ihre Illusionen sprach, taten sie lieber weiterhin, was sie am besten konnten, und traten den toten Riesen.

Ich schrieb nicht im Samisdat, sondern in der Kirchenpresse und im »Sonntag«, der immer Charakter bewahrte. Ich hatte das Dach der Kirche über mir; vieler Stumpfsinn blieb mir erspart und damit auch manche Wut. Ich wollte keine Bitternis verbreiten, aber Wahrheit und, wenn möglich, dennoch etwas Schönes. Musik war ein populäres Vehikel für allerlei Transporte. Vieles klingt in der Nachlese ästhetisch verspielt, zeitlos liberal, vielleicht zu melancholisch abgefunden. Street fighting man? – Candles in the wind. Let it bleed? – Let it be. Time is on my side? – Viele fühlten andersrum, mit einem Woodstock-Konservativismus erinnerter Zeiten. Warum nur war die Mehrheit so pikiert, als 1987 Bob Dylan kam, nicht revolutionärer als wir, ein Folkrock-Poet von sechsundvierzig Jahren, der keinerlei Rührung erkennen ließ, daß da hunderttausend Gläubige zwei Jahrzehnte auf seine Menschwerdung gewartet hatten. Man schritt heim in die Nische und legte den wahren Dylan auf: Was weg ist, kann mir keiner mehr nehmen.

## 3

Nach dem Dylan-Konzert schrieb ich »How does it feel«, was sich als fast einziger Nicht-Verriß entpuppte. Keine andere meiner Arbeiten hat je ein solches Echo gehabt. Wildfremde Menschen riefen an, schickten Dankesbriefe mit persönlichen Bekenntnissen, Gedichten und sogar ein Dylan-Gemälde. Ich war glücklich und etwas ratlos. Der Effekt hing natürlich mit der Medien-Situation in der DDR zusammen und mit Dylans Funktion als fernwestlicher Ikone. Überhaupt hat 1987, das Berliner Jubeljahr, den DDR-Rockfans zum ersten Mal westliche Rockkonzerte beschert (von ein paar früheren Ausnahmen abgesehen). Im April kamen John Mayall und Carlos Santana, noch von wenigen gehört, da sie drinnen auftraten. Der »Rocksommer der FDJ« begann im Treptower Park mit Barclay James Harvest – wahrlich kein erregendes Ensemble, doch viele der fünfundvierzigtausend weitgereisten Fans fühlten wie mein thüringischer Nachbar, der unentwegt stöhnte: »Das ist mein Woodstock! DAS IST MEIN WOODSTOCK!« Wir waren ja bescheiden, aber ich wünschte, wir würden auch in Zukunft etwas hungriges Glück bewahren. Nie vergesse ich den 17. Juli 1987, die »Friday Night In East Berlin« mit John McLaughlin & Paco de Lucia. Zehntausend quetschten sich auf die Insel der Jugend. Als man das kleine Eiland sperrte, weil Überlast es zu versenken drohte, durchschwammen die Fans die Spree.

Barclay James Harvest machten aus ihrer Ostlandfahrt ein Live-Album mit dem donnernden Titel »Glasnost« (und erhöhten die Zuschauerzahl kurzerhand auf einhundertfünfzigtausend). 1987 war es noch was für West-Rocker, hinter dem Eisernen Vorhang zu spielen. Das schliff sich ab, je üblicher es wurde, und die FDJ-Veranstalter sahen sich vor Devisenprobleme gestellt. Goodwill-Deals zum Billigpreis wichen dem verruchten Benehmen des Westens: »No pay – no play!« Woher nehmen, wenn nicht stehlen? Dylan/Petty/McGuinn gab's noch für 10 Mark, Cocker für 15, Springsteen für 20. Für den unnötigen Genuß von Kool & The Gang mußte man schon 45 Mark berappen, aber das war immer noch hilfloses Ost-Geld. Also importierte die FDJ unbekannte Billig-Acts und hoffte, allein die Ankündigung »britische Band« würde das Fan-Volk verzücken. Ein Trugschluß. Wir pilgerten ja auch zu den großen Namen, um ENDLICH UNS SELBST zu spüren und daß ES nun schließlich zu uns kam.

Ohne Geldsorgen wäre die FDJ liebend gern fortgefahren mit der Gigantomanie. Nach dem Springsteen-Konzert am 19. Juli 1988 in Berlin-Weißensee verkündete die »Junge Welt« Europarekord: Einhundertsechzigtausend hatten »den Boß« gehört. Wirklich gehört haben ihn weit weniger, geschweige denn gesehen in einem chaotischen Tumult, der leicht Menschenleben hätte kosten können. Das Konzert war außerdem eine kuriose Begegnung zwischen östlicher und westlicher Showbiz-Ideologie. Die FDJ, Stimme und Hort unserer Jugend, bemühte sich angestrengt, ihr Entertainment wenigstens auf ein bißchen Standpunkt festzulegen. James Brown und die Rainbirds erhob man im Juni 1988 zum »Mandela-Solidaritätskonzert« (Wembley lag eine Woche zurück); Big Country und Bryan Adams wurden fortschrittlich präsentiert von der armen Katarina Witt, die ein Pfeifkonzert von der Bühne blies. Vor dem Springsteen-Auftritt drapierte man die Riesenbühne in Weißensee mit »Nicaragua im Herzen«, dem Motto des »FDJ-Rocksommers«. Das Springsteen-Management war entgeistert, mochte seinen Star nicht gegen die US-Administration ausspielen lassen und befahl Umdekoration. Springsteen spielte dann unter »Tunnel Of Love«, dem Motto seiner Tournee. Jugendradio DT 64 trug auf seine Weise zu einer denkwürdigen Sendung bei, als Bruce das Publikum adressierte: »Ich bin nicht für oder gegen irgendeine Regierung hier, sondern um Rock'n'Roll zu spielen. Ich hoffe, daß eines Tages alle Mauern fallen.« Der zweite Satz wurde weggeknipst. Inzwischen war Egon Krenz, den man über die jüngsten Entwicklungen nicht informiert hatte, ins Backstage-Areal gerollt. Nikaragua im Herzen und wie üblich sehr heiter, winkte er herzlich zur Bühne hinauf.

Wer Springsteens Bedacht bei allen öffentlichen Äußerungen kennt, muß über diesen Vereinnahmungsversuch den Kopf schütteln. Er zeigt nur, wie wenig der Mann als Künstler begriffen wurde. 1984, bei einem Wahlkampagnen-Stop in New Jersey, versuchte Ronald Reagan, Springsteen zu übernehmen: »Amerikas Zukunft ruht in tausend Träumen eurer Herzen. Sie ruht in der Botschaft der Hoffnung, in den Songs eines Mannes, den so viele junge Amerikaner verehren: New Jerseys Bruce Springsteen. Und meine ganze Aufgabe dreht sich darum, euch zu helfen, daß diese Träume wahr werden.« Ein paar Abende später stand Springsteen vor einem Arbeiterpublikum in Pittsburgh und gab Antwort: »Der Präsident hat kürzlich meinen Namen erwähnt«, sagte er, »und ich frage mich irgendwie, was wohl sein Lieblingsalbum ist. Ich glaube, es ist nicht ›Nebraska‹.«

»Nebraska«, Springsteens ungewöhnlichste Platte, ist ein stiller Lieder-Zyklus über die Contryside im Mittleren Westen, über Unglück und Gewalt und den Niedergang des Traums, ganz Amerika sei eine Familie. »Die ökonomische Ungerechtigkeit fällt auf jedermanns Haupt und stiehlt jedermanns Freiheit. Deine Frau kann nachts nicht auf die Straße gehen. Leute haben Guns in ihren Häusern (...) Es ist nicht einfach so, daß da draußen böse Leute sind. Es ist ein erzeugter Teil der Art, wie wir leben und was wir alle akzeptiert haben.« Ein amerikanischer Prophet war Springsteen spätestens seit dem 5. November 1980. Am Tag zuvor hatte das Land mit Ronald Reagan einen Präsidenten gewählt, der versprach, die vom Vietnam-Krieg, dem Watergate-Skandal und der iranischen Geisel-Krise gedemütigte Nation wieder zur Größe zu führen. Springsteen verbrachte den ganzen Tag in seinem Hotelzimmer und überlegte, ob er kommentieren sollte. Dann ging er auf die Bühne in Tempe/Arizona und sagte: »Ich weiß nicht, wie ihr Leute darüber denkt, was letzte Nacht passiert ist, aber ich denke, es ist ziemlich erschreckend.« Und dann spielte er »Badlands«, denselben Song, mit dem er in Berlin begann: »I wanna spit in the face of these badlands.«

Bruce Springsteens Berliner Auftritt folgte nicht die Enttäuschung des Dylan-Konzertes. Dylan gab sich als skeptischer Roots-Rock-Poet ohne Botschaft, das geschätzte Hochgefühl. Springsteen, der Botschaft hatte, ging glatt als Rock'n'Roller durch. Alles, was uns erreichte, war bereits Klassik, die guten alten Bands genauso wie die politischen Aufbrüche des Rock: Dylan & Civil Rights & Hippies sowieso, »Band Aid«, »Farm Aid«, »USA For Africa« nicht minder. Das »No-Nukes«-Konzert in New York: ein prima Dreifach-Album, keine Kritik an DDR-Atomkraftwerken. Umgekehrt hatten wir Rassismus gegen Gastarbeiter, aber nicht »Rock gegen Rassismus«. Wir hatten Neonazis, aber nicht »Rock gegen rechts«. Ein Springsteen war nirgends zu ahnen. Wir hatten lang etablierte Bands, die von Jahr zu Jahr an öffentlicher Integrität verloren. Die besten von ihnen versanken in Melancholie; die Platten von City (»Casablanca«), Silly, Pankow, Kerschowski bleiben tapfere Ehrenrettungen. »Rock für den Frieden« hatten wir, das jährliche Bekenntnis des DDR-Rock-Establishments zu Weltfrieden, guter Laune und besten Absichten. Und das »Festival des Politischen Liedes«, trotz vieler schöner Konzerte, litt fast bis zum Schluß unter propagandistischer Selbstgerechtigkeit und dem agitatorischen Zwang, die DDR als Hoffnung aller guten Menschen zu feiern.

Ich sagte schon: Das System hielt, solange es log. Auch die verdrehte Welt ist Heimat, solange alle dort wohnen. Wir saßen fest in uns selbst. Es gab uns und nur uns, seit eh und für je. Es gab da drüben AMERIKA und keine Brücke hinüber, auch wenn Bruce Springsteen für einen Tag aus den Postern stieg. Er war da. Wir waren da. Er flog zurück in die andere Welt. Wir blieben zu Hause. Immer nur Klassik, geronnenes Leben. Wir waren nicht zu ändern, da nichts zu ändern war.

## 4

Aber wir waren *ehrlich*, und Ehrlichkeit galt als Bedingung für unsere Musik. Zappa-Zynismen, Crosby/Stills/Nash-Belcanto, Yes-Hymnologie – alles willkommen, wenn nur was dahinter war. Kaum ein Konzert hat mich mehr ernüchtert als Depeche Mode: Yuppie-Entertainment, eine

Verherrlichung all jener modischen Images und Stereotypen, die wir immer verachtet haben. Die Feigheit des Mainstream: Was passiert, passiert; man stehe seiner Zeit nicht entgegen. Wir taten es damals, ein wenig; wir spürten Gegenwind, aber lag Nonkonformismus nicht ebenso in unserer Zeit wie in dieser der Wunsch, sich zur Mehrheit zu schlagen? Rockmusik ist biographische Kunst, auch in den jüngeren Mythen, die uns nichtig scheinen. Depeche Mode, Madonna, Michael Jackson – Abziehbilder der Postmoderne, platt und trotzdem tief wie jedes Behältnis von Illusion. Wir hatten bessere Musik. Doch ist Jim Morrison nicht auch ein aufgeblasener Entblößer gewesen, Jimi Hendrix ein schüchterner Protz, Janis Joplin eine hurende Schnapsdrossel? Den Unterschied macht, daß sie unsere Behälter und Spiegel waren – und es bleiben, denn sie starben zu mythologisch günstiger Zeit. Sie hinterließen die Botschaft, die sie umbrachte: Leben hat Überschüsse. Das hörten wir uns wieder und wieder an. Es klang so schön.

Vermutlich würde Jim Morrison heute singen wie Chris Rea: Rauch im Organ und Wehmut am nächtlichen Strand. Chris Rea – ein gutes Beispiel, weil nicht das schlimmste – ist zuverlässig geeignet für immer denselben Kummer. Popmusik und ihre Videos erschaffen nicht. Sie schütteln wie in einem Kaleidoskop vorhandene Klischees, die nach den Regeln kollektiver Übereinkünfte wiedererkannt werden. Postmoderne Popmusik ist eine leere Box, die deren Käufer nach eigenem Belieben füllen muß. Nur die Etiketten sind schon dran.

Einerseits ermutigt das: Hören und Schauen sind nicht passiv. Anderseits zerstört es das Vertrauen zur Kunst. What's new? Schon das Original ist Reproduktion gesammelter Sounds, eine rasselnde Ausschüttung gehäufter Effekte. Kants Satz, wonach hundert gedachte Taler klängen wie hundert echte, wird im postmodernen Pop zur baren Münze. Die Hightech-Positivisten erfreut, daß ihre Computer alles imitieren können, als ob Musik nicht *vox humana* wäre, weil doch Musiker denken, fühlen, lieben, leiden, irren, steigen und fallen und bitte mit uns älter werden und weil das alles auch so klingen muß. Ich muß wissen, daß nicht die Maschine spielt. Pop ist Michael Jacksons geschönter Nasenstups, Rock Pete Townshends Riesenzinken.

Wahrscheinlich sind unsere Pop-Teens besser auf den Westen vorbereitet als wir. Sie haben mehr Pragma und Wendigkeit und messen nicht allem soviel Bedeutung bei. Pop ist Fun, kein Kreuzzug zum Gral. Wer über dreißig war, als die DDR sich nach Deutschland verabschiedete, wird das Happy Dancing nie so richtig hinkriegen. Wir glaubten an die Wahrheit von Musik (und bisweilen an den Ernst des Bieres), wie man heute an Photos glaubt. Bei der »Chicago Tribune« haben sie mir vorgeführt, wie hübsch man mit dem Mackintosh-Computer Photos putzen kann: Hier dieser Ast muß weg, und statt des Sandhügels nehmen wir lieber Gras (natürlich nur zu Werbezwecken). Ein paar Tage später brachte die »New York Times« das berühmte Foto von Jalta: Churchill und Roosevelt fand man historisch treu, aber Stalin war durch Groucho Marx ersetzt, und von hinten übers Sofa lehnte sich Sylvester Stallone ins Jahr 1945. Die Kamera kann jetzt lügen, und da sie es kann, wird sie es tun. Die Musik lügt längst, doch wer damit aufwächst, denkt nicht an Betrug. Vielleicht dienen Photos in Zukunft mehr zur Imagination denn zur Dokumentation. Wie Tonbänder vor Gericht keine Beweiskraft haben, so wird man auch der Photographie nicht mehr die Last der Wahrheit anvertrauen können. Bloß – wem sonst? Der Geschichte, die wir so schleunig umschreiben? Archiven, die keiner mehr aufschließen kann? Unseren dunkelnden Gedächtnissen? Uns? – Wem sonst? Ich vergesse gar nichts.

**5**

Dann betrat der Präsident den Rosengarten. Man erhob sich für die Hymnen. Die Kapelle der US-Marines spielte »Deutschland über alles« und das Bundeswehr-Blasorchester »Star Spangled Banner«. George Bush, kein Mann der Rührung, sang leise mit. Es wurde viel gesungen an diesem 3. Oktober 1990 im Weißen Haus – »It's a gift to be simple and free« und »Auf der schwäbschen Eisenbahne«. Der Präsident sprach von den Glocken der Freiheit und Freude. Dann ging er, umtollt von seinen beiden weißbraunen Hunden, hinüber zum Kinderchor der Deutschen Schule, und jenen Knaben, die Blockflöte gespielt hatten, strich er übers Haar. »Man staunt ja«, bemerkte mein Nachbar, »wieviel Menschenmaterial zu so einer Feier gehört.«

Ich fand mich sehr verloren. Alles außer mir war bundesdeutsch – der Botschafter und seine Botschaft, der Chor, das Biberach im Kinderlied. Fast wäre ich aufgesprungen, um »Aber!« zu rufen: »Aber! Es geht aber auch vieles den Bach runter jetzt in East Germany!« Aber ich war ja nur ein selbsternannter Ehrengast, ein eingeschlichenes Gemisch aus Photograph und Diplomat, und wollte gern auch wieder unenttarnt nach Hause. Anderntags lud die nunmehr alldeutsche Vertretung in Washington alles zum Feiern ein, was deutsch fühlte und sprach. Ich nahm meine bulgarische Freundin Dilyana Grosdanowa mit, zwecks osteuropäischen Beistands. Sie war skeptisch, nicht nur, weil ihrem Land keine deutsche Lösung winkt. »Werden sie sehr viel Bier trinken? Werden sie so entsetzlich laut singen?« Nein, das taten sie nicht. Fünfzehnhundert Leute vertilgten Klopse, Rippchen und Holsteiner Bier, Botschafter Ruhfus sprach nur kurz, und Walter Momper schrieb Autogramme. Und da stand Micha Möller am Buffet, einst mein Kommilitone in Theologie, nun amtsenthobener DDR-Botschafter der letzten Stunde, und wir wunderten uns gründlich, wo es uns hingetrieben hatte. Ein Bundeswehr-Musikus erbat meinen DDR-Fähnlein-Sticker und bot dafür einen Ansteck-Hubschrauber. Ein blondes Kind aus Köln flog mir an den Hals und behauptete, sie sei Sylvia und glücklich, mit mir von Stund an im selben Land zu leben. Und daß ich jetzt frei wäre!

Freiheit heißt: FÜRCHTE DICH NICHT! Ich bin noch nicht frei; ich werde noch lange befangen sein von DDR. Ich habe sie verlängert. Ich bin aus dem deutsch-deutschen Expreß gesprungen, denn ich kann nicht so schnell. Ich weiß, daß es vorbei ist mit uns, und habe wütende Phantomschmerzen. Seit vier Monaten fahre ich kreuz und quer durch dieses selbstgewisse Riesenreich, das sich so gern *Amerika* nennt, als sei es ein ganzer Kontinent und möglichst noch mehr. Dies ist, unter anderem, eine herbe Lektion in Relativität. Freiheit: heiliges Wort Amerikas, Immigranten-Sakrament, und ich trete ungläubig hinzu und finde: Es ist doch nur Brot und Wein!

Und Cola. Auch so ging ja der Osten hin: Im April 1990 standen zwei kleine Jungs in einer Ost-Berliner Kaufhalle, durstig und verschwitzt, und zählten die Münzen in ihren schmutzigen Händen. Die Wahl bestand zwischen der großen Ost-Cola für 95 Pfennig (30 Pfennig zurück für die leere Flasche) und der kleinen Coke zu 2 Mark 60. Natürlich, sie kauften die westliche Büchse. Ich erzählte diese Geschichte beim Lunch mit dem Coca-Cola-Präsidium in Atlanta/Georgia und löste beim Gastgeber Freude aus: »Die Dinge laufen großartig in East Germany«, nun endlich auch dort, wie im Werbespot mit den glücklichen Eskimos und den strahlenden Kamelen in der Wüste, denn »überall, wo eine Coke geöffnet wird, kommt ein wenig Freude in die Welt«. Ob ich den Herren dieser Freude was über Kultur-Barbarei erzählt habe? Na klar. Das kannten sie allerdings schon.

Amerika zwingt so sehr zu Pragma, Markt und Trend, daß Don Quichotte sich zuerst eine Windmühle kaufen müßte, auf Kredit, und dann den Kampf nach Las Vegas vermarkten. Der Anpassungsdruck ist ungeheuer und das merkantile Strahlen laut und schön. Erfolg: ein absoluter Wert. Geld: Glück, Talent und Nutzen. Nicht das Geld fragt nach Sinn – der Sinn hat die Börse zu zeigen. Der Markt ist die gegebene Welt, als ob man nicht gegenüber eine zweite brauchte, um dieser einen zu entkommen und sie zu beschreiben. Verblüffend leicht läßt sich die hinderliche Wahrheit aus dem Marktbild entfernen: »Hier dieser Ast muß weg!«

Hüten wir uns! Und hüten wir die Welt von gestern zu unseren eigenen Teilen, die keiner uns ersetzen kann: Herkunft, Landschaft, inneres Getriebe, Trotz, Schwejk-Humor, östliche Schnauze und östlichen Umgang mit jenem Geld, das nicht so wichtig war. Und Distanz zur herrschenden Ideologie. Denn was anderes sind Markt und Trend? In Mode kommen wir nicht, wir ollen Ostler. Uns kauft uns keiner ab.

## 6

*Keep on rockin' in a free world!* In diesem Sommer ging mein Rock-Traum in Erfüllung. Noch einmal, nach acht Jahren, tat sich die Allman Brothers Band zusammen. Ich sah sie im kalifornischen Concord, und ich habe nie ein besseres Konzert gehört. »Statesboro Blues«, »In Memory Of Elizabeth Reed«, »Whippin' Post« – all diese langen, federnden Orgelfahrten und Gitarrenritte durch eine ländliche Welt aus Hitze und Passion. Der alte Süden: ES ändert sich nie. Keine Nebel, keine Show; nur der Mond hing über den Bergen der San Francisco Bay. Nachher kamen sie an den Bühnenrand und schüttelten Hände. Dickey Betts, der Rambling Man, nahm seinen Hut vom langen grauen Haar: »Wir danken euch, Leute, wir danken euch allen!« Da war nichts weiter denkbar als Musik, und ich begriff endlich, warum die Rocker der nächsten Generation Punk, New Wave usw. spielen mußten: Diesen Leuten war mit Musik nicht beizukommen. Bach machte seiner Ära ein Ende. DAS war getan. Schrecklich für die danach.

Mir wurde öfters vorgeworfen, ich scherte mich zuwenig um neuere Gruppen. Da sie in diesem Buch nirgends auftauchen, nenne ich mit Respekt Sandow, Herbst in Peking, Expander des Fortschritts ... Sie und viele andere der Jüngeren haben immer Musik gemacht, die etwas wollte; was sie wollten, hätte nicht in jedem Fall Musik gebraucht. Sie entdeckten aufs neue die Subversivität des Rock; sie standen aus, was die Berluc, IC, NO 55 lieber nie riskierten; sie hatten Botschaften, die in der fröhlichen Plattheit des Pop so wenig zu finden sind wie in der erhabenen Klassik der Allman Brothers.

Die meisten Texte dieses Buches wurden nicht nur in der alten DDR geschrieben, sondern – bis auf die vier westlich gedruckten Essays im zweiten Teil – auch bei uns veröffentlicht, was bekanntlich schwierig war. Mir half, daß Rockmusik, als ich darüber zu schreiben begann, staatlicherseits längst den Stempel der Unbedenklichkeit bekommen hatte. Freilich nicht jede, wie die Kollegen bezeugen können, die sich mit den »anderen Bands« befaßten, Jürgen Winkler zum Beispiel oder Lutz Schramm. Ich schrieb nicht darüber, weil das nicht mehr meine Sache war. Ich schrieb nicht über Post Punk, World Music, Rap, Metal, so wichtig das alles ist. Ich schrieb über meine Generation, für Leute, die so ähnlich sind wie ich. Musik nahm ich als Nagel, um unser Weltbild daran aufzuhängen.

»My Generation« ist kein Rockbuch.

*New Orleans / St. Paul, Herbst 1990*

# Besuch einer Legende

## Wishbone Ash in Weimar und Leipzig

Ehrlich gesagt, ich wußte gar nicht, daß es sie noch gibt: Wishbone Ash, die britische Rocklegende und eine der ganz großen Gitarrenbands zu Beginn der siebziger Jahre. Unvergeßliche Musik, die damals über den Äther kam: hämmernder Bluesrock, heulende, brüllende Slidegitarren. [Freilich war oft nicht restlos zu klären, was da heulte – die desolate Mittelwelle oder die Stahlsaiten von Mountain, Ten Years After und von Jimi Hendrix, der damals starb. Und eben Wishbone Ash gehörten dazu, in meiner Radio-Kladde nach Gehör als »Fischborn Esch« notiert. Naja, das war halt Umschrift.]* Nun kamen sie nach Weimar und zur »Popmesse«, dem jährlichen Leipziger Rock-Höhepunkt. Dies bedeutete allerdings nicht die DDR-Premiere des 1969 in London gegründeten Quartetts. In unserem Fernsehen waren Andy Powell, Laurie Wisefield, Martin Turner und Steve Upton bereits vor einigen Jahren bei »rund« zu sehen. Zu hören nur mit Vorbehalt: Playback verlangte man von ihnen, ein Tort für jede gestandene Live-Band und fürs Publikum sowieso. Gitarrist Andy Powell »improvisierte« deshalb auf der Rückseite seines Instruments ... Davon diesmal keine Spur. Live und laut und virtuos ging es her. Eingestimmt waren die Tausende in Messehalle 2 bereits durch einen anderen britischen Gast: Tony Sheridan, Institution in Sachen Rhythm & Blues und bereits mit den Beatles aufgetreten, als noch keiner die Jungs aus Liverpool kannte. (Auf der Beatles-Oldies-LP von AMIGA ist diese Zusammenarbeit dokumentiert.)

Danach gab's Amor & The Kids, Leipzigs Lokalmatadore, dann R-Go aus Ungarn und schließlich, endlich Wishbone Ash. Mit »Livin' Proof« legten sie los – kundig, ohne Mätz-

* Die mit eckigen Klammern gekennzeichneten Textstellen waren bei früheren Presseveröffentlichungen nicht enthalten und wurden aus dem Originalmanuskript übernommen.

chen, ohne Show, ganz der Musik verpflichtet. Neueres folgte. Die Masse wogte und schwelgte. So ging das eine ungestüme Stunde lang. Zum Schluß das große Finale mit den Klassikern: »The King Will Come«, »Jail Bait«, »Blowin' Free«. Läutende Gitarren, endlose Soli, köstlicher Satzgesang [– Gott, was war das für Musik damals und was für eine Zeit, die dies als Jugendkultur besaß!]

Es war eine Musik, die ganz dem Ausdruckswillen der Musiker entsprang. Es war eine Zeit, in der dieses Ausdrucksmittel noch nicht als geläufig galt. Der Rock-Gemeinde machte das vieles schwer. Es gab ihr aber jenes frische, naive Pathos einer neuen Kultur, von dem sie unvergleichlich beflügelt wurde. Das hat sich geändert, nicht nur durch Kommerzialisierung. Rock ist, mitunter zu seinem Schaden, völlig akzeptiert – als kultureller Gemeinplatz, als Volksbelustigung ohne originale ästhetische Ambitionen. Das schlägt auf Musiker und Publikum zurück. Die einen verzichten auf Innovation, weil die anderen sie nicht erwarten. Und umgekehrt.

Stärker als jede andere Kunst muß Rockmusik vom Individuellen zum Allgemeinen finden, von der persönlichen Impression hin zum großen Publikum. Aber den Anfang machen soll auch hier das Individuelle. Die Rock- und Popmusik unserer Tage krankt weithin an ihrem eigenen Zynismus. Denn alle Kunst ist zynisch, die ausschließlich im Trend liegen will und die schon funktional entworfen wird. Aus dieser Art von Rockmusik ziehen Sinn und Bewußtsein aus. Niemand verantwortet sie.

Zwei Wege gibt es zur Erneuerung: Entwicklung und Tradition. Manchmal führen sie in eins. Der Engländer Billy Bragg, ein Mann und seine Gitarre, hat uns 1986 seinen herben, innigen Cockney-Punk vorgesungen und gezeigt, wie einfach Entwicklung sein kann, wenn man Herz und Gewissen bemüht und seiner Kunst etwas zutraut. Braggs Landsleute von Wishbone Ash, einige Rock-Generationen älter, verfolgen eher die konservative Variante: Rock'n'Roll, Rockmusik der bodenständigen Art, eine musikalische Weltsprache im persönlichen Idiom. Das bringt heute dort keine Charts-Erfolge mehr, ist aber immer noch ein herrliches Ätzmittel gegen Plastik-Popkultur. Wishbone Ash und Tony Sheridan in der DDR waren ein Erlebnis und eine Ermutigung. Mögen diese Altvorderen des Rock Monokel bestärken und Pankow und Rockhaus und all die anderen unserer Bands, die ihre Mentalität und Inspiration aus älteren, gewachsenen Rockmusikformen schöpfen. Was nützt die raffinierteste Sound-Technologie, wenn sie Musik ohne Geschichte und ohne kulturelle Identität hervorbringt? Stil ist Charakter, nicht Mode.

*Januar 1987*

# Musik aus Leib und Seele

## John Mayall und Carlos Santana in Berlin

Sie kamen spät. Sie kamen wirklich. Fast war es ein bißchen zuviel für diesen 5. April 1987 in Berlin. Zwei Rocklegenden. Hinterher war man nicht mehr ganz von dieser Welt.

Dabei empfahl sich zuvor ein wenig Skepsis – wie das so ist mit lebenden Legenden. Carlos Santana und John Mayall haben ihren Ruhm in den sechziger Jahren begründet, zu einer Zeit, da Musik mehr war als nur Musik: weltweites Instrumentarium für Phantasie, Toleranz und Gewissen. Das hat sich ziemlich geändert seither. Die Jugendmusik ist cleverer heute, abgebrühter. Sie hat Kalkül und Technologie. Nur fehlt ihr oft Seele. Auch Santana und Mayall haben zeitweilig auf marktgängige Muster gesetzt. Wie schön, nun hören zu können: Das ist vorbei.

Mayall, der »Vater des britischen Blues«, wurde mit seinen Bluesbreakers angekündigt. Da fast alle seiner bisherigen Bands so hießen, sagte das wenig. Nach Berlin kam Mayall, jetzt bei Los Angeles ansässig, mit einer amerikanischen Gruppe, die seit etwa zwei Jahren zusammen ist. Diese Bluesbreakers bestehen neben dem Meister an Orgel, Harmonika und Gitarre aus Bobby Haynes am Baß, Joe Yuele am Schlagzeug und den beiden großartigen Gitarristen Coco Montoya und Walter Trout – beide expressive Slidespieler, jedoch von ganz unterschiedlichem Klang. Mayall ließ ihnen allen Raum für wahre Gitarrenorgien. Montoya stieg hoch in die Ränge des Kinos »Kosmos« und spielte dort inmitten der Fans Stevie Ray Vaughans »The Things That I Use To Do«. Trout schürte das Feuer noch mit einer langen, lodernden Version von »Rollin' With The Blues«. Beim Blues ist es ja ziemlich egal, welches Stück man gerade am Wickel hat; es geht mehr um Gestus und Intensität als um die Komposition. Zur Freude der Menge packte Mayall trotzdem die alten Nummern aus: »All Your Love« von Otis Rush, »Parchman Farm«, den Knast-Song von Mose Allison, die Canned-Heat-Ode »The Bear«, »Ridin' On The L&N« und natürlich »Room To Move«, sein Mundharmonika-Renommierstück. Obwohl er sich dabei mit ein paar Keyboard-Tricks behalf: Mayall, immerhin Jahrgang 1933, zeigte sich in bester Verfassung, hielt alle Fäden in der Hand, sang wunderbar und war zudem ein uneigennütziger Mitspieler. Zum Schluß, bei Sonny Boy Williamsons »Checkin' On My Baby«, ging er dann in die Massen hinein. Der Jubel war ungeheuer.

John Mayall hat auf klassischen LPs wie »Blues From Laurel Canyon« (1968) und »The Turning Point« (1969) subtile Beispiele für Rock-Impressionismus veröffentlicht. Trotzdem kommt seine Musik irdischer, physischer daher als die von Carlos Santana. Der gebürtige Mexikaner aus San Francisco, der in diesem Jahr vierzig wird, ist ein Mann, dessen Kunst aus bewußter Spiritualität rührt – ein religiöser Musiker, allerdings ohne Bekenntnis zu einer bestimmten Religion. In seinen Latino-Rock sind viele Elemente nord-, mittel- und südamerikanischer Musik hineingeschmolzen – Blues und Samba, Tex-Mex, Reggae, Rock'n' Roll. Kein Zweifel, daß Santana »richtige« Rockmusik spielt. Aber die Bestandteile dieser Musik sind allamerikanisch; sie zitieren den gesamten Kontinent und eignen sich deshalb für keinen US-Pop-Imperialismus.

Die Band: Vielleicht muß man hier bei denjenigen Musikern anfangen, die Santanas unablässig rollende Rhythmusmaschine bedienen: Graham Lear am Schlagzeug und die Percussionisten Armando Peraza, Raul Rekow und Orestes Vilato. Dazu hörte man Chester Thompson mit fliegenden Orgeltönen, Ex-Weather-Report-Bassist Alphonso Johnson sowie die Sänger Alex Ligertwood und Buddy Miles, der auch Gitarre spielte. Selbst ein Rock-Heros, ließ Miles mit »Texas« und »Them Changes« die seligen Zeiten erstehen, da er bei Mike Bloomfields Electric Flag und in Jimi Hendrix' Band of Gypsies sang und am Schlagzeug saß.

Der Star kam nicht als Star. Santana war der Geist seiner Band. Er spielte in ihr und auf ihr – gelöst, ein wenig in sich gekehrt und ganz an den Moment hingegeben. Kein Gedanke an Routine. Im Gespräch mit Jürgen Balitzki

*Walter Trout, John Mayall (v. l., Berlin, 5. April 1987)*

CANNED
KEEP

hatte Santana unlängst geäußert, selbst ein so alter Song wie »Black Magic Woman« sei für ihn immer wie ein leeres Glas, das er jedesmal neu füllen müsse. Und das tat er – bei »Black Magic Woman« und bei schönen inspirierten Fassungen solcher weiteren Klassiker wie »Samba Pa Ti«, »Jingo«, »Oye Como Va«. Dazu kamen Stücke aus allen Santana-Zeiten bis hin zu ganz neuen wie »Mandela«, »Once It's Gotcha«, »Song of Freedom«. Carlos Santanas Gitarrenton ist voll und warm; er hat etwas Schimmerndes, Perlendes und schleppt gern in leiser Melancholie ein wenig hinter dem Rhythmus her. Manchmal rannte er auch vorneweg, so bei der letzten der vielen Zugaben, Chuck Berrys »Johnny B. Goode«. Rock'n'Roll gab's also auch in diesen drei großartigen Stunden. Das Publikum im Palast der Republik jubelte selbstvergessen.

Viele mußten draußen bleiben. Für die strahlt DT 64 am 23. Mai um 20 Uhr das komplette Konzert aus. Santana selbst, zu Tränen überwältigt von seinem DDR-Debüt, käme gern wieder und würde ein Free Concert in einem Stadion spielen. »Geld ist nicht alles. Wir leben aus Geist und Inspiration.«

Santana im Pressegespräch. Da sitzt er, ruhig, gelassen, und schaut aus und redet, als seien die Hippie-Zeiten nie vergangen. »Die Musik ist geblieben. Sie kommt aus Seele, Einfalt, Ehrlichkeit. Schau dich um auf den Straßen. Da sind noch die gewaltlosen Streiter – Bohemiens, Hippies, Dichter ... – Menschen. Wir dienen einander. Uns alle verbinden Liebe, Frieden, Glaube, Vertrauen, Harmonie. Alles kehrt wieder. Musik hat Nixon beseitigen geholfen, warum nicht auch Reagan?«

Santana trägt in sich eine intuitive musische Weltsicht, ein unbeirrbares Wissen darum, daß die Menschen dieser Welt aufeinander angewiesen sind. Solange ihm das erhalten bleibt, wird auch seine Kunst leben, selbst wenn sie heute keine »Trends« mehr setzt. Carlos Santana spielt, wie John Mayall, konservative Musik. Das meint aber nicht Musik von oder gar für gestern. Diese Musik hängt nicht an dem, was war. Sie hütet ihre Vision; sie lebt aus dem, was immer gilt: ganz einfach Menschlichkeit.

*Mai 1987*

# How does it feel

## Roger McGuinn, Tom Petty & The Heartbreakers und Bob Dylan in Berlin

Was war das für ein Publikum, die ...zig Tausende, die am Abend des 17. September in den Treptower Park strömten. Sie wollten nicht nur Bob Dylans Musik. Die Jungen suchten die Legende der Alten und diese wiederum den Tonband- und Plattentroubadour aus tausend Rotweinnächten. Als er dann kam, war's beinahe schade, daß es ihn wirklich gab.

Nein, es wurde kein Hippie-Revival. Per Transparent hielt man's dem Meister vor: »The Times They Are A-Changing« – die Zeiten sind Veränderung. Reverenz oder Spitze? Jedenfalls ist die Zeit nicht unbedingt auf Bob Dylans Seite. Wer mit sechsundzwanzig Leitbild einer Generation war, tut leichtsinnig, sechsundvierzig zu werden.

Doch nicht nur von Dylan geredet. Den Anfang machte ein anderer der Großen: Jim »Roger« McGuinn, Jahrgang 1942, Gründer und Kopf der Byrds, jener kalifornischen Band, die auch heute noch wie kaum eine zweite mit Folkrock identifiziert wird, obwohl sie sich schon zu Beginn der siebziger Jahre auflöste. 1964 von McGuinn in Los Angeles gegründet, spielten die Byrds eine bis dato unerhörte Mischung aus Folksong-Tradition und elektrifiziertem Rock, durchzogen von Science-fiction-Bildern und frühen psychodelischen Motiven. Das Utopische in ihrer Musik hatte denselben Sinn wie der mystische, rückgewandte Gestus vieler Bands von heute: Durch Trennung von Raum und Zeit, von Realität und Gegenwart sollte von der Enge der Rationalität entbunden werden, hinein in esoterische Welten. Musik mit Metaphysik entstand. Dazu gaben die Byrds ihren Rock-Chorälen oft einen feierlichen, läutenden Klang, angeführt von McGuinns Gitarre.

In Berlin kam Roger McGuinn ganz allein mit seinem Instrument auf die Bühne und tremolierte »Tiffany Queen«, »Ride Up The Darkness«, das neue »Sunshine Love« und

»Chestnut Mare«, jene metaphorische Ballade von der kastanienbraunen Stute, die keiner fängt. Das war innig und schön. Tom Petty & The Heartbreakers traten hinzu, als McGuinn bei »Drug Store Truck Drivin' Man« war, von Joan Baez und Jeffrey Shurtleff in Woodstock zum Klassiker gemacht und damals, 1969, als Satire auf Kaliforniens Gouverneur Ronald Reagan gemünzt. Dann folgte Byrds-Musik pur: Bob Dylans »Mr. Tambourine Man«, Pete Seegers »Turn, Turn, Turn« und endlich »Eight Miles High«, immer noch voller Magie und für mich eine der großartigsten Rocknummern überhaupt. Wie eine Nußschale umschließt dieses Stück den Kern seiner Zeit.

Zu Zeiten der Byrds war Musik *das* Ausdrucksmittel der Jugendbewegung, ja deren Botschaft und ihr Medium fielen in eins. Aber gegen Ende der sechziger Jahre zeigte sich, daß die Revolte, aufs Ganze gesehen, nicht viel mehr als dieses Medium hervorgebracht hatte. Wenn mit dieser Jugendbewegung nicht auch ihre Kunst dahinging, so ist das paradoxerweise zum guten Teil konservativen Musikern zu danken. Besonders die Southern-Rock-Bands aus dem amerikanischen Süden brachten eine Bodenständigkeit in den Rock'n'Roll, die das Folk-Gefühl der älteren Gruppen manchmal noch nachträglich etwas programmatisch erscheinen läßt. Der Sänger und Gitarrist Tom Petty, fünfunddreißig, gehört zu dieser Folgegeneration. Er stammt aus Florida, dem US-Bundesstaat, der so berühmte Gitarrenbands wie Lynyrd Skynyrd und Molly Hatchet hervorgebracht hat. Tom Pettys Rock-Ideologie ist keine. Er spielt blue eingefärbte Musik vom Highway: vital, praktisch und die Gitarren geradeaus. Das wirkt auf zeitlose Weise integer. Mit »Realin' und Rockin'« von Chuck Berry fingen seine Heartbreakers ihren Konzertteil an: Mike Campbell als Gitarrist, Keyboarder Benmont Tench, Howard Epstein am Baß und am Schlagzeug Stan Lynch. »Breakdown« spielten sie und Pettys schönen Ermutigungssong »(You Don't Have To Live Like A) Refugee«. Dann kam McGuinn zurück, um die bittere Byrds-Hymne »So You Want To Be A Rock'n'Roll Star« aufzuführen. Das war's schon fast. Nach

*Bob Dylan, Stan Lynch, Tom Petty (v. l., Berlin-Treptow, 17. September 1987)*

vierzig Minuten und »Shout« von den Isley Brothers machte Tom Petty Schluß. Warum so knapp?

In der Pause brodelte es. Vom Fleck rühren konnte sich keiner. Im Bannkreis der Bühne war ein ungeheures Gedrücke und Geschiebe, in dem leider manchem schlecht wurde, weil er nicht bis in frische Luft ragte. Die harten Fans hielten natürlich durch. Graue Locken und verklärter Blick: »Das damals war noch Musik!« Einer hatte Dylan in Öl dabei. Goldgerahmt das Konterfei am Besenstil, so demonstrierte er Treue. »We love Bob!« wurde entrollt und »Fürstenwalde grüßt Bob Dylan!«. Eigentlich überzeugte mich erst diese denkwürdige Losung davon, daß Dylan wirklich in der DDR ist. Da kam er schon auf die Bühne. Aufschrei der Massen! Los ging's mit »When The Night Comes Falling From The Sky« vom 85er Album »Empire Burlesque«. Damit war das neueste Stück des ganzen Konzertes bereits gespielt; Dylans letzte LP »Knocked Out Loaded« blieb unberücksichtigt. Es folgten, quer durch alle Dylan-Zeiten, »I'll Be Your Baby Tonight«, das berühmte »Maggie's Farm«, »Simple Twist Of Fait«, »Dead Man, Dead Man« und »Shelter From The Storm« – besonders gefeiert, weil Dylan hier zum ersten Mal die Mundharmonika hervorholte. In den Heartbreakers hatte er hervorragende Begleiter; sie wurden ergänzt durch drei farbige gospelnde Damen, wie Dylan sie für seine Kehrverse so liebt. Irgendwann war auch Roger McGuinn wieder mit von der Partie. Nun gab es lauter Klassiker: »Highway 61 Revisited«, die großartige »Ballad Of A Thin Man«, »Rainy Day Woman«, »I And I« und »Like A Rolling Stone«. Den Refrain konnte das Publikum mitsingen, endlich: »How does it feel«. Doch schon legte Dylan die Gitarre fort und verschwand. Das verdatterte Publikum erwirkte zwar noch »Blowin' In The Wind« und das selten gespielte »In The Garden«, aber mehr als eine gute Stunde hat der Meister seinem Volk nicht gewährt. Und der Presse nicht eine Minute.

Doch als die Musiker längst verschwunden waren und die Scharen durch die Nacht von dannen zogen, fand ich an der Bühne Bob Dylans persönlichen Konzert-Ablaufzettel. Sieh da – es waren noch vorgesehen: »I Dreamed I Saw St. Augustine«, »I Shall Be Released«, »The Times They Are A-Changin'« und »Slow Train Coming«. Na, da war wohl einfach die Lust zu früh alle. Nicht nur der rasche Schluß hat viele gestört, auch, daß Dylan kein Wort zum Gruß und Abschied gab. Man hört, er sei immer so. Dann darf man sich aber auch an die Spielfreude, Wärme und Herzlichkeit eines Carlos Santana erinnern. Sicher ist Bob Dylan ein komplizierter Charakter, und was es heißt, Menschen meist als Massen zu erleben, können wir nur ahnen. »Ich habe keine Botschaft«, soll er eine Zeitlang vor jedem Konzert verkündet haben, seinen alten Protestsong-Freunden zur Trauer.

Dennoch zögere ich, in jenes Urteil einzustimmen, wonach Bob Dylans Künstlerleben voll von Widersprüchen sei. Obwohl dieses Image nun schon Jahrzehnte auf ihm lastet, scheint Dylan mir ein ziemlich geradliniger Musiker. Sicher hat er Wendungen vollzogen; sicher stimmt er längst seine Lyrik nicht mehr auf den Folkie-Ton. Sie ist dunkler geworden, gefüllt mit persönlichen Ikonen und Archetypen Amerikas, die wir nicht leicht verstehen. Wenn Dylan zwischen Ratio und Emotion wählen müßte, würde er sich vermutlich für das zweite entscheiden, und dies mit Recht, denn seine Kraft liegt in der Impression. Geblieben sind die Liebeslieder und die Goodbye-Songs. Überhaupt kann Dylan gut mit Verlusten umgehen: Er macht sie zu Mythen, auch in bezug auf seine eigene Person. Immer wollte er ja seine Herkunft im Legendären lassen. So entzieht er sich seinen Interpreten und eben auch dem Publikum. Ich bin mir nicht sicher, ob »In The Garden«, das Lied vom verlassenen Jesus in Gethsemane, zufällig am Schluß des Konzertes stand.

Daß Dylan, der Jude, vor Jahren Christ wurde und davon auch in seiner Musik handelt, ist immerhin eine Verbindlichkeit dieses umgetriebenen Geistes. Ebenso, daß er sich unverändert in erdiger Rockmusik ausdrückt. Er hält sich wohl daran fest, wie mit Wurzeln. Wenn uns jedoch vom Musiker Bob Dylan viel mehr erreicht als vom Dichter, dann sollte uns klar sein, wie sehr wir damit ästhetisieren oder reduzieren. Dylan kann nichts dafür, daß wir ihn schlecht verstehen. Was kommt heute an vom zweiundzwanzig Jahre alten »Highway 61 Revisited«, wenn Dylan dieses uramerikanische Stück im Treptower Park vorträgt:

*Gott sagte zu Abraham: Kill mir nen Sohn.*
*Abe sagte: Eh, Kumpel, du spinnst wohl schon!*
*Gott sagte: Nee. Abe sagte: Was?*

*Gott: Abe, wie du willst – egal ist mir das,*
*doch wenn du mich wiedersiehst, mach lieber Trab.*
*Mmh. Abe sagt: Wo ziehn wir das Schlachtfest ab?*
*Gott sagt: Draußen aufm Highway 61.*

*Der Streuner, der Spieler ödet sich sehr.*
*Er sagte sich: Ein Weltkrieg muß her.*
*Ging zu nem Promoter, der starrte ihn an*
*und meinte: Ich hab das noch nie getan.*
*Doch wart mal, ich denke, daß ich was wüßte:*
*Wir stelln paar Tribünen raus auf die Piste*
*und machen es aufm Highway 61.*

Was bleibt? In seltsamer Lethargie gingen die meisten nach Haus. Ja, viele waren enttäuscht. Was fehlte ihnen außer ein paar Songs, die nicht kamen? Was wollten sie von diesem Konzert, von diesem Bob Dylan, der nur Bob Dylan war? Was hatten sie gesucht für ihren Alltag in Cottbus oder Halberstadt?

Ernüchtert wurde, wer leer kam und sich von Dylan, McGuinn & Co. Inspiration vorsetztten lassen wollte. Musik zu spielen – das mag geklappt haben damals, im kosmos- und liebestrunkenen Sommer von Monterey 1967, nicht zwanzig Jahre später in Berlin-Treptow. In nüchterner Zeit muß jeder für sich selber die Dinge so sehen, wie er von ihnen angeschaut werden möchte. Wo die großen gemeinsamen Illusionen fehlen, fällt jeder zurück in sein eigenes Herz.

So hat dieses wunderbare Konzert, der Riesenmasse zum Trotz, auf subtile Weise doch noch der Individualität im Rock'n'Roll gedient. Es hat gezeigt, wie wenig solche Musik wäre ohne die Liebe und das Gedächtnis ihrer Hörer, wie sehr sie am Biographischen hängt, an der Lebenszeit, die sie einleitet und mit der sie vergeht. Ich konnte mich, schon tief in der Nacht, kaum trennen von diesem 17. September. Adieu der Folkrock- und Hippie-Musik, Willkommen jeder neuen mit Stil und Verve und Träumen.

*September 1987*

# Herbstmusik

## John-Abercrombie-Trio in Berlin

Der warme Regen ging über anderen Sparten nieder. Sogar die »Jazzbühne Berlin«, sonst auf drei Tage bemessen, schrumpfte 1987 zu einem einzigen Konzert zusammen. Wenn Massen konsumieren sollen, müssen dann Minderheiten schlechter bedient werden? Immerhin – kurz vor Ladenschluß hat »Jazz in der Kammer« eine Rosine vom Berliner Jubiläumskuchen ergattert: John Abercrombie, den amerikanischen Gitarren-Impressionisten. Mobile Enthusiasten kannten ihn schon live. 1983 trat er im Trio Gateway in Debrecen auf. Für die Musiker eine gräßliche Erinnerung: Sporthallen-Akustik, Jack DeJohnettes Klavier verstimmt, und Dave Hollands zweihundertjährigen Baß hatte kurz zuvor in Österreich auf einem Bahnhof ein Zug überrollt. Sie spielten trotzdem, und der reisende Fan war entzückt. Was selten kommt, das hat man doppelt lieb.

Nun also Abercrombies DDR-Premiere, aber nicht mit Gateway, sondern mit Ex-Weather-Report-Schlagzeuger Peter Erskine und dem jungen Bassisten Marc Johnson (der außerdem mit Erskine sowie den beiden Gitarristen John Scofield und Bill Frisell die Gruppe Bass Desires betreibt). Per Programmheft wurde das Trio »im weitesten Sinne (...) der Fusionsmusik« zugewiesen. Im Zeitalter eklektischer Sounds sagt das wenig, und für John Abercrombie stimmt es nicht einmal, obwohl der 1944 in Porchester/New York geborene Musiker als rasanter Jazzrock-Gitarrist bei Billy Cobham populär wurde. In der Folge fand er aber seinen persönlichen Stil, der sich recht unterschiedlichen Kontexten anverwandeln ließ. Da war das freiere Spiel in Jack DeJohnettes New Directions (mit Eddie Gomez und Lester Bowie), das introspektive Duo mit dem »akustischen« Gitarristen Ralph Towner, ein eigenes Quartett. Nicht zu vergessen die »Timeless«-Besetzung mit DeJohnette und Jan Hammer. »Wir machten aber nur zwei Platten und waren nie auf Tournee, im Unterschied zu Gateway.« Was unterscheidet Gateway vom heutigen Trio? »Gateway war stark und artistisch – ein Trio mit drei Leadern. Die Gruppe mit Marc Johnson und Peter Erskine fügt sich mehr ineinander.« Und ist eben ein echtes Abercrombie-Trio.

Marc Johnson gab sich als ruhiger, recht sparsamer Begleiter. Leider wurde er dem »Kammer«-Publikum zu leise angeboten. Peter Erskine nahm sich, Abercrombies Beginn entsprechend, anfangs zurück, um dann zu forcieren. (Es gehört ja zum Wesen dieser Musik, die dynamischen Abstände sehr weit zu fassen, wobei auch die lautesten Ausbrüche ästhetisch unter Vertrag bleiben.) Trauert Erskine Weather Reports elektrischem Fusion-Rock nach? »Ach nein, ich hab jetzt John.« Dessen Klang ist voll und warm und immer leise verhangen: Herbstmusik. Jim Hall, sagt Abercrombie, habe ihn als Gitarristen geprägt, als Saxophonisten in der angedunkelten Färbung des Tons und als Harmoniker der Pianist Bill Evans. Formal pflegt er die herkömmliche Stückstruktur. Die Kompositionen stammen meist von ihm (die »Timeless«-Erinnerung »Ralph's Piano Waltz« und anderes, vornehmlich vom 86er Album »Current Events«). Auch fremdes, älteres Material wird verwandt, z. B. von Victor Young (»Beautiful Love«) und Jerome Kern. Die Vorlagen behandelt das Trio frei und gelöst. Abercrombie verzögert gern, schleppt nach, hält inne und läßt vor der Reprise auspendeln. Steigt in großen Schritten hinauf. Umgarnt, seltsam anschlaglos, den Rhythmus mit schwebenden Fäden. Siegertypen-Musik ist das nicht. Diese Kunst wird durch Fragilität stabil.

»Aber mit den Jahren«, bemerkt der Meister hinterher, »bin ich irgendwie ›schmutziger‹ geworden. In meinem früheren Quartett mit Richie Beirach, George Mraz und Peter Donald spielten wir harmonischer – ein bißchen wie Engel.« Unüberhörbare Zutat ist seit einigen Jahren ein Gitarren-Synthesizer, den Abercrombie vor allem für expressive Passagen heranzieht. Er erzeugt darauf weite, flächige Horntöne, manchmal wie Sirenen. Der Klang bleibt human und gitarrisch und vermeidet die Indifferenz, die manchen Kollegen mit ähnlicher Ausrüstung unterläuft (etwa Pat Metheny). Trotzdem sei Abercrombie gewünscht, er möge nie seinen einmaligen Gitarrenton von soundtechnischer Maschinerie rechtfertigen lassen, um »moderner« zu sein.

*John Abercrombie (Berlin, Kammerspiele, 25. Oktober 1987)*

Was wäre denn modern in einer Zeit, deren Wesen nicht mehr in Wachstumsraten aufscheint, da Einhalt, Umkehr not tun in Rüstung und Gentechnik, in Resourcenwirtschaft und auch im ästhetischen Pragmatismus. Nie ließ Musik sich einfacher planen und produzieren als heute; nie war zugleich die Pflicht des Musikers größer, das Machbare vom Menschlichen zu unterscheiden. Wie oft stellt heute die bessere Technik die dürftigere Musik her, Produkte ohne Ethos und ohne Schwielen von Handwerk und Geschichte. Die Grenze zwischen Zeug und Kunst steckt mittlerweile kein formales Terrain mehr ab. Sie ist gezogen im moralischen Bereich: dort, wo sich entschieden wird zwischen dem, was man tun könnte, und dem, was ich tun sollte.

John Abercrombie bevorzugt letzteres. Zu Hilfe kommt ihm dabei, daß er – ähnlich manchem Schauspieler – immer sich selbst spielt. Oder vielleicht, was er gewesen ist und dem er versunken nachhängt. In seinem Spiel gibt es unentwegt neue Absprünge von einem heimlich mitlaufenden Grundton.

Bleibt noch der Vorwurf des Romantizismus, der Abercrombie und Musikern mit ähnlich lyrischer Ästhetik häufig entgegentritt. Doch diese romantische Gebärde ist nicht affektiv bedingt, sondern mental. Es stimmt: John Abercrombies Musik zielt mehr auf Erscheinung des Klanges als auf dessen Analyse; vor seinem Material war schon sein Geist. Es gibt eben Kunst, die nach Wahrheit geht, und solche, die von dort kommt – analytisch die eine, die andere synthetisch. Beides muß sein, wie Mann und Frau. Was fehlt? »Ich wäre gern perfekter. Ich möchte komplexer empfinden und ausdrücken, weniger linear.« Und was kommt? »Im nächsten Jahr endlich wieder eine Tour mit Ralph Towner. Wir würden öfter zusammenspielen, aber er wohnt in Seattle und ich in New York.« Läge doch Berlin auf halbem Wege!

*November 1987*

# Schmidt und die Stars

## Dekade »Jugend im Palast« in Berlin

Herrn Schindler aus Leipzig kannte ich schon. Jedes zweite Wochenende wohnte er in dem kleinen Berliner Hotel, wo ich Nachtportier war. Wenn er abreiste, erschien er in aller Herrgottsfrühe am Tresen mit Schlüssel und Seltersflasche, zwecks Erstattung von Pfand. Einmal ist er zurückgeeilt: Flasche vergessen.

So kann man irren. Herr Schindler ist ein stiller Star. Er kennt alle Straßen in Berlin. Nachzuprüfen während der Dekade »Jugend im Palast«, wo Hans-Joachim Wolfram diesen Außenseiter seine peniblen Fertigkeiten vorführen ließ. Ein lebender Stadtplan – wahrlich ein Programmpunkt leicht jenseits von Rock »für den Frieden«, wozu FDJ, Komitee für Unterhaltungskunst und Palast der Republik sonst jeden Januar eingeladen hatten. Nun also ein erweitertes Konzept. Alte und neue Reihe wechseln sich in Zukunft jährlich ab.

Ich sah nicht alles – wie denn auch. Vom Keller bis unters Dach war der Palast gefüllt mit Trubel: Theater, Kino, kleine Galerien, Platten, Poster, Keramik, Boutiquenware, natürlich jede Menge Musik. Dazu später; das Fazit gleich: im wesentlichen gelungen. Gut fünftausend Leute pro Tag hatten ihren Spaß. So war es geplant. Palast-Revolutionäres konnte man nicht erwarten. Der Stil des Hauses blieb auch dort gewahrt, wo man sich mehr jugendliches Wesen gewünscht hätte. Sekt und Opernpausen-Häppchen sind ja die feilste Atzung nicht; das machte die Schlangen bei Brause und Klops recht lang, und an manchen Tagen war volkstümliche Speise gar nicht zu haben. Der Einlaß zum großen Saal: streng, bei übertriebener Trennung von Rang und Parkett, wo viele Sessel leerstanden, weil die Fans gen Bühne drängten. Und wenn ein begeistertes Publikum nach Fortsetzung jubelt, sollte man den (willigen) Musikern nicht den Saft abdrehen, bloß weil die Zugabe bis fünf nach Zapfenstreich dauern könnte. So geschehen bei Wolfram Bodags Blues-Session im Foyer. Abstriche sind kein Gesamteindruck. Der Palast war mit Aufwand hergerichtet und der Service freundlich. Zwanglos zog man mit seinem Glas durchs ganze Haus.

Leises hatte es schwer. Wer suchte, fand. Es tat gut, Aicke Frickes Fotos von der Rückseite Berlins im Palast zu sehen. Schlicht »Erinnerungen« nannte Lothar Sprenger seine elegischen Farbfotos von der sowjetischen Ostseeküste. Reinhart Zabka versprach Bewußtseinserweiterung durch seine »Psychodeliamaschine«, die, aus Wurstbüchsendeckeln, Wecker-Innereien und Brockenhexen gefertigt, still flatterte und blinkte.

Querschnitt hieß die Methode – möglichst stimmig, möglichst bunt. Der Querschnitt von Gegenwartsfragen, den die »Junge Welt« für ihr Gesprächspodium vorgab, hätte noch andere Themen ausweisen können als »Theater, Film und Lieder«, »Lateinamerika«, »Sport« und »Unter vier Augen«. Und nicht jede Podiums-Zusammensetzung garantiert Auseinandersetzung. So blieb die Lateinamerika-Runde ziemlich redundant. Offen für offene Fragen erlebte man beim Thema Sport die »JW«-Mannschaft um Volker Kluge, [als jemand traurig war, daß Jürgen Sparwasser nicht mehr in Magdeburg wohnt, oder bedrückt,] weil unsere Junioren in Chile, im Estadio Nacional von Santiago, Fußball spielten. Die »Junge Welt« hat ja jüngst gezeigt, daß solche Gedanken vieler Menschen auch für deren Zeitung wichtig sind.

Das Negativ hierzu gab es bei »Kino, Kino, Kino«. Detlev Haak moderiert einfach zu vieles, und Regine Sylvester kann sich selbst wohl schreibend besser zurückhalten. Jedenfalls steuerten die Talkmaster beim Interview mit Filmemachern und jungen Schauspielern zielstrebig in die Binsen. Vermutlich gibt es nichts Wichtigeres als zu erfahren, wie Hendrik Duryn (»Vorspiel«) seine erste Nackt-Szene anging, wann Arianne (»Liane«) Borbachs Wecker rasselt und ob Günther Fischer »wirklich richtig nach Hollywood« reist. Da man den Boulevard einmal betreten hatte, beschränkte sich die Fragerin auch bei Erwin Geschonneck auf Popularität, Autogrammpost und des Mimen Frauentyp. Geschonneck, geschmeichelt, ließ willfahren. Nur viel Publikum entwich und kam erst in den Großen Saal zurück, als Ottos zweiter Kinofilm begann – DDR-Premiere. Manche Szenen dieses bezwingenden Akteurs sind wirklich kostbar; dennoch bevorzuge ich aus dem friesisch-jütischen Kulturraum das gemessenere Œuvre der Olsenbande.

Musik. Wer in die Ecken lauschte, kriegte am ersten Abend das meiste zu hören. Sandberg aus Leipzig brachten schöne Punk-Versionen von »Helter Skelter« und »Satisfaction«. Aus Karl-Marx-Stadt kamen AG Geige, ein Multimedia-Verbund mit Film, Tanz und Mummenschanz und elektronischer Befremdung, die jedoch das Auditorium nicht beschlich. Sicher war, was AG Geige fabrizierten, schon längst und öfter auf der Welt. Aber Avantgarde ist eben kein absoluter Begriff, sondern sozio-kulturell relativ; er bezeichnet einfach Kunst, die in einem bestimmten Kontext etwas noch Unbestimmtes befördert. Teurer denn je nannte sich eine Gruppe: Punk ohne Unterstadt-Gesicht, eher mit der etwas verblasenen Attitüde einer intellektuellen Bohéme. Gitarren klagten mit elektrischer Kunst, Tauben fielen vom Himmel wie Schnee, und daß unter Rock-Texten Rimbaud steht, ist hierzulande auch kein breiter Brauch. Teurer denn je zeigten klarer als AG Geige, daß Kunst das Uneingelöste zum Gegenstand hat. »Noch hundert Jahr Advent, dann gehn die Lichterketten an.« (»Partisanenlied«) Die sinnliche Variante hierzu boten am letzten Abend Michele Baresi und Die 3 von der Tankstelle. Deren Fans, dünne Jungs mit großen Adamsäpfeln, nicht gerade Stamm im Palast, sprangen ihren wilden Pogo-Tanz. Schön, daß »Jugend im Palast« Schichten zusammenbrachte, die sonst wenig voneinander wissen. Eine weitere Punkband (immer als Sammelbegriff) erfreute im Vorprogramm des Theatro Ecko der Kunsthochschule Berlin, das »Peer Gynt« spielte. Ornament und Verbrechen nennt sich das Ensemble und führte seine scheppernden Vampir-Songs so lange vor, bis ihm die Stücke ausgingen. »Macht nichts«, befand der Sänger, sehr im Einklang mit der grienenden Hörerschaft, »fangen wir eben noch mal von vorne an.«

Die Liedermacher kämpften gegen Lärm und andere Unbill. Ohnehin ein Phänomen, jene zeitlose Geste des deutschen Biedermeier, da der einsame Poet mit Gitarre, immer fallenden Tons, wider die Umstände singt. Am reinsten vertrat diesen Typus Jürgen Eger, mit schönen Momenten, dann aber auch betulich und gravid. Pension Volkmann hielten sich doch recht im Vordergrund auf. Welche Welten sind es bis zur literarischen Potenz eines Randy Newman, der mühelos aus des Sängers Ich steigt und zum Charakterspieler fremder Mentalitäten wird; von Newman als Komponist ganz zu schweigen. Das Duo Sonnenschirm (Jürgen Wolff und Dieter Beckert) ist allerdings hinreißend in Komik und Beklemmung. Gefallen hat mir auch Christian Krebs mit seinem Tintenfisch-Projekt: halb Band, halb Begleitung. Krebs zeigte Urwuchs und frischen Griff. Der Beatles »Back In The U. S. S. R.« bekam einen neuen Text: »In Moskau hat sich Micha die Karten gemischt und hat die roten Sterne befragt ...« [Und: »Wir verstehen kaum noch die Überschriften der Zeitungen, die wir in der Straßenbahn gegeneinander stemmen« (»Die Dinge sind so laut«).]

Bei allen Komplimenten an die Veranstalter – selber aktiv wurde man selten. »Jugend im Palast«, das waren Flaneure, pausenlos bedient mit (Über-)Angebot. Umgang damit wollte gelernt sein, zumal vieles von jenem Tranke war, der die Lippen, nicht den Gaumen netzt.

Maßlos enttäuschte mich Karussel; das innige »Als ich fortging« scheint ein positiver Ausrutscher. Bieder rockten die Barakowski-Band und die mehrfach einberufene Voice-Crew: M. Jones Band plus diverse Sänger, u. a. Stefan Trepte, Matthias Lauschus und Dirk Zöllner (Ex-Chicorée), der ein bißchen wie Stevie Winwood klingt und mit »Café Größenwahn« einen hübschen Song hat. Mr. Adapoe aus Thüringen spielten Blues mit Anleihen bei B. B. King, ordentlich, aber es fehlt noch der Biß, und der Gesang von Thomas Finholdt und Constanze Freund markiert allerlei Aufputz. Im Zusammenspiel mit Wolfram Bodag klang dann vieles natürlicher. Als Ralf Schmidt, genannt IC, auftrat, kreischten die Teens und schwenkten Transparente mit zärtlichen Rüschen. Ihr Idol hatte mit »Mann im Mond« den »Hit« des Jahres gelandet und bekam einen silbernen »Bobby«, was »Casablanca« knapp erspart blieb. Der für die »LP des Jahres« war City lieber. Im Falle von Schmidt ist nicht die Musik interessant, sondern das Image: Welchen Defiziten gibt er abzuhelfen vor? Das einzige Rock'n'Roll-Stück auf der 10er Hitliste übrigens, »Bleib cool« von Rockhaus, wurde abgeschlagen Letzter – auch das bezeichnend für den Trend. Rockhaus muß das nicht anfechten; sie spielten ein schönes Konzert. Reinhard Petereit ließ die Gitarre heulen, und wenn es Mike Kilian gelingt, seine, sagen wir, drängelnden persönlichen Ambitionen auf der Bühne weiter zu zügeln, wird er eines Tages sein, wovon er träumt: ein Rock'n'Roll-Sänger.

Pankow waren gut wie immer, diesmal verstärkt um den Engerling-Gitarristen Heiner Witte, der auch auf Pankows neuer LP »Aufruhr in den Augen« mitspielen wird. Der Auftritt der Band trug melancholische Züge [, als Sänger André Herzberg von der Trauer sprach, Freunde an den Zynismus zu verlieren oder an eine andere Staatsbürgerschaft. Pankow bleiben, wie und wo sie sind; das macht Mut]. Den gleichen Effekt bringen City durch Manieriertheit zustande. Manierismus muß ja labil bleiben; seine Stärke verfliegt in robuster Normalität. Sonderbar, wie Citys vorzüglicher Auftritt irritierte, als hätten sich Konzert und Platte, Leben und Bild vertauscht. »Casablanca« ist ein Mythos, und Mythen gibt's nicht live, nicht in variabler Form.

Wer von Malloy aus Irland keltische Gitarren à la U2 erhofft hatte, wurde geschockt durch Rhythmuscomputer und drei tanzende Go-go-Sängerinnen. Anderes Kaliber besaß der funkige Soul von Jocelyn Bernadette Smith, der US-Amerikanerin, die mit ihrer West-Berliner Gruppe alle halbe Jahre unter anderem Bandnamen bei uns einreist. Schön, daß sie im selben Konzert auftrat wie die sowjetische Heavy-Band Arija. Deren melodischer Metal-Rock war tadellos »professionell«, wie neuerdings eine Tugend heißt, und zitierte Deep Purple und die Scorpions. An einem Abend gab's britisches Revival. Den Anfang machten The Cavern aus Liverpool, die besser Covern heißen sollten, denn sie spielten fast ausschließlich Beatles-Songs, in Timbre und Rollenspiel eine bemerkenswerte Kopie des unnachahmlichen Quartetts aus dem Cavern-Club. Die Tremeloes können gewiß jedes Bierzelt aufheizen, einen Palast sahen sie lange nicht von innen. Immerhin machte unser Beifall »vier alte Männer sehr, sehr glücklich«. Gern geschehen, noch lieber bei den Searchers. Die kriegten die Kurve, spielten »Love Poison No. 9« und »Needles And Pins« und knickten jedem Anachronismus charmant die Spitze weg. Das klang famos, und eigens für uns trugen die Searchers jene exquisiten Anzüge, in denen sie schon vor Queen Elizabeth aufgetreten sind. »Oder war es Victoria?«

Glanzlichter setzten zwei altgediente Barden: Mitch Ryder und Alvin Lee. Ryder, Jahrgang 1947, kam mit einem aufgeladenen Quintett: Robert Gillespie und Joe Gutc an den Gitarren, Keyboarder Billy Csernits, Bassist Mark Gougeon und Johnny Badanjek, der schon seit Zeiten von »Jenny Takes A Ride« (1965) Ryders Schlagzeuger ist. Der Mann aus Detroit löste mit seinem langen Konzert Beklemmungen aus, wie man sie von hiesiger Rockmusik nicht kennt – Rock'n'Roll als Überlebenskunst. »Gimme Shelter«, »Heart Of Stone« – das waren keine »Oldies«, wie er da stand, röhrend, gurgelnd im fahlen Licht der Angst. »Ain't Nobody White Can Sing The Blues«? Mitch Ryders Publikum daheim in Detroit besteht zu achtzig Prozent aus Schwarzen. Ryder, weiß, erinnert in manchem an Jim Morrison, nur starb der Doors-Anführer, bevor er so alt werden konnte, wie er klang. Auch bei Mitch Ryder geht es ums Leben, wenn er »Soul Kitchen« singt.

Möglicherweise hat es Alvin Lee ein bißchen leichter. Der Bluesrock-Rahmen seiner Musik gibt ihm ein Ethos, das er mit anderen teilen kann. Als schnellsten Gitarristen der Welt hat man den Ex-Ten-Years-After-Chef bezeichnet, und, wegen gezierten Gebarens, als Greta Garbo der Rockmusik. Letzteres, *as time goes by*, kann man nun streichen, und »John McLaughlin ist sowieso schneller«, fügt er lächelnd hinzu. Das Konzert der dreiköpfigen Alvin Lee Band wird ein einziger Soloritt. Der Mann fädelt fast ununterbrochen seine gleißenden Tonketten. »One Of These Days«, »Love Like A Man«, »Show Blues In C« – alles Klassiker, tausendmal gespielt, frisch wie gerade erschaffen. Was schützt Lee vor Kolportage? »Ich habe keine Botschaft – außer: die Welt ist eins [, und Musik überwindet alle politischen Trennungen]. Mein Job ist es, Leute froh zu machen.«

Man hört das leicht simpel, im Sinne possierlicher Bescheidung von »Unterhaltungskunst«. Alvin Lee ist kein Amuseur. Seine Gitarre brüllt und weint und windet sich; des toten Jimi Hendrix' »Hey Joe« zeigt einen Mann in Gefahr, dann das schwarze »Help Me Baby« von Sonny Boy Williamson und endlich Woodstock und das Stück der Stücke: »I'm Goin' Home«. Aber man läßt ihn nicht. Er muß noch dreimal wiederkommen und erlöst die rasende Menge mit purem Rock'n'Roll.

Hinterher erzählt er von seinem Vater, der in Nottingham

*Mitch Ryder, Joe Gutc (v. l., Berlin, Palast der Republik, 18. Januar 1987)*

*Alvin Lee, Alan Young, Steve Gould (v. l., Berlin, Palast der Republik, 17. Januar 1987)*

Maurer war und Bluesaufnahmen gesammelt hat, von anderen Gitarristen, die er mag (Mark Knopfler, George Benson, Ry Cooder, Robert Cray), von seinen Heroen (Bo Didley, Jerry Lee Lewis) und, natürlich, von Woodstock. »Woodstock war ganz in Ordnung. Bloß danach gingen die Peaceniks nach Hause, und das war's dann.« Auch für manche Hippie-Band wie Jefferson Airplane. Ten Years After, mehr Musik als Idee, machten unbeirrt weiter[, selbst als die Pop-Welle sie in den Siebzigern aus den Radios schwemmte]. »Rock'n'Roll will never die«, das hat Alvin Lee uns nun vorgemacht, auch zu seiner Zufriedenheit.

Nur eins erboste ihn. Als er am Abend zuvor mit Baßmann Steve Gould und Schlagzeuger Alan Young was trinken gehen wollte, fanden sie nirgends Einlaß. Woodstock und »Sie werden plaziert« – Himmel hilf, die Erde hat uns wieder.

*Februar 1988*

# Ars longa? Vita brevis!

## Johnny & The Drivers

Die Schlüsselszene von Scorseses Kultfilm »The Last Waltz« – um das Abschiedskonzert von The Band – spielt sich hinter der Bühne ab. Gitarrist Robbie Robertson spricht über das Aufhören. »Die Touren verschlingen dich. So viele Große hat die Straße schon geschluckt: Jimi Hendrix, Janis Joplin, Jim Morrison ... Es ist eine verdammt unmögliche Art zu leben.« Von den Größen, die im Film mit The Band auftraten, starben seither zwei: 1983 Muddy Waters im Alter von achtundsechzig Jahren und letzten Herbst Paul Butterfield. Er wurde fünfundvierzig.

Daran mußte ich denken, als Johnny & The Drivers im Haus der Jungen Talente in Berlin spielten. Den Talenten jenes Abends hatte das Leben schon sichtlich ans Leder gefaßt. Entsprechend die Hörerschaft. Derlei Konzerte alarmieren per Buschfunk landesweit Jahrgänge, die schon dabei waren, als damals ...

Sogar die »Bluespolizei« aus Thüringen traf ein, wurde aber nicht stilecht bedient. Johnny & The Drivers machen irdenen Rock'n'Roll, sicher mit Blueseinschlägen, dazu Southern Sound, Mainstream und einiges Zeitlose mehr zwischen Johnny Oprich und Bruce Springsteen. »Kategorien und Heroen finde ich kindisch«, so Sänger John Thomas, von dem die Band ihren Namen hat. »Captain Beefheart ist für mich allerdings ein Heros. Und Bob Dylan. Aber Beethoven auch.« Das hört man weniger.

Johnny & The Drivers, ansässig in West-Berlin, sind nicht nur musikalisch ein Gemisch. John Thomas stammt aus Sidney und kam vor zwanzig Jahren nach England, wo er unter anderen der Edgar Broughton Band (»Hotel Room«) beitrat. Der vorzügliche Schlagzeuger Joe Di Carlo (mal bei Todd Rundgren) ist Amerikaner aus New Jersey. Gitarrist Joey Albrecht (früher Karthago) und Matz Steinke am Baß sind aus der Bundesrepublik, Keyboarder Chris Lewis lebt staatenlos. Lewis war schon öfter bei uns, mit Jocelyn Bernadette Smith. Bei den Drivers kommt er besser zum Zug, mit langen flatternden Orgelschleiern, wie sie früher Colosseum und die Allman Brothers um ihre Mammutstücke wanden. Er teilt sich die Soli mit Joey Albrecht, Typ gefallener Engel: rauh, melodisch und lasziv. Albrecht fabriziert auch die Einstiege für John Thomas' heiseres Organ und Gitarrenspiel. Die Songs rollen geradeaus: »She's A Rocker«, »Dreamer«, »Father« – jene tagtägliche Mischung von Mannesmut und Melancholie, die solcher Musik seit jeher einverleibt wird. Einiges war aus der Kiste der Nachtpiraten und Streuner: »Ain't No Love In The Heart Of The City« haben kürzlich auch Chris Farlowe und Long John Baldry aufgenommen.

Das Ganze dauerte über fünf Stunden. Zwei Konzerte mußten sein (zusammen mit Engerling), so ächzte das Volk in den kleinen Saal. Die vordersten saßen fast auf der Bühne, und des Sängers Notruf »Give me a beer!« ward aus dem Publikum erhört. Die Angelegenheit erbrachte den selten gewordenen Beweis, daß Rock'n'Roll überall möglich ist, wo es eine Steckdose gibt. Die Energiequellen des Ruhms müßte man wohl etwas emphatischer beschreiben, aber Johnny & The Drivers sind eben keine berühmte Band, nur eine sehr gute. Sie zählen zu den Scharen von Rockmusikern, die nach dem Konzert zerkämpft in einer schmuddeligen Garderobe hocken, Leberkäsestullen und Knoblauchklöpschen verdrücken und sich an ein paar Bier festhalten. Sie machen jeden Abend Verschleißarbeit, und so sehen sie mit der Zeit auch aus. Ihre eigene Substanz verwirtschaften sie Stück für Stück ans Publikum. Das zieht vergnügt von dannen mit flüchtigem Erinnerungsbedürfnis, und die Drivers haben wieder mal verloren.

»Was bleibt«, sagt John Thomas, »sind unsere Platten. Wenn eine rauskommt, schicke ich sie gleich meiner Mutter in Australien. Obwohl sie ihren Plattenspieler wieder so leise drehen wird, daß sie kaum was hört.« Wo war die eine große Chance für Geld und Titel-Stories? Drummer Di Carlo, Steve-Gadd-Fan, style geschoren mit weinrotem Bart, hat seinen ergrauten Traum dabei: Wenn damals Bob Seeger angerufen hätte. Oder Rick Derringer? Eigentlich war schon alles abgemacht ... Nun kommen die hochdotierten Tourneetrommler von Maffay und Mitteregger zu ihm und schenken brotloses Lob: Ehrlich, Joe, wir lernen immer noch viel von dir. Was nützt ihm das auf der Rückseite des Ruhms? Und was hat er von den schnellen Mädchen und One-Night-Stands? Joe Di Carlo will ein Zuhause.

Johnny & The Drivers – das war ein aufklärendes Erlebnis. Die Konzerte der Großen des Rock machen einen merkwürdig messianischen Effekt. Der Star erlöst – nicht durch sein Treiben, durch sein Sein. Was wir glauben, spiegelt er zurück, und die Stunde, die er mit uns teilt, wird zum Exempel für die rechte Zeit am rechten Ort. Stars lassen spüren, man sei ein bißchen mehr, als ist. Sonst dächte man leicht das Gegenteil.

John Updike hat mal gesagt, er wünsche seine Bücher nicht eindeutiger als das Leben. Auf Rock'n'Roll gemünzt, halten es Johnny & The Drivers ähnlich. Mangels Licht und Silber können sie nicht spiegeln. Sie schatten alle Lebensbilder ab; sie zählen ohne Nenner. Sie entkleiden ihr Medium seiner Garderobe und zeigen das Herz der Musik. Schlägt es, lebt man mit jedem Nerv; steht es dann still, bleibt nichts. Ars longa? »Wie alt bist du?« fragt John Thomas, fast ins Leere. »Ich bin jetzt fünfundvierzig. Life ist kurz.«

Soviel Musik – wozu? Minuten, und es verdröhnt. Draußen schlägt es drei, die schlimmste Stunde der Nacht. Jeder Schritt hallt uferlos. Alle Strände kosten das Meer. *No love in the heart of the city*. Wenn diese Amsel nicht wäre im Februar.

*März 1988*

# Mode lang und Mode kurz

## Uriah Heep und Depeche Mode

»Wer sie mag, der mag sie«, schrieb einst der »Rolling Stone« über Uriah Heep, »wer Musik mag, mag sie nicht.« Die Vorverkaufsschlange derer, die keine Musik mögen, kroch endlos um die Berliner Seelenbinder-Halle. Manch greiser Fan bibberte eine ganze Februarnacht um ein Ticket. In den Genuß »zentraler Kartenvergabe« kam jüngeres Volk. Denn die britischen Gäste spielten, nach Konzerten in Weimar und Suhl, auch zu drei Veranstaltungen mit dem superben Titel »Pionierknüller«. Ob sie den Pionieren gefallen hat, die väterliche Musik?

Uriah Heep waren Anfang der siebziger Jahre die Band zwischen Deep Purple und Genesis. Gegenüber beiden Schlüsselgruppen hatten sie Nachteile, in Urgewalt und Sentiment, aber als Mitte klangen sie prima. Sie schielten geschickt nach zwei Seiten, auf Hard Rock wie Art Rock, und so orientiert, kamen sie gut voran in jenem nach-ideologischen Rockzeitalter, das mit Woodstock und den Hippies abgeschlossen hatte und nur noch vital oder mystisch sein wollte. 1970 gegründet, benannte sich die Gruppe nach einer Gestalt aus Dickens' »David Copperfield« – eine kleine bildungsbürgerliche Beflissenheit, die auch bei der Taufe solcher zeitgenössischen Bands wie Jethro Tull und Steppenwolf Pate gestanden hat. Die Vorliebe zum Prätentiösen setzte sich fort in der Musik der Heep: sägender Orgelton, markig seufzender Gesang und in den Chorussen Falsettstöße der gesamten Band. Das fand Nachahmung. Ähnliches Schmachten bereichert die frühen Aufnahmen der Puhdys (»Geh dem Wind nicht aus dem Wege«, »Steige nicht auf einen Baum«), die sich um 1972 auch fürs Konzertrepertoire gern auswärtig bedienten. Man war ja dankbar für Live-Kopien unerreichbarer Originale. Die echten Aufnahmen hörte man anderswo. Deep Purple und Uriah Heep – die Stones sollten noch nicht sein – erzeugten Andacht und Weihe in den Diskotheken, die damals landesweit entstanden. Wahrlich, wer nie nach »Child In Time« zerfloß, wer niemals zu »Lady In Black« in einer sächsischen Dorfdisko schmuste, der weiß nicht, was Ewigkeit ist.

Aber 1988? Anders als die großen Rocksolisten, die uns in letzter Zeit besuchten, haben Uriah Heep etwas Nichtkonvertierbares: Ihre Eigenarten zahlen sich nur aus im Geschmack ihrer Zeit. Deutlich zu merken, als vor einigen Jahren Keyboarder Ken Hensley abtrünnig wurde, Blackfoot beitrat und Ricky Medlockes behendes Southern-Quartett in dumpfe Töne hinunterorgelte. Auswärts schwach, spielen die Heep-Musiker besser in angestammter Band. Gitarrist Mick Box und Schlagzeuger Lee Kerslake sind schon seit 1970 dabei, Bassist Trevor Bolder (für Gary Thain) seit 1976. Phil Lanzon kam für Hensley und zuletzt Bernie Shaw, der möglichst genauso tremoliert wie früher David Byron, selbst wenn er, ein Junge, dessen Affektion und Hysterie nicht nachvollziehen kann. Aber wie schön er die alten Zeilen schleudert: »I was only seventeen when I loved a Gipsy Queen ...« »Gipsy« gibt es natürlich, »July Morning«, »Bird Of Prey«. Da stehen sie in einem lichten Dom aus Gold und Grün, bis die Emphase weicht und alle Zügel fallen. Aber Uriah Heep machen keinen Heavy-Metal-Rock; dieses aggressive Unisono überlassen sie Späteren. Die Menge ist's zufrieden und kräht erfolgreich nach Hits. Freilich, manche Songs sind schon etwas zerschlissen: »Wizard«, »Look At Yourself« – zu lange geliebt, zu oft gespielt. Eine Welttour nach der anderen, 1988 neun Monate, von Malaysia bis Moskau, dort zehn Konzerte vor hundertachtzigtausend Menschen. Immer dieselben Nummern, immer ähnliche Effekt-Soli von Kerslake und Box, immer Hunderte von Händen schütteln vorn am Bühnenrand. Sie lieben das, sagen sie. Danke.

Ein bißchen befremdend, wie sie beim Pressegespräch vor einem sitzen: gealtert, anzuschauen wie freundliche Karpfen und kaum gesprächiger. Falls es nicht gerade um das Credo jedes Rock'n'Rollers geht: die alten Bands, Handarbeit am Schlagzeug, we love you all. Soll man nach Reimen fragen, die man sich selber machen kann? Eine Kollegin will wissen, ob man was vom Abbau der Mittelstreckenwaffen halte. Man hält.

Acht Tage darauf gibt's in der Seelenbinder-Halle Fortsetzung, sofern man zu den sechstausend Glücklichen zählt, die das einzige DDR-Konzert von Depeche Mode erleben müssen. (Und wie viele wollen!) Nach neunmaliger Kontrolle gelangt man endlich ins Heiligtum, jubelt ein bißchen vor sich hin und harrt der Dinge, die lange nicht kommen. Vorerst wallen Nebelbänke und Wolken von Tüll, bis endlich das »FDJ-Geburtstagskonzert« beginnt. Na ja, und dann stehen vier junge Pop-Unternehmer hinter ihren Automaten und donnern Maschinenmusik durch die Halle: Alan Wilder (Computer), Andy Fletcher (Computer) und Martin Gore (Computer). David Gahan tanzt und singt coole Unverbindlichkeit. Dazu eine delikate Lightshow, die den Bühnenhintergrund immer neu als Transparent erschimmern läßt.

Es gibt Schlimmeres als diese überzüchtete Modenschau-Musik. Zum Beispiel verbiesterte Kritiker, die Fans ihr Vergnügen zermäkeln wollen. »Depeche Mode« steht an vielen Häuserwänden, und ungezählte Wunderkerzen sprühten im Konzert. Irgend etwas hat diese Band für Kinder aus Neon und Beton. Wer sie mag, der mag sie. Ich werde es nicht mehr lernen. Wie singen sie? »It's a question of time.« Ziemlich belemmert stand ich da mit zwei Freunden fortgeschrittenen Semesters im kreischenden Teenie-Pulk – wie die guten alten Digedags im Video-Clip. Wir sind in einem schwierigen Alter: Unsere Jugendlichen verstehen uns nicht.

*März 1988*

# Mensch zu Menschen

## Joe Cocker in Berlin und Dresden

Schön ist der Mai in Heringsdorf. Alles blüht und sprießt, die Villen spiegeln Frühlingslicht, und kühle Strände sonnen sich in Ruhe vor dem Sturm. Man bummelt, liest, fährt Rad weit über Usedom und belächelt, fernab aller Medien, den Eifer städtischen Lebens. Dies stille Vergnügen nimmt noch zu, wenn man sich abends mit einem Bier erheitert. Bei ebendiesem Bier vernahm ich von einem besäuselten Fan das Donnerwort: Morgen Cocker in Berlin! Die Liebste zürnte, die Tochter schluchzte, doch der Berliner liebt Musike und mußte los. Joe Cocker: Woodstock-Held, Rock-Röhre Nr. 1, weißer König schwarzer Musik. Dem Mann aus Sheffield sind die Superlative nur so hingeschaufelt worden. Auch bei mehr Zurückhaltung bleibt Joe Cocker einer der wichtigsten Rockmusiker überhaupt – nicht als Komponist oder Neuerer, sondern als Interpret. In gut zwanzig Jahren hat der heute Vierundvierzigjährige Dutzende von großen Versionen fremder Vorlagen veröffentlicht. »With A Little Help From My Friends«, eigentlich ein Beatles-Stück, wurde in Cockers Version zu einer Hymne. Dave Masons »Feeling Allright« und »Guilty« von Randy Newman machte er kaum weniger bekannt. »Guilty« (»Schuldig«), die Selbstanklage des Trinkers, weist auf einen wichtigen Zug in Cockers Leben. Seine Karriere war kein Kammweg über Ruhmesgipfel. Cocker hat tiefe Täler von Depression durchirrt, teils, weil das Musik-Management seine Empfindsamkeit jahrelang schamlos zu Markte trug, teils aus Labilität. Er wurde getrieben und ließ sich treiben, ein großer Gefühlsmensch in Sieg und Verlust.

Am Abend des 1. Juni stand er vor einer unübersehbaren Menschenmenge in der Rennbahn von Berlin-Weißensee, tags darauf in Dresden. Um das Technische abzuhandeln: Das häßliche staubige Areal, leicht abschüssig nach der falschen Seite, eignete sich viel schlechter als die Wiese in

Treptow. Die Anlage war zu leise, die Bühne nicht hoch genug. Viele sahen Cocker bloß per Video-Wand; das vermied, wer in jene Bereiche vorstieß, wo man zur Sardine ward.

Mit »Dear Landlord« fing Joe Cocker an, unterstützt von einer furiosen neunköpfigen Band, die seine musikalischen Wurzeln zusammenführte. Trompeter Danny Schliftman und Saxophonist Marty Kersich bliesen Soul-Chorusse (Cockers Stern ist Ray Charles), Maxine Green und Carla Vaughn gospelten köstlich gezogene Refrains, Phil Grande und Jack Pevar jagten Blues-Gitarrensoli über die Hörerscharen und duellierten sich in Bob Dylans »Seven Days«, das T. M. Stevens, wahrlich ein bunter Vogel, mit einer eitlen Baß-Show begann. Weiter gehörten Jeff Levine an den Keyboards und der Schlagzeuger David Beal zur Band. Das Programm war gut gemischt aus alt und neu: »Hitchcock Railway« und »The Letter« mit ihrem hoppelnden Hippie-Klavier, die Straight-Songs wie »Civilized Man«, »Unchain My Heart«, »Shelter Me«, die Balladen, natürlich auch »Up Where We Belong«, wobei die erwähnten Damen vom Background Jennifer Warnes vertraten. Es gab dreiundzwanzig Stücke, davon sechs Zugaben, und »With A Little Help From My Friends« löste riesigen Jubel aus. Nach »Watching The River Flow« war endgültig Schluß. Allgemeine Begeisterung. Was wäre mehr zu schreiben, was zu kritisieren an diesem großen Konzert, dem scheinbar nichts fehlte?

Aber Kunst handelt eben von dem, was fehlt. Kunstkritik hilft dabei, sofern sie nicht bloß »Berichterstattung« ist vom passierten Getreibe und Geräusch. [Zorn soll sie machen auf die plebejischen Anbiederungen der Massenkultur, die nur Gängiges und Übliches verstärkt.]

Gilt das für Cocker? Massenkultur ist ästhetische Promiskuität. Seine Kunst ist wie Liebe, die spüren läßt: Du bist einzig, und niemand kann sein wie du. Glücklich die Pilger des Rock, die so ferne Pfade ziehen, daß sie die Fremde heimholen. Joe Cocker sind diese Wege verlegt. Er kann nicht verfremden; er betreibt kein Wissen um Musik jenseits von Musik. Sein Blues-&-Soul-Rock rollt mitten auf der Hauptstraße.

*Joe Cocker (Dresden, 2. Juni 1988)*

Joe Cocker verkörpert jedoch den seltenen Glücksfall des kommerziell erfolgreichen Musikers, dessen »Massenwirksamkeit« nicht zu Lasten der Kunst geht. Das ganze populäre Medium tränkt er in ureigenem Ausdruck. Ozzy Osbourne oder Whitney Houston gehören in Kategorien und sind adressiert an den Menschen als Masse. Cocker prägt seine eigene Kategorie und findet, da er beständig sich selber zeigt, in der Masse immer den einzelnen. Dieser kleine Mann mit den fuchtelnden Bewegungen ist kein kühler Gott in Leder und Lärm, er reißt kein geblendetes Fan-Volk hinter sich her. Er bleibt ein humanistisches Idol, Mensch zu Menschen, und wird am tiefsten, wenn er Stille erzeugt: »You Are So Beautiful«, »Just Like Always«, aber auch »Isolation«, die Einzelhaft des großen Mannes. Bob Dylan empfand wohl ebenso vor einem dreiviertel Jahr in Treptow, nur mochte er, der vielfach Verschlüsselte, sich nicht öffnen.

Freimut. Im Pressegespräch gab es einen gräßlichen Moment, als Lutz Bertram Cocker »zehn Bier spendieren« wollte, wenn er ihm den »Urschrei« aus »With A Little Help« aufs Band brüllte. Cocker bog das ganz gut ab und sprach in seiner leisen Art über Drogen, Streß und Alkohol. Ja, damit hätte er sehr zu schaffen gehabt, bis er um 1980 die Kurve bekam. Jetzt lebt er zurückgezogen im kalifornischen Santa Barbara. Los Angeles war ihm »zu verrückt«. England hatte er schon 1975 verlassen, wegen der hohen Einkommenssteuer.

Neben Cocker saß sein Manager Michael Lang, 1969 einer der vier jungen Organisatoren des Woodstock-Festivals. Der sagte ganz schlicht, Love & Peace sei immer noch die Formel des Lebens. Cocker sieht die großen Veränderungen weniger in der Rockmusik als im Typus des Rockmusikers. »Die Leute, die jetzt hochkommen, planen für eine lange Karriere im Showbetrieb. Sie haben Marktstrategien und kalkulieren ihr Image genau.« Die Flower-Power-Musiker der endsechziger Jahre lebten, wie sie waren, in den Tag. Sie gaben immer alles und manchmal mehr, als sie hatten. Deshalb so viele Zusammenbrüche, deshalb so große Musik.

Was bleibt von Cocker in Berlin und Dresden? Schon hat uns das poppige Radio wieder, das plappernde, das zappelnde Getön mit der krankhaft guten Laune. [Mich ekelt vor diesem mageren Fraß. Vielleicht ist mehr »Lockerheit« am Platze, nicht soviel Moral.] Aber ich wünsche doch, daß Rock'n'Roll, meine Lieblingskunst, von hellen und dunkelsten Stunden handle, von »It's a beautiful day« und »Last night the music saved my life«. In Cocker ist noch beides.

*Juni 1988*

# Kleines Fest mit Sahne

## Jazz Evenings in Greifswald-Eldena

Drei fuhren nach Greifswald. Vorbildung: verschieden. Eva ist in der Stadt geboren, Michael hat lange hier gelebt, und der Verfasser bestritt in Studententagen an der Greifswalder Uni ein Handballturnier. Wir Leipziger wurden Letzte, mit einer grandiosen Zahl von Gegentreffern. Ich war Torwart.

Greifswald empfängt müde. Ist es nur die Hitze [, oder liegt die Stadt in einer Lethargie]? Die Straßen gähnen. Der Markt blättert vor sich hin. [Die alten Fachwerkhäuser sacken allmählich zusammen oder haben Neubauten weichen müssen.] Man ahnt noch, wie es einmal ausgeschaut haben mag, rings um St. Marien und Dom, die unverändert prächtig [vor bröckelnden Höfen] residieren. Ein Bier tut not, aber Gastronomie findet nicht statt. Bis auf den Ratskeller, der von einer zweiunddreißigköpfigen Schlange belagert wird. Wir dürfen gern mitlagern. Ansonsten – was wir denn wollten: »Es ist doch Freitag!«

Jawohl, es ist der erste Freitag im Juli, und seit 1981 beginnen hiermit die Jazz Evenings in der Klosterruine Eldena vor den Toren der Stadt. Man muß ausholen: 1981 – ein Schnitt in der DDR-Jazzgeschichte. Zum letzten Mal gab es damals das Open-Air-Festival von Peitz. Zwei Enthusiasten, Uli Blobel und Peter Metag, hatten es über Jahre fertiggebracht, nach und nach die gesamte Elite europäischer Improvisatoren in die Kleinstadt bei Cottbus zu holen. Die zweimonatlichen »Werkstatt«-Konzerte gingen meist im Peitzer Kino über die Bühne, doch im Juni zog man an die frische Luft. Für ein Wochenende wurde Peitz, sonst nur für Karpfen berühmt, zum Wallfahrtsort derer mit Zelt und grüner Kutte. Man konnte Episoden von unvergeßlicher Skurrilität erleben, vor allem Typen, damals Kunden genannt. Peitz-Publikum war weder fein noch geschult und lauschte doch hingebungsvoll wahrhaft schwierigen Klängen. Was ist es gewesen, das Bildung als Entree für Kunst so entbehrlich machte? Sicher auch Exoten-Effekte und Cliquen-Romantik. Noch mehr wohl beider, der Künstler wie des Publikums, Abkehr vom ästhetischen Wappenspruch der Massenkultur: Bargeld lacht! Peitz wurde wieder Karpfen-Peitz, und die Pilger der Free-Musik waren ihr Mekka los. Coswig konnte sich nicht dauernd etablieren. Und Greifswald? Nichts deutet hin auf eine Kunden-Invasion. Bunt plakatiert wird lediglich die »Pop-Tournee '88«, die den Besuchern des städtischen Stadions beliebte Melodien von Herrn Bummi, Fräulein Inka, Herrn Schmidt sowie der Gruppe Rosalili verheißt. Man muß ernstlich fürchten, ganz allgemein und besonders um die Jazz Evenings. Also Anruf beim Veranstalter. »Vati ist in der Nervenklinik«, verkündet die Tochter, »er kommt aber bald wieder.« Bald genug, stellt sich heraus. Tilo Braune ist Nervenarzt.

Wir laufen hin, zumal bei Braunes unser Quartier sein soll. Ein Mietshaus nicht weit vom Zentrum. Ein großes Atelier-Zimmer mit Grafik, Plastik und viel Grün. Und mit Kaffee von Marlis Braune, dieweil Tilo (vierunddreißig) Miles Davis' Capitol-Konzerte aus der Bandschachtel kramt. »Tja«, sagt er, »zum achten Mal machen wir nun die Jazz Evenings. Zum Anfang war's ja schwierig. Es gab hier keinerlei Publikum für improvisierte Musik. Greifswald hat immer die Mentalität einer Landstadt gehabt, wie Anklam oder Pasewalk. Die Uni strahlt nicht so sehr aus. Die eigentliche Universität im Norden ist Rostock; eine Zweit-Uni gibt es ja sonst in keinem DDR-Bezirk.« Jazz-Vorbehalte hegten auch Greifswalds Stadtobere. Das hatte nur teils mit Musik zu tun. Arges fürchtete man, nach der verbreiteten Weisheit: Wie die Musik klingt, so schaut es auch in den Köpfen aus. Als die ersten Jazztage vorüber waren, gab es behördliche Nachkontrolle. Der ABV beäugte das Areal, stumm vor Erschütterung: Vier leere Rotweinflaschen lagen im Grase. »Ein Waterloo!« sprach er, sich fassend.

Heute läßt sich vieles leichter an, auch finanziell. Mit zehn Mark Eintritt pro Konzert kann man bei dreihundert bis vierhundert Besuchern nicht überleben. Die Veranstalter sind dankbar für die Zuschüsse einiger Sponsoren: der Stadt Greifswald, der Universität (FDJ) und des Kernkraftwerkes. Andere Großbetriebe der Stadt könnten sich daran ein Beispiel nehmen, zumal es sich bei den Jazz Evenings, wie sich herausstellt, um ein Ereignis von überregionaler Bedeutung handelt.

Die Ruine von Eldena, einst Zisterzienserkloster, das den Dreißigjährigen Krieg nicht überstand, ist ein zauberhafter Ort. Aus weichen Wiesen ragen schroffe Mauern, so kraß, als habe hier die Sage selbst gebaut. So scheinen ja auch Rudelsburg, Saaleck und die Rothenburg am Kyffhäuser schon immer Ruinen gewesen: ein Ahnbild deutscher Melancholie, daß nachts der Mond durch ewig fahle Hallen streife. Caspar David Friedrich, Greifswalds berühmtester Sohn, hatte Eldenas roten gotischen Bogen derart ins Herz geschlossen, daß er ihn immer wieder hervorbringen mußte, sogar in einer Riesengebirgslandschaft. Alles ist Heimfahrt – Novalis' Essenz der Romantik als Bild. Wie schön, im Gemäuer zu sitzen, wenn oben, im Dämmer, die Wolken jagen und der Wind die Büsche aufrauscht und die Bäume.

Es jagt und rauscht etwas zu sehr. Das Wetter wird wild. Angsttraum der Veranstalter von Jahr zu Jahr. Diesmal »klappt es«. Es ist kurz nach neun; die erste Band kommt auf die Bühne, der »Workshop« des Kanadiers Ian Gordon-Lennox. Seine Trompete und die Baßklarinette von Heiner Reinhardt entfalten ein elegisches Gespinst (mit Christoph Winckel, Baß, und dem Schweizer Schlagzeuger Dieter Ulrich). Da fegt der Gewittersturm heran. Donner kracht, die erste Bö fetzt die Dekoration herunter. Die Menschheit flüchtet, nicht ohne Tilo Braunes verzweifelten Ruf, »in frühestens anderthalb Stunden« gehe es mit der »kleinen Variante« weiter. Der Rest ist Wasser.

Die »kleine Variante«, das meint die Mensa der Universität. Jedes Instrument und alle Technik muß dorthin. Und alle Hörer. Die jetzt schon in der Mensa sind, haben nichts mit Jazz am Hut. Disko lärmt. Trübes Licht. Im Untergeschoß kann es nach fast zwei Stunden mit Jazz weitergehen. Der Keller hat sich gefüllt mit nassen Fans, als das Joe-Sachse-Quartett auftritt (Helmut Sachse, Gitarre, Altsaxophonist Manfred Hering, nochmals Heiner Reinhardt, diesmal am Tenorsaxophon, und am Schlagzeug Wolfram Dix).

Die Leute von Ian Gordon-Lennox, allen voran Bassist Winckel, befanden, ihr vorsintflutlicher Zehn-Minuten-Set sei Auftritt genug gewesen. Sachses Post-Free-Formation wird gefeiert – wo gibt es das noch im auswärtig verwöhnten Berlin? Sachse muß gleich weitermachen, als Partner des japanischen Tänzers Tadashi Endo. Die beiden setzen auf Kontrast. Sachse läßt Stahl splittern, Endo, entkleidet und überströmt von Schweiß, verkriecht sich in einer Meditation, aus der er unverhofft hervorschießt wie eine Boa. Ich weiß wenig über japanischen Tanz. Endo lebt schon jahrelang im Ruhrgebiet. Bei uns hat er mehr Erfolg, was nicht mit »Leistung« zusammenhängt.

Später, längst nach Mitternacht, folgt noch ein Eldena-Ritual für Musiker, Veranstalter und ähnlich würdiges Personal. Es geht auf den Kutter. Der liegt fest an Land und entpuppt sich als Schiffskneipe von ganz erstaunlicher Enge. Die Annalen berichten von Remmidemmi und wahren Tanzfesten. In dieser Nacht serviert Morpheus warmes Bier.

Am zweiten Tag hält das Wetter. Der Abend ist etwas verbindlicheren Spielformen vorbehalten. Man entschloß sich vor Jahren dazu, um nicht in den Ruf der Free-Sektiererei zu kommen. Ohnehin hat die Free-Phase, aufs Ganze gesehen, ihre Zeit im DDR-Jazz gehabt. Wo die Idee die verschmähten musikalischen Strukturen nicht übertraf, orientierten sich Musiker und Publikum mittlerweile anders – oft unter Verlust von Feingefühl. Starke Musiker machten weiter; sie kümmert ihr eigenes Gesetz.

Der Pianist Axel Donner aus der jüngeren Generation (geboren 1954) ist nicht vom Free Jazz geprägt. Seine Gruppe spielt ein langes, bewegtes Konzert in der Quartett-Tradition von McCoy Tyner, was das Klavier, und John Coltrane, was das Saxophon betrifft. Besonders tut sich Tenorist Thomas Klemm hervor (weiter zu hören: Wolfgang Musick, Baß, und Mario Würzebecher, Schlagzeug). Bei der Zugabe steigt Vater Petrowsky zu Donners Buben aufs Podium und erwärmt sich für seinen Duo-Auftritt mit Uschi Brüning. Der bringt dann jene virtuosen Collagen, die man auf der jüngst erschienenen AMIGA-LP »Kontraste« hören kann. Selbstredend pflegt der Meister wieder lose Conference. Ich muß bei Petrowsky immer an Wilhelm Busch denken, an eine Mischung zwischen Lämpel, Knopp und Schlich, um in des Comic-Übervaters Heiligenkalender zu blättern. Dem Duo folgt ein Duo. Der Bossa Nostra Workshop entpuppt sich als halbierte Besetzung der aufgelösten Bossa

Nostra. Posaunist Jörg Huke und Gitarrist Wolfgang Schmiedt machen ihre Sache in redlicher Harmonie, der zweite etwas biederer, der erste nicht mit dem Effekt wie bei den Fun Horns. Das Duo wird in diesem Jahr am Nachwuchsfestival der Internationalen Jazz-Föderation in Leverkusen teilnehmen.

Zum Schluß kommt unsere Jugend, ein herzzerreißendes Ensemble. Deka Dance ist topographisch aus Dresden und Berlin zusammengesetzt, musikalisch aus Free, Funk, Punk, Rock'n'Roll und weiß der Geier was für Stilen, die miteinander klingen wie eine Entrümpelungsaktion. Die Jungs sehen auch so ähnlich aus, allen voran Sänger Bert Stefan, dessen enthemmte Massenkultur-Persiflagen das Publikum kindlich beglücken. Nach »Alexander Goes To Hollywood« – er kam nie an – und ähnlich bezwingenden Werken erfährt man, die Band löse sich mit dem heutigen Tage auf. Es ist noch Hoffnung; sie hat das schon dreimal getan.

Erst tief in der Nacht wird die Ruine von Eldena der Romantik zurückerstattet. Tilo Braune ist geschafft, aber zufrieden – bis auf das Wetter am ersten Tag. Im nächsten Jahr will er wieder Anlauf nehmen: Musiker anschreiben, Geld aufzutreiben versuchen, sich über säumige Plakat-Grafiker ärgern ... Mögen mehr Verantwortliche in Greifswald merken, was für einen Schatz sie an diesem kleinen Festival haben. Ausgedehnt werden sollen die Jazz Evenings übrigens nicht. Das früher übliche dritte Konzert war kein Erfolg; Sonntag ist für viele Abreise.

Bis zum Zug bleibt noch Zeit. Man bummelt über den üppig grünenden Wall. Doch, Greifswald hat auch schöne Ecken. Und sogar Gastronomie findet sich zu guter Letzt. Das städtische Museum renoviert zwar gerade alle Räume bis auf zwei, aber wer trotzdem Eintritt bezahlt, darf im Keller-Kaffee Platz nehmen: ein altes Gewölbe, heftig mit Schlagern beschallt. Immerhin, »Kaffee komplett« kommt rasch. Oje, die Sahne flockt aus. »Herr Ober, die Sahne ist schlecht!« – »Oh«, sagt der Ober, »das muß an der Sahne liegen.«

*Juli 1988*

# You rock, we roll?

## Springsteen-Nachlese

Es ist vorüber. Er ist fort. Man demontiert die Bühne. Metall klirrt durch die Nacht. Scheinwerfer begleißen das Camp in der heiligen Zone, die jetzt betreten werden darf. Eines der grünen Zelte war allein für ihn. »Bruce«, steht groß daran. »Please knock then wait.« Da kann ich lange warten.

Das matschige Gelände gleicht einem Schlachtfeld. Zertrampelte Fußbänke und Milchkästen, Feldherrenhügel, die Sicht-Behinderte zusammengescharrt haben, um wenigstens per Leinwand Bruce Springsteen zu sehen (hören konnten ihn Tausende nicht, weil im Publikum keine Boxentürme standen). Jacken liegen herum und Hunderte Schuhe, von Leuten, die wörtlich aus den Latschen kippten und vom Roten Kreuz geborgen wurden: Kreislaufnot in unerträglicher Enge. Zerfetzt die schönen Poster, die fliegende Händlerinnen für fünf Mark verkauften (Aufdruck: zwei Mark).

Vor ein paar Stunden kam, nein sprang Bruce Springsteen mit der E-Street Band auf die Bühne. Mit »Badlands« begann das »Tunnel-Of-Love«-Konzert, und es schien, als wolle Springsteen möglichst rasch liefern, was man von ihm erhoffte. »Cover Me«, »Adam Raised A Cain«, »The Promised Land«, »Born In The U. S. A.« ertönten sämtlich im ersten Teil des Konzertes. Auch mein Lieblingsstück »The River«, worin Springsteen mit todtrauriger Mundharmonika dem fernen Bob Dylan Reverenz erwies, ebenso später mit dessen »Chimes Of Freedom«.

Doch Balladen waren knapp. Rock'n'Roll-Image stellte Springsteen aus, schon zu Beginn mit »Boom Boom (Out Goes The Light)«, was allerdings Leon Thomas besser röhren kann. Der zweite Teil begann mit Bo Didleys »Who Do You Love«. »Bobby Jean« kam, »Cadillac Ranch«, »10th Avenue Freeze Out« und, und, und »Glory Days«, wobei Springsteen mit der halben E-Street Band den Laufsteg quer der Bühne entlangtobte: Nils Lofgren, Gitarre, Sängerin Patti Scialfa, Bassist Gary Tallent und Clerence Clemons, der riesige Saxophonist mit dem heiseren, grölenden Ton. Hinten verblieben Danny Federici an der Orgel, Pianist »Professor« Roy Bittan, im Bläsersatz der »Horns Of Love« Ritchie Rosenberg, Mike Spengler, Mario Cruz, Ed Manion und Mark Pender sowie am Schlagzeug Max Weinberg, ein furioser knapper Trommler. Ein Sonderlob gilt Co-Star Nils Lofgren, der einst Neil Young so lange manisch verfolgte, bis der ihn 1970 auf »After The Goldrush« Klavier spielen ließ. Später hatte Lofgren einigen solistischen Erfolg. 1984 wurde er Gitarrist der E-Street Band. Im zweiten Konzertteil taute er prächtig auf, mit Patti Smith' »Because The Night« als Glanznummer.

Springsteen gab neun Zugaben, warb um sein Publikum, schmiß die Uhr ins Bühneneck und tanzte, ehe er nach drei Stunden Spielzeit abtrat, eine ellenlange Version von »Twist And Shout«. Dann war er weg. Was haben wir erlebt? Ein gutes Konzert oder den Mythos Springsteen?

Es gibt in der amerikanischen Mentalität einen starken Drang zum Mythos, der aus der kurzen Geschichte der USA resultiert. Mythen dehnen die Zeit; sie helfen gegen den Komplex der Geschichtslosigkeit. [Europa, an Geschichte überreich, hat da weniger Bedarf. Wir neigen zur Analyse.] Dagegen war die amerikanische Populärkultur stets bestrebt, das Faktische mit Aura zu überglänzen. Entweder man mythisierte die Geschichte (Bürgerkrieg, »Wilder Westen«, Prohibition), oder man stellte selber Menschen-Mythen her (James Dean, für alle anderen). Den Hunger nach Klassik hat die US-Massenkunst erfolgreich auf National-Pathos und Personenkult gelenkt. Die Essenz sieht man bei jeder Präsidentenwahl.

Bruce Springsteen ist kein Mythos, aber er spiegelt einen, der immer echt und produziert zugleich war: Rock'n'Roll, die amerikanische Middleclass-Jugendrebellion der fünfziger Jahre, hat in Springsteen ihren späteren Sieger. *Factory* und *Hometown*, Frust und Finsternis am Rande der Stadt. Das Feuer, das hungrige Herz. Abhauen von zu Hause, mit Vaters Cadillac, wenigstens für eine Samstagnacht. *Falling*

*Bruce Springsteen (Berlin-Weißensee, 19. Juli 1988)*

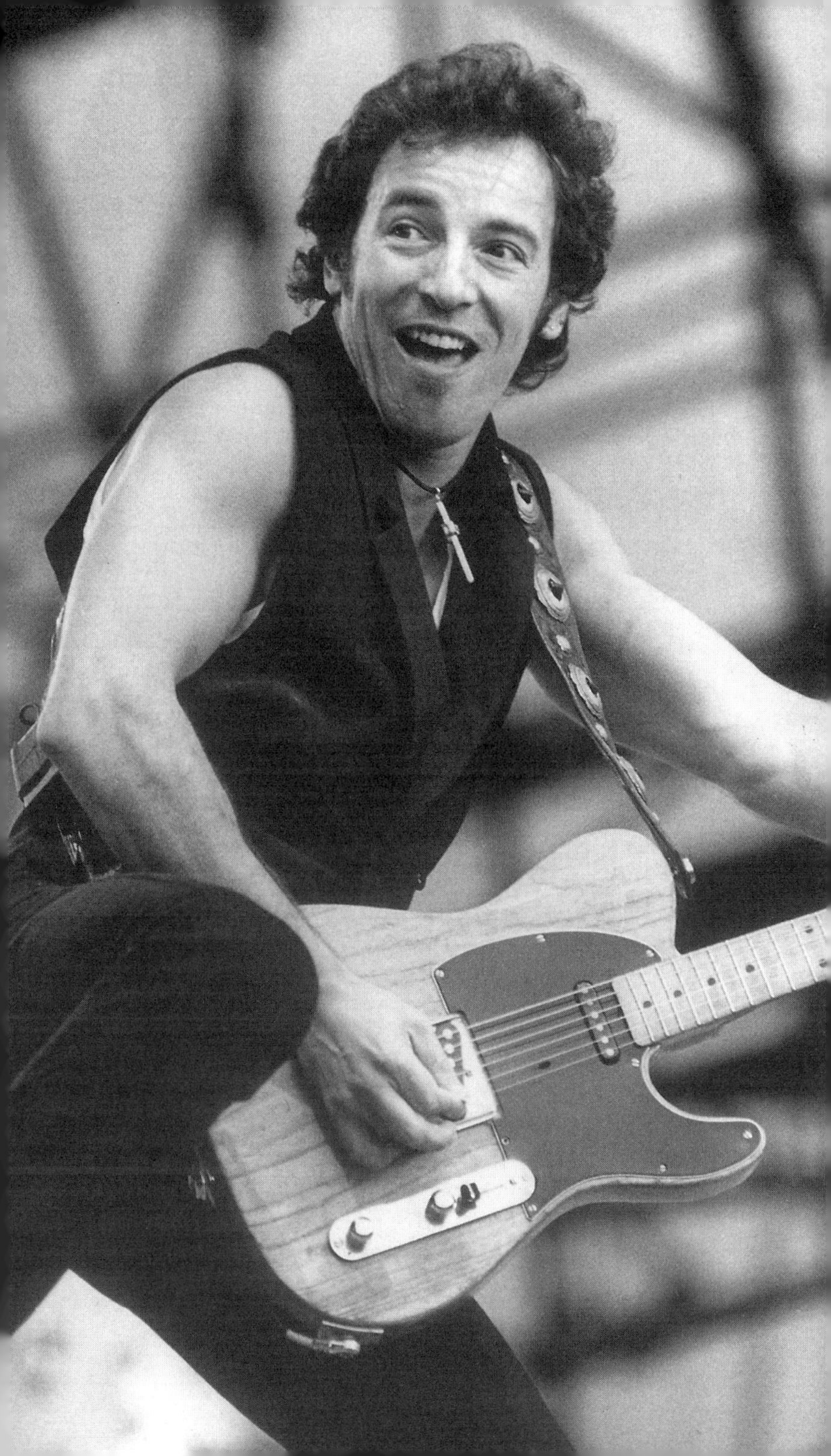

*in love*, in *Candy's room* oder bloß auf dem Rücksitz. Und fortgehen von ihr, um Mythos zu sein, und nie zu vergessen: *4th of July*.

Springsteen – immer noch *born to run*, der Hobo, der ewige Tramp? Oder Scheich seiner einhundertvierzigköpfigen Tour-Karawane? Ja, Springsteen tanzt noch in den spitzen schwarzen Schuhen der Jungs von Asbury Park/ New Jersey; um wackelnde Hüften baumelt die Gitarre, der Colt des Rock'n'Roll-Cowboys: Gesten, Grüße an damals, da nichts schlimmer war, als später achtunddreißig zu sein. Bei »Dancing In The Dark« holte der Star sich ein Mädchen aus dem Publikum. Den Jungen, der hinterherklettern und mittanzen wollte, umschlangen zarte Ordnerarme. Management war alles. Fotografen bekamen drei Titel Zeit; dann wurden sie aus dem Bühnengraben gewiesen, von CBS-Bodies mit gelben Ohrenschützern (gegen den Arbeitsplatzlärm, den Springsteen verursacht). Das Medien-Imperium funkte DT 64 auch kräftig in die angekündigte Live-Übertragung. Oft zog man mitten im Stück den Regler zu, so daß Jugendradio sich mit den Applaus-Mikrophonen behelfen mußte. Das klang, als spiele die E-Street-Band in einer Gießkanne. Impressionen aus der kapitalistischen Welt: Unbezahlte Überbestände werden vernichtet, auch solche an Bild und Ton. Daß Springsteens freundliche Grußworte nur halb über den Sender gingen, hätte DT allerdings nicht passieren dürfen.

Wer kommt als nächster? Nach Bruce Superlative sollten wir einen Moment innehalten. Wir völkerwandern Mal um Mal nach Weißensee: zu Joe Cocker, zu den Rainbirds, zu James Brown, Marillon, Big Country, Bryan Adams ... Springsteen war toll, sein Konzert vorzüglich. Auch, weil er uns eben nicht, trotz Ansagers sinniger Drohung, gezeigt hat, »daß er der Boß ist«. Wir brauchten keinen »Boß«, wir hundertsechzigtausend Menschen. Wir wollten Musik. Aber wie differenziert sich Musik für eine Generation, die so übermäßig viel mit Musik verbindet? Werden die Hör-Bedingungen indifferent, dann auch die Hörer. [Wirkliche Kunst kommt aus einer Idee, die größer ist als ihre Realisation. Wo die Konzerte so riesig werden, muß eine gewaltige Idee von Kunst wogen – bei uns, nicht bei Springsteen. Tut sie das?] Oder strömen wir ins Konzert als in einen Circus maximus? Nur auf Trubel erpicht, ohne Hoffnung, etwas über uns selber zu erfahren? Weißensee als Rock'n'Roll-Anstalt – das wäre fatal. Gehen wir auch zu den kleinen Bands. Zeigen wir »unseren« Gruppen, daß wir etwas von ihnen erwarten, gerade abseits der großen Straßen, dort, wo wir wohnen. Reden wir ihnen aus, auf dem Rock-Highway mit dem Klapp-Fahrrad hinter Bruce Springsteens donnernden Trucks herzustrampeln.

»You rock, we roll«, stand auf den Kühlern. Egal wohin?

*August 1988*

# Wat ick bin

## Der Rockfilm »Flüstern und Schreien«

»Rockreport«, steht als Untertitel auf den Kino-Plakaten, »ein Film, bei dem die Post abgeht.« Wer hätte das von der Post gedacht?

Trotz »jugendgemäßer« Anbiederung: Dieser Film ist Pflicht. Außer, Sie sind unter zwanzig, tragen Punk-Look, hören unablässig sägende Musik und tanzen Pogo, bis Ihnen der Irokese abfällt. Dann wissen Sie nämlich schon, was in »Flüstern und Schreien« passiert. Der zweistündige Dokumentarfilm von Dieter Schumann und Jochen Wisotzki leistet viel mehr als ein Rock-Report. Er porträtiert DDR-Jugend ausgangs der achtziger Jahre. Das Rock-Milieu ist nur die Bühne, auf der die schrägen Kinder ihr Leben spielen.

Die Jugendszene, wie sie der Film vorstellt, gehört vor allem nach Berlin. Aber sie strahlt ja aus. Die Filmschöpfer sind mit etlichen Berliner Bands durchs Land gereist. Sie beobachteten die »subkulturellen« Gruppen Feeling B und Sandow samt arteigenem Publikum. Sie verfolgten den Weg von Chicorée, einst Alternativ-Band und oft in Kirchen zu hören, nachmals ein hoppelndes Pop-Projekt, das dessen Chef Dirk Zöllner als höhere Wahrheit verkauft. Und: Die Autoren schauten den Leuten aufs Maul. Was da herauskam, ist DDR-Originalton: ein köstliches Bräu aus sprachlichen Standards, Schnodder und städtischem Bauernwitz. Unübersehbar, daß der Film wirbt. Vom netten ABV bis hin zur Bauersfrau gospelt es Toleranz: Wir waren doch auch mal jung! Sollen sie sich austoben! Probleme muß man abreagieren!

Drei Schnittmeister (wenn's langt) haben die Massen von Material gekürzt. Dramaturgische Schwächen, auch Halbherzigkeiten, gucken sich weg. Mich, Rock-Fan und Bürgerkind, hemmt eher, daß mich nach »Kunst« verlangt, nach Handwerk, Idee und Geschichte. All das bot Rockmusik früher dar; sie war schön. Ganz anders Punk, die ungehobelte Äußerung des Augenblicks – häßlich, aber schön, weil echt.

Nie echter als beim Aufbruch. Je höher man steigt, desto dünner wird die Luft: von der Subkultur zur Suppkultur. Die blassesten Mitteilungen des Films kommen von Silly, einer der besten DDR-Rockbands. (»Erfolg? Erfolg ist, wenn's krabbelt.«) Vermutlich hätten sich Schumann/Wisotzki nicht aufs Plateau der Etablierten schwingen sollen, sondern wären besser in den urigen Niederungen der jungen Bands verblieben. Immerhin, Sillys alte Barden bringen Erinnerung ein: Damals, Anfang der siebziger, war die Jugend-Szene viel geschlossener (natürlich auch kulturell weniger differenziert). Zwar standen die Stones-Anhänger gegen die der Beatles, aber doch nicht mit Gewalt. – Und gerade der Gewalt-Verdacht hat Punk und Punks ins Zwielicht gebracht – zu Unrecht. Die Schwarzbunten sind keine Kuschelkinder, doch Brutalität gehört nicht zur Punk-Ideologie, sondern zu den Skinheads. Die, arbeitsam, gingen viel eher als biedere Bürger durch, wenn sie nicht Glatze, Bomberjacke und Schnürstiefel zum Kostüm gewählt hätten und solche »deutschen Tugenden« wie »Zucht und Ordnung«, »straffe Führung« und ein verquastes National-Pathos. Ich bin beim Fußball für Jena, aber wenn es im Thüringer Fan-Block »Juden-Berlin« und Ärgeres grölt, setze ich mich lieber neben einen Berliner Großvater, der weiland schon im Arbeitersportklub Fichte geturnt hat.

Wo kommt das her? So fragte kürzlich, mit Blick auf die Skins, Konrad Weiß, Regisseur-Kollege von Schumann und Wisotzki. Ungesühnte und also wiedergeborene deutsche Schuld? Probleme mit der nationalen Identität? Einseitige Geschichtsvermittlung? Verwirrung der Gefühle? Versagte die Kirche? – Manches erklärt sich mir auch mit dem Phänomen der antiautoritären Zote. Man versuche, den einzelnen anders zu sehen als die fatale Masse, in der er aufgehen möchte, um stärker zu sein. »Es gibt auch linke Skins«, erläutert ein Mädchen im Film, »das sind keine Faschos.« Und manchmal trügt der Augenschein. »Wat soll sein«, meint einer, »ick renne rum wie'n Skin, höre Punk, und ansonsten mach ick mein Ding.« Und sein skinniger Kollege: »Wat ick bin? Da könnt ick bloß mein' Namen sagen.

*Oktober 1988*

# Abschied vom Trabant

## Die Puhdys treten ab

Es ist vorüber. Sie sind nicht mehr. Nach Jahrzehnten ungebremsten Schaffens und sechzehn Langspielplatten begeben sich die Puhdys in den Ruhestand. Freilich nicht ohne Drohungen. Keiner von ihnen könne sich vorstellen, nie mehr auf einer Bühne zu stehen, so mußte man hören oder lesen. Gerne wären sie zur Krönung mal Vorgruppe der Rolling Stones. Hier scheint kaum Gefahr. Aber auf Wiederbelebungsversuche sollte man sich gefaßt machen.

Wer das Phänomen Puhdys ermessen will, muß Zeitgeist bemühen und darf nicht mit der ästhetischen Elle kommen. Feinsinn und Handwerkskunst waren nie typisch für diese Band, die ihr robustes Treiben gern als »kompromißloses Geradeausspiel« bezeichnete. Da täuschten die Anfänge, in denen es nicht nur die Puhdys einem altvorderen Kulturbegriff recht zu machen hatten. Kunst muß sein, als Alternative zu den Balzmusiken der spätkapitalistischen Wegwerfproduktion, Art Beat – nicht von Wollust – von Bedeutung schwanger. Denn mit uns zog die neue Zeit. Was schräg klang, hieß »progressiv«, was auf täppischen Hufen stolperte, war »Experiment« und erhielt von einem hinreißend naiven Gläubiger namens Publikum allen Kredit auf die Zukunft. Mit solchem Vorschuß starteten auch die Puhdys. »Geh dem Wind nicht aus dem Wege«, »Manchmal im Schlaf«, »Türen öffnen sich zur Stadt«: skurrile, eklektrische Früh-Stücke mit schroffer Dramaturgie. Dudelsack und Glockenspiel, sägende Gitarre, Tilgner-Texte von erheblicher Moralität: »Steige nicht auf einen Baum, wenn du Fische suchst. Dumm, wenn du den Spiegel an der Wand und nicht dich verfluchst.« Und über alledem schrillten jene Falsett-Stöße, die damals auch bei Deep Purple und Uriah Heep auslösten, was der Fan sich mehr als alles andere von Rockmusik erhoffte: Ergriffenheit.

Ich war ergriffen, als ich im Sommer 1972 die Puhdys im

HO-Klubhaus Artern hörte. Beginn 16 Uhr, Parkett, Sonntags-Schlaghose auf kunstledernem Gestühl: das erste Rockkonzert meines Lebens. Dies Novum machte wett, was fehlte, um die Puhdys als richtige Stars zu bestaunen. Die Prominenz war noch nicht allgemein. Ruhm muß voranfliegen, doch es mangelte an Medienpräsenz, an Postern, an Platten. Das entsprechende Beat-LP-Angebot beschränkte sich auf die knallbunten »Hallo«-Sammler, Sammelsurium verschiedener Bands, bei deren Erwerb man neben seinen Favoriten auch ein gerüttelt Maß Abhub nach Hause trug. »Hallo Nr. 3« war ein Foto der Puhdys beigelegt, aufgenommen bei der Jugend-Fernsehsendung »Basar«, während der sich die Musiker zur Behütung des Publikums die langen Haare hochbinden mußten. In Artern wehten die Mähnen, und ich, Outlaw unter Gleichen, fühlte mich moralisch ungeheuer erhoben.

Moral mag sich ungern teilen, und ich war ziemlich baff, als ich in der Pause hinter der Bühne Autogramme sammeln wollte wie sonst beim Fußball. Es stellte sich heraus, daß Musikanten durchaus nicht unbedingt das biedere Halbzeitgebaren züchtiger Kicker pflegten. Nach dem Geknutsche und Getatsche des Konzertes zweiter Teil. »Warum«, röhrte Sänger Hertrampf ins andächtige Volk, »warum sieht man manches erst so spät? Haben wir nicht Augen und Verstand, daß man diese Welt versteht?«

Und dann kam »Child In Time«. Die Puhdys waren damals zum guten Teil eine Nachspiel-Band wie alle anderen DDR-Gruppen auch. Mangels der westlichen Originale mußten Kopien heran, je echter, desto besser. Verfremdung liebte man nicht, wenn die Puhdys Deep Purple nachtönten, Renft Neil Young, Bürkholz Colosseum, die Stern Combo Meißen Emerson, Lake & Palmer. Daß die eigenen Repertoires allmählich wuchsen, wurde von einer spröden Jugendpresse kulturell begrüßt, entsprach aber weniger dem Geschmack der Fans. Sogar AMIGA gab dem Volksbegehren nach und edierte eine Single mit »Highway Star« und »Hell Raiser« im Puhdys-Nachbau, die ausverkauft war, kaum daß sie die Läden erreichte.

Funktionalität (»Tanzbarkeit«) zählte damals nicht zu den musikalischen Legitimationen. Hauptsache »progressiv«, im Gegensatz zu »kommerziell«, was das Hinterletzte war. Selbst zu Curved Air und East of Eden, per »Smaragd«-

Bootleg in dörfliche Diskotheken befördert, hottete der kundige Fan. Es herrschte ein ungeheurer Hunger nach nonkonformer Massenkultur, die es ja eigentlich nicht geben kann, nur als Illusion der Aufbruchszeit. Damals war Rockmusik alles, da man alles von Rockmusik erwartete. Traumfähre sollte sie sein, Sehnsuchtsklang, Spiegel der adoleszenten Seele, Werthers klingende Leiden. Es gab einen eigenen DDR-Lyrismus, hochsprachliche Poesie, garniert mit Querflöte und Cembalo, eine Rock-Romantik, deren erzogene Manier ähnliche Ursachen hatte wie der frühe britische Art Rock à la Yes und Genesis: Werbung um kulturoffiziöse Akzeptanz. Wenn nicht geträumt wurde, erhob sich milde Gesellschaftskritik. Thema: Toleranz bzw. deren Mangel. Kläger: das integere Sänger-Ich. Angeklagt: die dumpfe ältere Allgemeinheit. »Revolution ist das Morgen schon im Heute«, sang die Klaus Renft Combo, »ist kein Bett und kein Thron für den Arsch zufriedener Leute. Denn sie lebt in dem Sinn, daß der Mensch den Menschen wert ist, daß der Geist der Commune dem Genossen Schild und Schwert ist.« Dieser Moralismus hat die Puhdys nie wieder verlassen, wenngleich er bei ihnen weniger vollbusig klang. »Ikarus«, »Wenn ein Mensch lebt« (aus dem großartigen Heiner-Carow-Film »Die Legende von Paul und Paula«) und »Scheidungstag« waren seine besseren Variationen, »Vorn ist das Licht« gab's als vordergründige Variante. Für den »Krug zum Grünen Kranze« scheint jener Song am besten geeignet, den der Volksmund alsbald umtaufte: »Alt wie ein Puhdy möchte ich werden«.

Rockerrente. Abschied von einer Band, deren Zeit schon längst vergangen war, als noch niemand vom Aufhören sprach. Die Jugendkultur fächerte sich auf. Reggae, Punk, Blues, New Wave ... ließen die Puhdys unberührt und damit auch das dazugehörige Publikum. Die LP »Computer-Karriere« war ein alberner Versuch, auf dem Trittbrett der falschen Bahn noch ein bißchen Fahrt zu machen. Für einen Feeling-B-Fan dürften die Puhdys zu genau dem opportunistischen Schlager-Establishment zählen, gegen deren Kreationen aus Mokka-Milch-Eisbar und Sand im Schuh Dieter Birr, Peter Meyer, Harry Jeske, Dieter Hertrampf und Gunther Wosylus ihrerseits aufgebrochen waren. Ihre Zeit ging nicht vorüber, weil jedermanns Zeit verstreicht, sondern weil die Puhdys ihren Nonkonformismus einbüßten und ein massenkulturelles Monopol übernahmen. Was lebendig sein will, braucht aber auch die Probleme von Minderheiten. Ein Verdienst der Puhdys bleibt es, lange vor den Grönemeyers im gesamten deutschen Sprachraum Beispiele für Deutsch als Rock-Idiom verbreitet zu haben. Vielleicht hat auch die unaufhaltsame Drift in musikalischen Anachronismus Würdigung verdient, weil sie zeigt, wie echt die Band an ihren Anfängen hing. Aller Anfang ist Schneisen schlagen. Wer die Differenzierungen der heutigen Rockszene schätzt, soll auch der gröberen Pflichten der Vorhut gedenken. Der Trabant hat manches geleistet.

*September 1989*

# Neue Platte, alter Schnitt

## Wolfram Bodag und Engerlings dritte LP

Eines Tages wurde Bodags Zimmerdecke naß. Bodag stieg nach oben und fand eine schaurige Höhle – Müll, Gestank und tote Katzen. Er beantragte Räumung des Etablissements: »Links, vier Treppen.« KWV-Brigade Gründemann schaffte nur drei, brach des abwesenden Bodag Tür auf und räumte. Keines Zweifels Blässe flog sie an, denn Befehl ist Befehl. Buchstäblich alles – Bücher, Platten, Möbel und was sonst an Zivilisation zu finden war – flog raus in den Hof, auf einen Hänger, den alsbald ein interessiertes Publikum zur Selbstbedienung nutzte. Als Bodag wiederkam, war das meiste schon vergriffen. Nur seine Lieblingsplatte mit dem louisianischen Akkordeonspieler Clifton Chenier lehnte noch an einer Mülltonne. Glück muß man haben.

Neuntausend Mark »Schadenersatz« erhielt Wolfram Bodag und von fühlenden Freunden den Trost, dies alles sei doch ein prima Stoff für einen Blues. Ihm war nicht nach Musik – ein ernster Hinweis auf leise Distanz zur Gattung, denn ein echter Blues-Mann hätte aus der Sache was gemacht. (»Ich hab den Blues. Yeah, Baby!«) Bodag vermied es immer, sich als Neger zu verkleiden. Dennoch galt er mit seiner Gruppe Engerling damals, 1982, längst als feste Größe in der bluesbegeisterten Szene. Die 1975 gegründete Band, die erst seit 1980 Profi-Status besaß, konnte bereits zwei Jahre zuvor ihre erste LP »Engerling« herausbringen; als zweite folgte 1981 »Tagtraum«. Nun ist die dritte Engerling-LP erschienen. Sie heißt »So oder so« und wird von AMIGA in einer Hülle angeboten, die eher den Titel »So nicht!« nahelegt. Der Inhalt verdient publizistischen Beistand. Allerdings schreibt es sich schwer über das Studio-Produkt einer ausgemachten Bühnen-Band.

Wer den Engerling-Chef besucht, ist mit dem Schlachtplan »Interview« schlecht beraten. Erstens äußert sich Bodag in einer seltsam zutraulichen Scheu, die man per Frage und Antwort nicht aufzeichnen kann, zweitens geht die Kassette für Ry Cooder und King Crimson drauf. Bodag muß man schweifen lassen, und was er nicht sagt, drückt seine Umgebung aus. Bodags Gehäuse ist urbane Wohnlandschaft. Die Lebensgefährtin betrat wohl erst zweimal diese Wohnung, deren Grundidee eine Fahrradwerkstatt vorstellt. Räder in jeder Ecke, Räder an der Decke und überall das köstliche Arom von Gummiarabicum: Bodag ist Radsportfan. Früher selbst aktiv, stieg er nur zögernd um auf die Musik. Mit Andacht blättert man im »Illustrierten Radrenn-Sport« von 1932, betrachtet die vergilbten Konterfeis von Pijnenburg, Piet van Kempen und Oskar Tietz und hört von Renner Huschkes Ruhm. Fürsorglich richtet der Hausherr einen Heißluft-Puster auf Besuchers Füße, indessen er sich, durch emaillierte »Juno«- und »Josetti«-Reklame angefeuert, mit Zigaretten erwärmt. Aber dies unsportliche Laster bekümmert ihn. Er nennt sich labil, auch als Musiker. »Seit ›So oder so‹ draußen ist, fühle ich mich schlecht. Der lange Abstand zur zweiten LP ist übrigens nicht AMIGAs Schuld. Ich mochte irgendwie nicht ran. Und auch jetzt ist auf der Platte manches, was besser sein könnte. An einigen Texten hätte man noch arbeiten müssen. Zum Beispiel hat ›Das letzte Lied‹ in der Mitte einen Bruch, aber ich wollte es irgendwann einfach fertig haben. Vielleicht kämpfe ich auch während der Produktion nicht genug, um mich gegen die Leute von der Studiotechnik durchzusetzen. Ich mag nicht, wie sie meinen Gesang aufgenommen haben – überdeutlich, zu weit vorn, nicht richtig in den Gruppenklang integriert. Ich finde sowieso Engerling live besser als im Studio, und ich finde unsere Cover-Versionen besser als unsere eigenen Stücke. Wir hätten auf der Platte gern ein paar Nachspielungen gehabt, aber man winkte ab – Lizenzgründe, Devisen.«

Wie die Musik, stammen auch die Texte sämtlich von Bodag. Sie sind spröde, manchmal skurril und sagen auf uneitle Art Ich. Fernab der Künste eines Lohn-Dichters, halten sie am Verfasser als Interpreten fest. Am meisten mag ich den Titelsong. Was dem nüchternen Leser der Plattentüte einfach als bluesnaher Typus erscheint, ist viel privater. Die Frau, mit der manches von dieser Platte zusammenhängt, hat auf der Hülle von Bodags Exemplar zornige Korrekturen vorgenommen.

Blues bedeutet für Engerling kein formales, mehr ein mentales Konzept: Alltag als Stil. Bodag variiert, was ihn prägte, und man hört immer die frühen Jahre, die Nächte beim Großvater in Falkenberg, nichts im finsteren Zimmer als die Musik und das Licht der Radioskala. Der Mond liegt in den Pfützen, und die Musik ist sein Spiegelbild: Dylan, die Doors, Them mit Van Morrison, an den Wolfram Bodag eine Wahlverwandtschaft bindet, auch wenn er das »Yarrrragh!« nicht hat, den irisch-mythischen Knödelschrei. »Gloria« spielt Engerling im Konzert so beseelt wie »Play With Fire« von den Stones und, als Glanznummer, »Ain't Nobody White Can Sing The Blues« von Mitch Ryder. Den hat Bodag erst spät für sich entdeckt, 1979, während einer Rock-Nacht im Fernsehen. Ihn fesselt nicht nur die Dunkelheit von Ryders getriebenen Songs, sondern auch, wie der Mann aus Detroit in seinem Leben Brüche durchgestanden hat: erst Las Vegas, dann das Fließband einer Autofabrik. Bodag besteht darauf, daß ihm bei Ryders Auftritt am 18. Januar 1988 im Palast der Republik die Tränen gekommen sind. »Wie bei Dylan.«

Rock'n'Roll war für Bodag immer zuerst Musik, weniger ein Mittel jugendlicher Rebellion. »Das Aufsässige ist an mir ziemlich vorbeigegangen. Ich war ein Mustertyp: Sportler, beide Eltern Lehrer, Onkel Pfarrer.« Überhaupt verbreitet dieser ehemalige Student der Kulturwissenschaft wenig vom Image eines Rockers, eher die freundliche Noblesse des Betrachters. Mit Randalen bei Konzerten bekam er trotzdem zu tun, als einige Gläser flogen und Hüter der Ordnung meinten, sich zur Befriedigung an ihn halten zu müssen. Man trat ihm auf die Hand; das hieß für die Band mehrere Monate Spielpause, also Verdienstausfall. Ein Engerling hielt das nicht durch und ging zu Karat. Dort stimmte zwar die Musik nicht, aber man hatte Familie. Von den ersten Mitstreitern blieb nur der Gitarrist Heiner Witte erhalten, Bodags treue Seele, manchmal auch Helfer bei Pankow. Sonst sind auf »So oder so« noch Manne Pokrandt am Baß und Friedemann Schulz am Schlagzeug zu hören, dazu einige Gäste, die ihre Sache etwas zu ordentlich machen. Es fehlt dieser schönen LP die Caprice, der Mut zur Magie. Wer studiotechnische Verblüffung verschmäht, muß andere Zauber legen. Ich hätte von Witte und Organist Bodag gern längere Soli gehört, gerade weil Bodag Vorbe-

*Boddi Bodag (irgendwo im Osten)*

halte gegen digitalen Art Rock à la Silly hat. »So eine Platte wie ›Februar‹ klingt faszinierend, aber für mich ist diese Flut von Ideen und Soundeinfällen zuviel. Ich kann nicht derartige Mengen zugleich verkraften, und mir selbst so was auszutüfteln, würde ich verrückt. Außerdem verändert der Status einer Spitzenband auch die Menschen. Manchmal sitzen Kollegen dann da und wollen nur noch blödeln. Vielleicht Selbstschutz.«

Wolfram Bodag ist jetzt neununddreißig, sein Alter stört ihn nicht. »Ich habe keine festen Pläne. Vor einigen Jahren wollte ich ja schon ganz aufhören mit der Musik. In den Siebzigern spielten wir an die zwanzigmal im Monat, heute möglichst nicht mehr als achtmal. Angebote sind genug da, bloß man muß Antrieb und Spannkraft hüten. Und es gibt ja noch andere Dinge. Lesen ist wichtig, zur Zeit wieder Kafka. Im Moment sehe ich mir gerade schubweise Filme an, zu denen ich bisher nicht gekommen bin.« Askoldows »Kommissarin« hat ihm gut gefallen und während der Schweizer Filmtage im Babylon »Der Tod des Mario Ricci« von Claude Goretta, »wegen der stillen Bilder ohne Wortlawinen und wegen der Nähe zur ›Spitzenklöpplerin‹«. »Flüstern und Schreien« sagte ihm weniger zu, sicher auch, weil er die Aufklärungen dieses Films nicht mehr nötig hat. »Als vor gut zehn Jahren Punk aufkam, fehlte mir jede Antenne für diese gräßlichen Klänge. Bis ich mitbekam: Hier geht's nicht nur um musikalische Äußerung, hier geht's darum, richtig loszukotzen. Die Verweigerungen, die darin liegen, kann man nicht mit innermusikalischen Argumenten abtun. Das hat doch ganz andere Bezüge. Die Musik drückt zwar Verweigerung aus, aber darin liegt auch ein starkes Engagement.«

Sozialisation durch Jugendkultur wird Engerling nicht mehr leisten. Diesen Dienst tut jede Musik nur einmal. Der Blues zog, in seinen alten Parka gehüllt, zurück in Thüringens Wälder. Die Schwarzen Kinder vom Prenzlauer Berg versammeln ihre Melancholien lieber bei jenen Bands, deren Düsternisse aus den Gruften der Cure aufsteigen. Ein archaischer Zug geht durchs Idiom, eine Moral der Heimkehr. In Post Punk und New Folk büßt heute der Rock den Big Fun einer Genuß-Ideologie, die ohne Rücksicht auf Verluste produziert und lebt. Das wollten aber auch die Alten nicht, und deshalb bleibt es törichtes Geplänkel, die Stile und ihre Propheten gegeneinander auszuspielen. Nicht nur der Ton macht die Musik, auch, ob in ihrer Absicht Wahrheit liegt.

Es ist schon kurz nach Mitternacht. Getränk tut not. Vorbei an der Comic-Restauration »1900« im Berliner Disneyland Husemannstraße erreicht man Lothars Bierbar, früher »Bei Friedel« geheißen. Typen normal, Union wird beseufzt, Grölemeyer röhrt brünstige Männerklage. Dies ist eine Stätte der Mitte. Man trinkt sein Bier und säbelt am Steak. Man sagt »Weißt du noch?«, und die Platten werden immer älter. Es ist Beständigkeit, was mir an Wolfram Bodag und an Engerlings Musik gefällt, die Tugend des Mediums, die gegenständliche Treue. In einer Zeit, da der Pop-Narzißmus nur noch die modische Balz potenziert, macht Bodag weiterhin Geschichten. Statt sich zu spreizen, wer er sei, singt er, was uns geschieht. So oder so: Wir werden alle nicht neu, aber müssen wir das?

*Juni 1989*

# Texas auf der Themse

## New Folkies und Michelle Shocked

### 1

Ganz weg waren die Songsters ja nie. Bob Dylan, Joan Baez, Roger McGuinn, James Taylor, Jackson Browne und sogar Country Joe McDonald gibt es immer noch, freilich als Große Alte, als Stimmen aus jener Zeit, da Rockmusiker wie moralische Leitfiguren auftraten. Ihr Einfluß auf das Rock-Idiom nahm ab, und damit wanderte der Typus des kritischen Songpoeten aus der anglo-amerikanischen Massenkultur zurück in jene regionalen Zirkel, die ungezählte Folk-Heroen ohnehin kaum jemals verlassen haben.

Aber nun, seit Suzanne Vega, Tracy Chapman, Tanita Tikaram, hat die angelsächsische Popularmusik einen neuen, alten Trend. Songwriter/-singers – ein Begriff, der nur in etwa dieselbe Innung bezeichnet wie unser Wort Liedermacher. Die Mentalität hiesiger Troubadoure scheint eher vom romantischen Chanson inspiriert, die der amerikanischen zumeist von einer Volksmusik, die so intakt wie in den ländlichen Regionen der USA bei uns schon längst nicht mehr existiert. Der Boom der New Folkies – ein weiter Begriff – mag etliche Gründe haben, solche von Geld sicher zuallererst. Marktlücken sind Märkte, denn auch solche Leute wollen Platten kaufen, die, synthetischer Anschaffungen überdrüssig, die Hit-Maschinerie bestreiken.

Die Musik ist nicht neu, im Gegenteil. Folk hat es immer gegeben, und ähnlich dem Blues wird er für Rockmusik immer Funktionen von Klassik erfüllen. Gattung und Ziel sind weitenteils geklärt durch Einklang mit Tradition. Aller Ausdruck geht in die Facette: Wichtig wird der Charakter, die lyrische Gestalt, die persönliche Variation älterer Themen. Folkmusik erschafft nicht, sie ruft in Erinnerung. Gegen den Trend setzt sie den Stil, gegen die Erregungen des Augenblicks die Ewigkeit der Typen. Wie anders Rockmusik, die dazu neigt, das Beständige der Attraktion zu opfern und die Idee dem Einfall hinzuwerfen.

Politisch und kulturell deutet nichts auf eine Wiederkehr der sechziger Jahre, auf eine Renaissance von Rock als »Gegenkultur«. Heute ist Rockmusik Musik. All ihre Ungebärdigkeit ging ins Normale ein; sie schockt und schreckt nicht mehr, es sei denn, daß wir Älteren vor ihrem heutigen Konformismus erschaudern. Da wirken die neuen Folkies als Besinnung. Sie schalten die Jukebox ab. Gegen die Geschwülste der Pop-Wachstumsideologie empfehlen sie der Musik technologische Abrüstung und einen milden Ernst.

## 2

Neben Suzanne Vega und Tracy Chapman wird nun auch regelmäßig Michelle Shocked genannt, wenn von dem neuen Trend die Rede ist. Die Texanerin verkörpert den Folk-Typus am reinsten. Sie stammt aus Gilmer, der Kreisstadt von Upshur/East Texas. Ihre Mutter, Mormonin, erzog sie streng nach den Dogmen und Regeln dieser christlichen Religionsgemeinschaft. Michelles Stiefvater war Berufssoldat; durch seine häufigen Standortwechsel hatte sie frühzeitig das Reisen im Blut. Mit sechzehn verließ sie heimlich ihr Elternhaus und ihre sieben jüngeren Geschwister, um ihren leiblichen Vater zu suchen, den »Prototyp des radikal-anarchistischen Hippies«, wie sie sagt. Sie fand ihn in Dallas. Er nahm sie mit zu Folkfestivals. Sie fuhr weiter, Jack Kerouacs späte Pilgerin: Austin, New York, San Francisco, Amsterdam, wieder Austin. Sie belegte Kurse an der Texas-University und probierte die unterschiedlichsten politischen Richtungen, Lebensformen, Drogen, bis ihre Mutter sie aufspürte und in eine Nervenklinik verfrachten ließ, wegen »Besessenheit« und weil Michelle keinen festen Wohnsitz hatte. Seit diesem Aufenthalt, der durch mütterlichen Geldmangel endete, nennt Michelle sich Shocked. Sie ging weiter nach New York und dann nach England. Sie kaufte sich ein Hausboot und lebte nun in London auf der Themse, ein freier Kapitän ihres unbekannten Lebens. Bis der Sommer 1986 kam. Die damals Dreiundzwanzigjährige bewarb sich mit einer Demonstrationskassette um die Teilnahme am Folk-&-Country-Festival von Kerrville/East Texas. Die Kassette ging verloren, und weil niemand Michelle kannte, kam sie für den Wettbewerb nicht in Frage. Sie sang trotzdem, außerhalb der Konkurrenz, nachts beim Lagerfeuer am Highway. Peter Lawrence, reisender Talentesucher, setzte sich mit seinem Recorder dazu, schnitt fasziniert mit und veröffentlichte ohne Michelles Wissen auf seinem kleinen britischen Label »Cooking Vinyl« eine LP mit den Aufnahmen dieser Nacht. Sie hört sich betörend an. Wenn moderne Digital- und Compact-Platten wie Neonlampen klingen, dann haben »The Texas Campfire Tapes« den Klang einer Kerze. Die Stimme weht unter dem dunklen Himmel, das Feuer dazu, Grillen zirpen unentwegt, und hin und wieder dröhnt ein Truck vorbei. Die Platte wurde die Nr. 1 der britischen Independent-Charts. 1988 folgte ein zweites Album namens »Short Sharp Shocked«, diesmal im Studio einer großen Firma (Phonogram) aufgenommen und mit einer vorzüglichen Folkrock-Crew eingespielt. Live tritt Michelle weiter solo mit Gitarre auf. So war sie auch für das Festival des Politischen Liedes annonciert. Auf den Plakaten fast unerkannt, stand zwischen Kunze und Branduardi, den Etablierten, der Name des kommenden Stars.

## 3

Der kommende Star kommt nicht. Die für den Soundcheck angesetzte Zeit ist längst vorbei. Stunde um Stunde verwarten wir im Foyer des Hauses der sowjetischen Kultur und Wissenschaften – wir, das ist noch Marion Brasch von DT 64, die unlängst ein schönes Feature über Michelle Shocked geschrieben hat. Marion wird nervös, sie hat noch Termine. Sie schaut zur Uhr, nippt am Glas, geht telephonieren, kommt zurück und sagt: »Ich will jetzt Michelle Shocked.« Natürlich, die Tür geht auf, und sie ist da.

Keine Folk-Madonna. Keine Texas-Queen. Schmal steht sie vor uns, knabenhaft, Gavroche mit Gitarre. Schirmmütze auf dem kurzen Haar, Shirt, Jeans im saisonalen Schwarz des Prenzlauer Berges. Sie ist sehr scheu, aber nicht auf der Bühne. Der Soundcheck: kundig und knapp, das Nötigste. »Fog Town« singt sie und zwei Strophen von »Graffiti Limbo«, dem Blues auf den Spray-Künstler Michael Chapman, der wegen Verzierung der New Yorker U-Bahn verhaftet und im Polizeigewahrsam umgebracht wurde.

Dann sitzen wir im Neonlicht einer Künstlergarderobe.

Michelle will den Stuhl nicht und nicht den Spiegel ihr zur Seite. Sie setzt sich auf den Schminktisch, im Rücken den Spiegel, in den ich nun schauen soll. Gemächlich baumelt sie mit den Beinen – auch später im Konzert ihr Mittel, sich zu lösen. Sie spricht leise, die Worte breit im Schlepp: »Ja, ich habe noch mein Boot. Mit dieser Art zu wohnen, so auf der Themse, spare ich viel Geld. Es macht mir Spaß, Leute nervös zu machen, die sagen: Unmöglich, du kannst nicht von dreitausend Pfund im Jahr leben. Es geht. Trotzdem hat sich, seit ich im Musikgeschäft bin, für mich viel geändert. Ich weiß, daß in dieser Branche Musik zum Geldmachen da ist, und ich habe mit Leuten zu tun, die an mir verdienen wollen. Ich versuche, das zu nutzen und einen Kompromiß zu finden, indem ich innerhalb des Systems für Leute arbeite, die draußen sind – auch mit meinem Geld. Noch vor gut zwei Jahren war ich ja selbst völlig draußen. Ich will nicht für immer Sängerin sein, nicht im Business. Zur Zeit denke ich, daß ich das zehn Jahre lang als meine Aufgabe ansehe und es so gut wie möglich mit politischem Aktivismus verbinde. Dann will ich einen Schritt machen, und das Politische soll den Vorrang bekommen.

Daß unter den neuen Singer-Songwriters so viele Frauen sind, ist eine Folge von zwanzig Jahren Feminismus. Es gibt heute mehr Frauen in dieser Branche, und sie haben mit der Zeit größere Fähigkeiten zur Selbstdarstellung erworben. Das betrifft bei mir die Texte; die Musik ist ja ganz traditionell. Ich habe in San Francisco gelernt, meine ureigenen Gedichte zu der Musik meiner Heimat zu schreiben. Die Leute kennen meist Bob Dylan oder Woody Guthrie und meinen, das müßten meine Väter sein. Aber in Texas ist Folk & Country roots music, eine lebendige Tradition. Meine liebsten Songschreiber sind Guy Clark, Billy Joe Shaver, Butch Hancock, Nanci Griffith und noch ein paar andere. Viele Musiker verändern sich leider unter kommerziellem Einfluß. In Austin gibt es zum Beispiel seit langem eine Country-Outlaw-Szene mit großartiger Musik, aber das Handikap sind die Plattenfirmen. Die Plattentypen kommen nicht nach Austin, sie lassen kommen, und sie schreiben den Leuten vor, was für Musik sie spielen sollen.

Ich merke selbst, wie vieles sich verändert, wenn man vorher weiß, daß es eine Platte werden soll. Bei meiner ersten Platte ist das eben nicht so gewesen. Die ›Texas Campfire Tapes‹ waren für das Business obskur und subversiv, und den Underground-Diskjockeys paßten sie prima ins Radioprogramm. Die zweite Platte klingt in vielem normal, doch für die Masse der Mainstream-DJs ist sie immer noch subversiv wegen ihrer Bodenständigkeit, ihrer Wurzeln, ihrer Stimmung hinter der Musik. Ich mache mir nicht die Illusion, das Folk-Publikum für eine politische Opposition zu halten. Aber ich glaube, daß Folk Ursprünge freilegt, Motive unter dem Stil, und daß diese Musik an soziale Gefühle appelliert.

Meine Musik ist sehr amerikanisch. Die Ironie liegt darin, daß ich die USA verlassen habe. Ich habe sie verlassen. Aber all meine Inspiration kommt von dort und meine politische Einstellung auch. Ich bin sehr sentimental, und ich muß es wohl sein. Früher wurde mein Idealismus ja nicht auf die Probe gestellt, doch jetzt bin ich dauernd in Gefahr, mich zu kompromittieren. Erinnerung, Sentimentalität, Nostalgie sind ein guter Schutz; sie geben Beständigkeit.«

Ich habe Michelle Shocked noch gefragt, zu wieviel Prozent sie aus Erinnerung bestehe. »Zu hundert Prozent«, sagte sie still. »Ich ging von zu Hause fort, als ich sechzehn war; damals begann ich auch die Musik als mein Medium zu verstehen. Ich lief weg, weil ich den Fundamentalismus nicht mehr ertrug. Aber vor fünf Jahren passierten mir ein paar Dinge, durch die ich dann begriff, daß ich diesen Fundamentalismus nie loswerden kann. Seither versuche ich, das Ideal, das hinter der strengen Religiosität steht, für mich zu nutzen. Meine Erziehung hat etliches in mich gelegt, das meine Natur und mein Denken herausbrachte. Die Religion gab mir Gründe, nach dem Wesen des Menschen zu fragen, und ich erkannte, daß ich ein Rebell bin.«

**4**

Wo ist sie ein Rebell? Auf »Short Sharp Shocked« sieht man sie im Würgegriff des Polizei abgebildet; das war 1984 bei einer Demonstration gegen Parteispenden großer Firmen. Ein Schlaglicht, zugleich ein Kontrast zur Musik. Michelles anarchistischer Individualismus klingt nicht nach Ideologie. »Drei-Groschen-Philosophie« nennt sie, was sie dem Publikum bietet. »Meine Texte sind politisch inspiriert, aber nicht vordergründig politisch, weil ich mich den Leuten nicht so nähern mag. Mein Medium entscheidet, ob ich angenommen werde.«

In Berlin wurde sie es mit Jubel. Ich hörte sie zweimal, zuerst nachts, im Haus der Jungen Talente, wo sie mit Billy Bragg Traditionals wie »Company Stone« und »Will The Circle Be Unbroken« sang. Danach gab es mit Bragg und der britischen Oyster Band eine gefeierte Rock'n'Roll-Session, von »Wild Thing« über »Route 66« bis hin zu »Gloria« und »Satisfaction«. Ganz sie selbst war Michelle dann bei ihrem Solokonzert in der Volksbühne. Sie fing mit einigen bittersüßen Balladen an; »Black Widow« kam, »Memories Of East Texas« und »Anchorage«, ihr Lieblingslied, dann Songs von Steve Goodman und Woody Guthrie, Blues, Rockabilly, lässige Texas-Töne. Michelle Shocked ist kein unangefochtener Entertainer. Ihr ganzer Auftritt war durchzogen von Melancholie und jähen Stimmungswechseln. Ihre wundervoll geschmeidige Stimme hatte sie erst nach einer halben Stunde frei, und als sie zum Schluß abermals »Anchorage« sang, stand sie zwischen Rührung und Zorn, weil sie ihr Prinzip durchbrach, keine Zugaben zu spielen. Sie gibt sich so her. Wer mag ihr empfehlen, sich gegen plötzliche Gefühle abzudichten?

Man hat Michelle Shocked eine metaphysische Minnesängerin genannt. Tatsächlich überspannen ihre Lieder eine doppelte Realität. Nie ist, wovon sie singt, erfüllt; immer beschreibt sie Distanz, Erinnerung, Schicksal. Sie ruft, was war, damit es sei; indessen verstreicht, was ist. Sie mystifiziert eine immer verhinderte Heimfahrt: »Midnight Special«, »If Love Was A Train«, »The L&N Don't Stop Here Anymore«. Das amerikanische Talent zum Sentimentalischen lebt in Michelle Shocked mit eindrucksvoller Lauterkeit. Ihren Traditionalismus hat wohl auch befördert, daß Rundfunk und Fernsehen im Elternhaus verboten waren.

Michelles Lieblingsautoren sind lange tot: Mark Twain, Jack London, Joseph Conrad – klassische Realisten mit den Aromen von Abenteuer und Weite. Michelle mag den sozialen Hintergrund ihrer Bücher. Zudem bewahren sie jene Einheit von Ich und Erfahrung, die zu zerstören auch im Pop-Bereich der größte Fehler postmoderner Kultur ist. Auch deshalb die New Folkies. Gegen die funktionalen Fragmente des Pop setzten sie ihre anarchische Universalität

*Billy Bragg, Michelle Shocked (Berlin, Festival des Politischen Liedes, Februar 1989)*

und damit ebenfalls etwas sehr Amerikanisches: die Assoziation von Größe und Gründerzeit. Vor fast siebzig Jahren schrieb Sherwood Anderson in »Poor White«: »Das Land ist riesengroß, und in allen seinen Menschen lebt eine gemeinsame Sehnsucht nach Riesengröße. In Illinois wünschen sie sich einen Mann so groß wie Illinois, der Held von Ohio soll so groß sein wie Ohio, der von Texas so groß wie Texas.« Man darf dahinter wohl des kleinen Mannes Wunsch nach Gewicht entdecken, nach Geschichte, nach einer nationalen Dimension, der man sich anverwandelt und die das eigene Geschick ins Höhere führt. Das lädt zum Mißbrauch ein: Amerika, wie es die Stars für Sterne hält.

Michelle Shocked – groß wie Texas? Undenkbar. Sie ist eine ursprüngliche Sängerin mit ländlicher Metaphorik und unbeirrbar sozialem Wertgefühl. Sie zählt zu jenen Folk- und Country-Musikern, deren Kunst das gewöhnliche Leben in seiner eigenen Gestalt aufsucht. Man kann das Große klein machen oder das Kleine groß – wahr bleibt, was der einzelne erfährt, und Sehnsucht ist die Ehrlichkeit des Menschen.

*April 1989*

# Silencio

## »Jazzbühne Berlin« 1989

Jedes Jahr in einer Frühlingsnacht, wenn Berlin tut, als könne es schlafen, zieht Gelichter vors Palast-Hotel. Räuberisches Zivil, äußerst behaart oder bekrönt von tabula rasa, packt Klappstuhl und Klappstulle, Walkman und Thermosflasche aus und rottet sich zu einer Schlange zusammen. Es werden immer mehr. Die meisten heißen Thomas; Gläubige sind sie alle: Jazzer. Mag auch die »Jazzbühne Berlin« schon vor Jahren aus der engen Volksbühne in den Friedrichstadtpalast gezogen sein – der Vorverkauf ist ein Ritual; wer zur Gemeinde gehört, muß sich zeigen in dieser Nacht. So habe ich damals geheiratet: vom Polterabend an den Busen der Schlange, acht Uhr Nummernausgabe, neun Uhr im Berolina-Haus Worte fürs Leben, um zehn die Karten kaufen.

Die »Jazzbühne« zählt nicht zu den großen europäischen Festivals. Sie ist ein Sammelsurium, ein Kompromiß aus Konzeption, Geld (das heißt oft: Devisen) und den Tourneeangeboten westlicher Veranstalter. Man nimmt, was deren Kelle gibt, und würzt nach, so gut man kann. 1989 entstand eine gelungene Soljanka, auch wenn Jack DeJohnettes Special Edition, Autors Herzensband, schon zeitig aus der Gerüchteküche entwich. Aber die anderen Fixpunkte des Festivals konnten plakatiert werden: an drei Tagen fünf Konzerte (die beiden am Nachmittag thematisch verbunden), ein Auftragswerk, eine Großformation und, unbedingt, eine sogenannte Säule der Jazzgeschichte.

Die hieß in diesem Jahr Art Blakey, zum zweitenmal übrigens, denn der legendäre Schlagzeuger und Talentevater brachte seine Jazz Messengers schon 1980 nach Berlin. Das war damals freilich eine andere Band, mit Verve und Zug und zwei Saxophonisten, die alsbald zu Stars wurden: Bobby Watson und David Schnitter. Von derartigem Kaliber scheint sich im 89er Aufgebot niemand zu befinden.

Die Band spielte vom Beginn bis zu Benny Golsons unentbehrlichem »Blues March« unbeirrbar solide. Artig verneigten sich die jungen Solisten nach ihren Parts gegen den Meister. Im Programmheft wurde nochmals die alte Geschichte vom Drummer-Duell Art Blakey gegen Cream-Schlagzeuger Ginger Baker aufgewärmt, das Blakey, auch nach Bakers Urteil, wegen seines reicheren afrikanischen Hintergrundes gewann – 1972. Blakey ist Jahrgang 1919. Wohl hieb er noch etliche Wirbel ins Trommelfell, wohl riß der Löwe noch den Rachen auf, doch er biß nicht mehr zu.

Das alljährliche Auftragswerk des DDR-Rundfunks wurde diesmal von einem Duo hergestellt. Ich würde mich eines Urteils über den Auftritt von Ulrich Gumpert und Dietmar Diesner gern enthalten; die Musik ist kompetent und hat ihre eigene Plausibilität, aber sie trifft mich nicht. Es kommt wohl darauf an, wo einer berührt werden will – Kopf, Herz, Bauch, Unterleib. Um es pauschal zu sagen: Mich umweht im DDR-(Post-)Free-Jazz oft der horror teutonicus, ein Gemisch von Stirn und Faust: »Glotzt nicht so romantisch!« Der Intellekt würgt die Muse; so geht das, wenn zu lange nur der Kopf die Welt bereist. Ganz anders der Auftritt von Lauren Newton, einer US-Amerikanerin, die seit langem in Wien lebt. Als klassische Sängerin ausgebildet und von der Konzertmusik des 20. Jahrhunderts geprägt, fand sie in den siebziger Jahren zum Jazz und schloß sich 1979 Mathias Rüeggs Vienna Art Orchestra an. Seit vier Jahren leitet sie ein Trio mit dem Pianisten Uli Scherer und Thomas Horstmann, dessen dunkle Gitarrenschübe Lauren Newton mit lichten, schlanken Vokal-Arabesken umrankt. Die Nähe zu den phonetischen Assoziationen Ernst Jandls ließ sich nicht überhören. Was dem Trio, im Unterschied zu Gumpert/Diesner, völlig abging, war selbstbezogene Repräsentanz der veranstalteten Geräusche. Lauren Newtons Vokalisen sind flüchtige Geister, für eine Stunde der allmächtigen Stille entwichen und willens und gefaßt, in sie zurückzukehren wie in Rilkes Traum: »Wenn es nur einmal ganz still wäre! Wenn das Geräusch, das meine Sinne machen, mich nicht so verhinderte am Wachen!« Laut Aussage Karlheinz Drechsels war Lauren Newtons Darbietung »Gesang dieser Zeit im besten Sinne des Wortes«. Apropos, wenn schon von »Säulen« die Rede ist: Seit 1977 bietet Drechsel Jahr für Jahr dem Publikum das seltene Erlebnis eines enthusiasmierten DDR-bürgerlichen Fans im fortgeschrittenen Alter. Dieser erprobte Anhänger des Superlativs scheint alles zu kennen, alles zu lieben, was er präsentiert. Was macht es da schon, wenn die Ansagen höchst ähnlich klingen: »internationale Musik dieser Zeit, zeitgenössisch spontan im besten Sinne des Wortes Experiment, könne man sagen …«. Kühle mögen kühler formulieren, doch wes das Herz voll ist, des gehet der Mund über. Letzteres zu verhindern, trug der Friedrichstadtpalast Sorge. Getränke und Toast-Häppchen durften nur vor den Konzerten und während der Pause verkauft werden: »Wir sind ein Theater.« Nun haben aber Jazzfans die gefährliche Eigenschaft, sich manchmal während eines Auftrittes, der sie nicht interessiert, ins Foyer zu begeben, um Kaffee zu trinken. Dem wurde mit Entschlossenheit begegnet. Effekt: Schon während der Konzerte bildeten sich Riesenschlangen für den kurzen Ausschank in der Pause. »Wenn bei mir im Parkett dauernd einer durch die Reihe wollte, dem würd ich mal mit dem Knüppel …«, erklärte der Mensch hinterm Kaffeestand. Jazz hat's! Lieber zurück in den Saal.

Die Großformation hieß in diesem Jahr Vielharmonie, eine Big Band, die 1985 von Absolventen der Musikhochschule »Hanns Eisler« gegründet wurde. Unter Leitung von Frank Raschke spielten die Berliner Vielharmoniker eine eklektische Ausbeute verschiedenster Errungenschaften des Jazz, mit jugendlicher Vorliebe für Bruch und Parodie. Die Band ist für ihre Musiker sicher ein gutes Technikum. Auf ganz andere Art eklektisch wirkte, was die sowjetische Gruppe Archangelsk aus der Stadt am Weißen Meer vorführte. Von Dada bis Sun Ra, von Be-Bop-Balladenspiel bis Free Punk ging es munter über die Rabatten. Man darf annehmen, daß Publikums Jubel in diesem Falle Land und Leuten galt.

Jiri Stivin, Prototyp des Bauchspielers, schwankt seit jeher zwischen schönen Auftritten und ästhetischen Alfanzereien. Diesmal stand alles zum besten. Unterstützt von Jaroslav Sindler (Gitarre), Frantisek Uhlir (Baß) und Jiri Zelenka (Schlagzeug), flötete Stivin vor allem slowakische Volkslieder – volle Romantik, umspielt von einer kleinen, zappeligen Ironie. Als Zwischenspurt gab's Chick Coreas »Song To The Pharaoh Kings«. Der Mann mit dem Roßtäuscher-Blick, zu dem die Kohlblatt-Mütze gehört wie zu Kürdchen sein Hütchen, erduldet manches Vorurteil, Photograph Uli Pschewoschny etwa mag Stivin nicht, weil ihm dessen Querflöte meist das Hochformat sabotiert.

District Six hieß früher die Gegend des heutigen Kapstadt, vor einhundertfünfzig Jahren Siedlungsort entlassener Sklaven und für die Musiker des gleichnamigen Quintetts ein Programmwort für eine gemischtrassige Gesellschaft. Am bekanntesten ist wohl der Baßgitarrist Dill Katz, früher bei Ian Carrs Nucleus und schon 1980 mit Barbara Thompsons Paraphernalia bei der »Jazzbühne« zu hören. Die britisch-amerikanische Band, vom südafrikanischen Drummer Brian Abrahams geleitet, mischte Modern Jazz mit afrikanischen Songstrukturen – schön, und Dollar Brand klang an, doch so recht verschmolz das Ganze nicht. Dieser Eindruck entstand auch beim ersten der beiden nachmittäglichen Ethno-Konzerte mit der Trilok Gurtu Group. Gurtu, Inder, ist ein großartiger vielgestaltiger Percussionist, der sein Spiel schon vielen Musikern anverwandelt hat – Don Cherry, Charly Haden, Barre Philipps, der Family of Percussion und nach Collin Walcotts Unfalltod 1984 auch Oregon. Vielleicht will Gurtu nicht leiten. Mit seiner Mutter, der klassischen indischen Sängerin Shoba Gurtu, harmonierte er vollkommen. Aber sonst kippte der Weltmusik-Bop seiner Band stets ab in die Provinz des jeweiligen Solisten – mal zum Keyboarder Daniel Goyone, mal zum als Baßwunder apostrophierten schwedischen Star Jonas Hellborg, dessen Spiel mir zuviel virtuosen Prunk beschert. Am wenigsten integriert wurde der Trompeter Palle Mikkelborg, einer der melancholischen Impressionisten des Münchner Labels ECM. Der braucht Zeit für seine dänischen Schlösser im Novembernebel, Storms Haderslevhuis, aquis submersus, Graue Stadt am grauen Meer. Doch hier zerstob man ihm die Nebel.

Besser gelang der zweite Ethno-Nachmittag. Embryo, 1969 gegründet, ist eine Schlüsselgruppe des bundesdeutschen »Krautrock« und gab mir, wie Guru Guru, Kraan, Association PC ..., seinerzeit einen Begriff davon, daß man Rock- *und* Jazzfan sein könne. Seither hat sich die Münchner Band unentwegt um Fusionsmusiken bemüht, ist weit gereist in ihrem unbeschreiblich alten Bus, hat in Marokko, Indien, Afghanistan, Nigeria gelebt und an den einheimischen Musikkulturen teilgenommen – soweit das geht. »Ich bin eigentlich von Anfang an mutiert«, meint Ur-Embryo

Christian Burchard, Jahrgang 1946, der mit Brille und schulterlangen Strähnen ausschaut wie der Ur-Hippie und letzte Held der APO. »Ich bin mit Lautsprechern aufgewachsen, nicht mit Naturklängen. Ich hatte klassische Klavierausbildung. Ich spiele also immer ›mit deutschem Underground‹.« Eine Kulturverschmelzung sei nicht möglich, auch nicht mit den nigerianischen Yoruba-Dun-Dun-Trommlern, mit denen Embryo nach Berlin kam. »Die Yorubas spielen für mich eine Art Ur-Jazz. Sie haben eine sogenannte Tonsprache, das heißt, gleiche Worte bekommen durch verschiedene Tonhöhen andere Bedeutungen. Das läßt sich auf die Trommel übertragen. Ich habe erlebt, wie einer dem anderen zutrommelt ›Hol' mir Zigaretten!‹, und der bringt ihm welche. Bei uns gehen sie ein bißchen auf Nummer Sicher und trommeln feste Formeln, Kultverse zum Beispiel. Also, es bleibt eine Distanz, die brauchen wir auch. Wir wollen ja keine Ethno-Pop-Kultursoße. Der Kolonialismus, die Ausbeutung der Dritten Welt ist auch in der Musik eine Realität. Wir sind ein Teil davon, aber wir überlegen, wie wir die Leute unterstützen können und wo wir ihnen nur schaden. Wir wollen nicht plündern, sondern mit ihnen zusammensein. Das geht nicht auf die Schnelle. Mal als Vergleich: Die Yorubas haben ein Fest, das nur alle siebzig Jahre stattfindet. Manche erleben es einmal, wenige zweimal, manche nie. Bei den Chinesen findet man Kompositionen, die über drei Generationen hinweg vollendet worden sind. Arabische Völker haben eine unglaublich differenzierte Zwischenton-Kultur, und sie hören das alles. Die Inder mit ihrem Bewußtsein, das Bauch-Spiel der Afrikaner ... Es ist immer noch was anderes hinter den Dingen, das habe ich auch im Rock erfahren. 1970, ein paar Wochen vor Jimi Hendrix' Tod, spielten wir mit ihm auf Fehmarn. Da stand Hendrix' Wagen, Türen auf, und daneben stundenlang reglos ein Bodyguard, der hielt ein gezücktes Messer hoch. Das Bild vergesse ich nie.«

Embryo & Yoruba Dun Dun aus Nigeria und ein marokkanischer Sänger, mythische Tänze, irakische Oud-Musik – was kann unsere seßhafte Neugier auseinanderhalten, oder wird, was man nur hört und nicht erfahren hat, dann doch zu Soße? Zum Liedersommer sind die Embryos und die Yorubas wieder in Berlin.

Das Konzert, das mir am nächsten kam, spielte zum Abschluß John Scofield. Der achtunddreißigjährige Amerikaner begann seine Karriere 1975 als Berkley-Absolvent bei Billy Cobham, wo er, wie sein Vorgänger John Abercrombie, mit seiner Gitarre vor allem Cobhams furiosem Trommel-Protz zu Willen sein mußte. Nach zwei Jahren stieg er aus und formte einen subtilen Stil zwischen Jim Hall und Jazzrock, der ihn 1983 in die Band von Miles Davis führte. Wie ist Miles? »Mal schwierig, mal cool. Ein großer Musiker. Meine Musik bei Miles war anders als heute, mehr ein Pendant zu seiner.« Ich hörte das 1983 beim Jazz Jamboree in Warschau. Scofields einsame Gitarrenschreie: das Echo von Davis' Trompete. In Berlin bot er volle, akkordische Malerei – Balladen, Blue Notes, Rock'n'Roll. Scofields Begleiter Anthony Cox am Baß und John Ryley am Schlagzeug sind nicht allzu bekannt. Scofield will keine berühmteren. »Die Superstar-Bands bringen es nicht.«

Die Leaders sind solch Allstar-Sextett, allerdings keines von der Sorte, das eher aus circensischen denn aus musikalischen Gründen tourt. Chico Freeman am Tenorsaxophon, Altist Arthur Blythe, Cecil McBee am Baß und Pianist Kirk Lightsey werden ergänzt durch zwei Musiker des Art Ensemble of Chicago: den Schlagzeuger Don Moye und den Trompeter Lester Bowie. »Sie sind wirklich Leaders im Sinne der Kompositionen«, erläuterte Karlheinz Drechsel, bevor ein schöner, kompakter Auftritt im Bop-Idiom folgte, der ein bißchen kurz geriet. Fußballweisheit kennt die Wendung vom »befreiten Aufspielen, wenn es um nichts mehr geht«. Ja, technisch und dramaturgisch war alles da. Aber der Hunger, aber das Feuer!

Ich sah sie noch anders. Soundcheck im leeren Saal. Das dämmrige Licht macht alles behutsam und weich. Arthur Blythe hat sich hinters Schlagzeug begeben, anstelle von Don Moye, der mit den Photographen schwatzt. Kirk Lightsey schlendert mit den Fingern über die Klaviatur. Chico Freeman, das Gesicht in den Händen vergraben, sitzt einsam im Getriebe und nimmt einen inneren Rhythmus auf. Lester Bowie lehnt im Parkett und spielt leise, heisere Signale. Il silencio, Blaue Stunde, closing time. Wenn es so bliebe! Soviel Musik. Wozu?

*August 1989*

# Die Hitze in Dosen

## Canned Heat

Alles ist grün. Die Wiese im Morgenlicht, das endlos sanft gewellte Land, die Luft, der menschenleere Tag und die Musik: »Goin' Up The Country«, ein Folk-Boogie, eine Blues-Pastorale für Flöte und Falsett. So beginnt der Woodstock-Film. Die Band, die den Opener spielte, hieß Canned Heat.

Heißt Canned Heat. Es gibt sie noch. Aber als was? Als lebendige Band? Oder als lebende Leiche, künstlich beatmet vom mythischen Hauch des berühmtesten Rockfestivals aller Zeiten? Dabei waren Canned Heat, ähnlich wie Ten Years After und Mountain, eigentlich keine »echte« Woodstock-Band. Die Aura von Love & Peace trugen andere ums Haupt: Jefferson Airplane, die Grateful Dead, Jimi Hendrix, auch Crosby, Stills & Nash. Sie alle mußten, sofern sie überlebten, nach dem Ende der Hippie-Ära ihre Lebensphilosophie auf ein musikalisches Maß zurückfahren. Gitarrenhelden wie Ten Years Afters Alvin Lee und Leslie West von Mountain hatten solche Sorgen nicht. Ihr Image besaß schon den nötigen Konservativismus: Handwerk und zeitlose Musik.

Ebenso Canned Heat. Die Gruppe entstand 1965 in Los Angeles, als ein paar Bluesfans von Anfang zwanzig ihre Lieblingsmusik nun auch selbst spielen wollten. Sänger Bob Hite, ein bärtiger Hüne von 260 Pfund, hatte seit Kindertagen in den Plattenläden und Jukebox-Kneipen Süd-Kaliforniens nach obskuren 78er Scheiben gestöbert und an die siebzigtausend Bluesplatten zusammengetragen. Henry Vestine trampte jahrelang als Bluessammler durch die Südstaaten und fand dort seinen kargen, schmutzigen Gitarrenstil – ein seltener Kontrast zur hellen Stimme von Al Wilson. Der Harp-Spieler und Gitarrist war Absolvent der Boston University und als Analytiker afroamerikanischer Musik zu Anerkennung gelangt. Zu diesem Trio stießen der Soul- und Jazzdrummer Frank Cook und Larry Taylor, der als Studio-Bassist Jerry Lee Lewis und den Monkees zur Seite gestanden hatte. Zunächst spielten die Heat Evergreens wie »Dust My Broom« von Elmore James, Muddy Waters' »Rollin' And Tumblin'« und »Sweet Sixteen« von B. B. King, bald aber zunehmend eigene Stücke. »Let's Work Together« wurde ein Riesenhit, den Al Wilsons »On The Road Again« dann noch übertraf. Bis heute beunruhigt dieser seltsam unvollendete, labile Song, der, »Riders On The Storm« von den Doors verwandt, Sehnsucht nach Verhängnis hat.

Al Wilson war voll morbider Melancholie. Am 3. September 1970 fand man ihn tot im Hinterhof von Bob Hites Haus. Er hatte sich vergiftet. Woodstock lag gerade ein Jahr zurück. Für eine Weile schien es, als sei Canned Heat mit Wilsons Tod der Boden herausgefallen. Sie wechselten mehrfach die Besetzung und spielten u. a. mit dem Gitarristen Harvey Mandel und mit Walter Trout, der 1987 mit John Mayalls Bluesbreakers bei uns auftrat. Für Drummer Cook war schon 1968 Adolfo »Fito« de la Parra gekommen. Als Gäste halfen Dr. John, Jazz-Star Charles Loyd und, in »Rockin' With The King«, sogar Little Richard. Ihre berühmteste Platte machten die Heat 1971 mit dem schwarzen Blues-Hero John Lee Hooker. »Hooker 'n' Heat« zählt, wie Muddy Waters' »Fathers & Sons« oder die Platten von Eric Burdon & War, zu den Klassikern rassisch versöhnter Musik.

In welcher Besetzung die Heat in die Berliner Seelenbinder-Halle kommen würden, war vor dem Auftritt nicht zu erfahren. Statt einen Soundcheck zu machen, schlief sich die Band, mittags von Los Angeles eingetroffen, erst mal aus. »Soundcheck? Was ist Soundcheck?« griente Larry Taylor nach dem Konzert. Ach ja, natürlich, die Alten stellen sich einfach hin und metern los. Es wurde fabelhaft, Bluesrock dunkelster Gärung. Canned Heat kennen den Eros beherrschter Energien; sie halten den Boogie im Zaum. Er zerrt und zerrt, dann schießt er zügellos davon. Die wilden Rockabilly-Ritte spielt nicht mehr Henry Vestine, der so alkoholkrank sein soll, daß er nicht mehr auf die Bühne kann. Michael »Junior« Watson heißt heute der Gitarrist. Für Bob Hite, der 1981 starb, steht seit fünf Jahren James »Dean« Thornbury am Mikrophon, ein Shouter, der an Stevie Ray Vaughan erinnert. »Goin' Up The Country« und »On

The Road Again« sang denn auch Fito de la Parra hinter dem Schlagzeug. Am Baß wie eh und je Larry Taylor, der die Großmutter mit Willie Dixons Snapping-Technik traktierte. »Driftin'« von Eddy Boyd gab's, »Red Headed Woman«, »I'm Watchin' You«, K. C. Douglas' »Mercury Blues« vom letzten Album »Reheated« ... und selbstverständlich jene Köstlichkeiten, wofür man besonders schwärmt, wenn sie wieder aufgewärmt. Hach, war das noch Musik!

»Woodstock? Was soll sein mit Woodstock?« Larry Taylor wimmelt hinterher in der Garderobe, Chips futternd, die unsterbliche Reporterfrage ab. Energisch schiebt er den Betreuer mit der Armbanduhr beiseite. Denn er muß was klarstellen: »Ich erinnere mich nicht mehr!« Und Fito de la Parra: »Was willst du mit Woodstock? Wie alt warst du damals überhaupt? Woodstock ist Nostalgie. Klar, du willst ›Goin' Up The Country‹ hören, und wir machen das. Aber wir arbeiten hart daran, nicht bloß eine Sixties-Band zu sein. Wir machen kein Revival, wir haben uns auch nie aufgelöst, wie man manchmal lesen kann. Wir haben immer gespielt, auch in der Nacht, als Bob Hite starb. Es gibt keine Zeit und keine Generation, der wir gehören. Wir spielen Blues, und das ist eine völlig zeitlose, originale Form von Kultur.«

5. Oktober 1989: So vieles bewegt sich in der DDR, und dies scheint kein Tag für zeitlose Künste. Aber heißt zeitlos nicht auch: unvergänglich? Steckt in dieser Musik nicht alles, was einem geschah, seit man sie kennt? Im Publikum jubeln jene südlichen Fans, die auch nicht jünger waren und auf die der Blues sich immer verlassen kann. Ob er Konjunktur hat oder nicht – sie kommen, oben grün und unten blau, mit Hirschbrüll-Beuteln behängt, an den Füßen Kletterschuhe oder acht Mark zehn. Auch hinter der Bühne die treuen Seelen: Jörg Schütze von Monokel, Speiche genannt. Für Speiche kommt an diesem Tag etwas nach Hause, genau wie für Boddi Bodag von Engerling, der Al Wilson 1977 mit »Mama Wilson« einen späten Nekrolog gesungen hat (der Name Canned Heat durfte auf der AMIGA-Single-Tüte nicht erscheinen).

Jetzt gehen überall die Lichter aus, und in der Kantine sitzen wir nur noch zu dritt, mit Boddi und Beate, und Boddi singt »Time Was« wie weiland Al Wilson. »Bei dem Baß von Larry Taylor hat man sich damals fast die Finger gebrochen. Naja, heute spielt so was schon bald jeder.« Bloß, heute ist das Technik, und früher hat man drum gekämpft. Last battle? – Last bottle. Dann müssen wir raus. Neon, Nässe, Nacht im Oktober. Alles ist kalt, alles ist blau. Aber das gibt sich. Es kommen andere Zeiten.

*Oktober 1989*

# Rock gegen Gewalt

## Rocker für Dialog

Die lange Liste muß sein: Pankow, Angelika Weiz, Silly, Gina Pietsch, Dietmar Halbhuber, Jörn Brumme, Kurt Demmler, Arno Schmidt, Conny Bauer & Joe Sachse, Toni Krahl, Gruppe Wildemann, Jens Paul Wollenberg & Knut Beckert, Gerlinde Kempendorff, Liederfirma Dietze, IC, Jürgen Eger, Dirk Zöllner, Maike Nowak, Bernd Römer, Norbert Bischoff, Reinhard Walter & Jens Naumilkat, Jörg Wilkendorf (Die Wilderer) & Jürgen Ehle. Sie alle ließen am 15. Oktober ihr Ego vor der Tür der Berliner Erlöserkirche und spielten ein »Konzert gegen Gewalt« bei Demonstrationen und anderswo.

Es war ein Konzert der Solidarität mit jenen, die durch überzogenen Einsatz von Ordnung und Sicherheit an Leib und Seele zu Schaden kamen. Das Leitwort des Abends: Dialog. Mit Hoffnung genannt, mit Skepsis von Kurt Demmler besungen: »ein bißchen reformeln, ein bißchen dialogeln ...«. Demmler wird derzeit überall mit seinem Programm »Gute Macht, Freunde« ausgeladen, weil er bei seinen Auftritten die Resolution der DDR-Rockmusiker verlesen hat. Ähnliches können Kollegen berichten.

Man hörte vom Fasten in der Gethsemanekirche, von Erlebnissen bei der »Zuführung«, von der Entlassung eines Lehrers der 22. Oberschule in Kaulsdorf, der den Aufruf des »Neuen Forum« unterschrieben hatte. Ein Teil der Kollegen solidarisierte sich mit ihm und forderte eine realere DDR-Geschichtsdarstellung und die Trennung von Schulbildung und Massenorganisationen. Matthias Klipp, Abgeordneter des Berliner Wahlkreises 14 (Prenzlauer Berg), sprach über seine Hoffnung auf ein verändertes Wahlsystem und beschwor die dreitausend: »Verlernt nicht zu differenzieren! Redet mit allen! Der Riß durch die Gesellschaft verläuft nicht zwischen Partei- und Nichtparteimitgliedern. Grenzt 2,3 Millionen SED-Mitglieder nicht aus!«

Zum großen Finale drängten sich alle noch mal auf die kleine Bühne im Altarraum, und die ganze Kirche sang: »Give Peace A Chance«. Jubel, Umarmungen, da capo – ein unerhörter Abend. Und trotzdem ein Aber: Hatten nicht gerade unsere Rockmusiker in letzter Zeit empfindlich an Wertschätzung eingebüßt – nicht alle, aber sehr viele? Das lag sicher auch am Besuch der Dylan, Cocker, Springsteen, die unsere Giganten auf heimatliches Maß zurückstutzten. Der Wahrheit zweiten Teil nannte tags darauf Mona-Lise-Chefin Lieselotte Reznicek auf der Vollversammlung der Sektion Rock beim Komitee für Unterhaltungskunst: »Jetzt haben wir Mut, jetzt sind wir alle einig. Und wie lange sind wir feige gewesen? Haben feige Texte geschrieben und faule Kompromisse gemacht, um voranzukommen?« Da gab es kaum Beifall von den dreihundertfünfzig Rockern.

Aber sonst brannte die Luft im Kulturhaus »Peter Edel« zu Weißensee. André Herzberg tönte hinten durch den Saal wie ein Volkstribun, Sektionsvorsteher Toni Krahl verbreitete logische Vernunft von vorn. Gisela Steineckert ging zu Herzen, und hin und wieder erbat ein Rocker von der Küste Auskunft, worum es eigentlich gehe. Es ging um alles, um Wahlen, um Chinaberichterstattung, um Flucht und Wiederkehr, um den zweifelhaften Umweg eines Dialogs über die Westmedien und um die Frage, ob jemand, der Schaden verursacht hat, reparieren dürfe. Oder solle. Kern der Versammlung, zu der auch Eberhard Aurich erschien, war die erwähnte Resolution vom 18. September 1989. Daß sie bisher in keinem DDR-Medium auftauchte, brachte die Rocker besonders auf die Palme, weil sie das antisozialistischen Verdächtigungen aussetzt. Dabei hat das Papier, in Tausenden Konzerten verlesen, längst Öffentlichkeit: ein Schulbeispiel gegen den Köhlerglauben, der öffentlichen Meinung gehe die veröffentlichte voraus. Denn wenn die Medien als Tabu behandeln, was die Spatzen von den Dächern pfeifen, dann hört das Volk auf die Spatzen.

Eberhard Aurich wurde gefragt, ob sich seines Erachtens in der Resolution die mehrheitliche Volksmeinung ausdrücke. Er sagte schlankweg: »Ja.« Als Regierungsmitglied werde er dafür arbeiten, daraus DDR-Politik zu machen. Im übrigen bedanke er sich für das Engagement. Es habe mit dazu geführt, daß die Staatsführung reagierte und einseitige Bewertungen korrigiert wurden. Aurichs Schwierigkeiten mit der Resolution lagen nicht darin, daß offiziöse Ignoranz und Bagatellisierung für Exodus und Massenauswanderung verantwortlich gemacht werden. Ihn besorgte die Sympathie für neue basisdemokratische Strukturen. Die vorhandenen Strukturen reichten aus; sie müßten nur so genutzt werden, daß die Demokratie unten ankommt.

Zum Schluß verabschiedete die Vollversammlung eine aktualisierende Erklärung zur Resolution. Auch dies eine bewegte Prozedur mit Sturm und Wellengang. Einer rief in den Saal, hier passiere Geschichte. Und wir können sagen ... – Goethe nicht bei Valmy, sondern bei unseren Rockern. Bewährtes ist halt nicht totzukriegen. Der Zug der Zeit läuft auf »Neu-Bewähr(t)ung« hinaus. Jeder darf mit. Und wer den Zug verpaßt, muß mit dem Taxi hinterher.

*Oktober 1989*

# Nur der kleine Udo

## Udo Lindenberg in der DDR

### 1

Sie konnten zusammen nicht kommen. Die Allman Brothers Band ist für Jimmy Carter in den Wahlkampf gezogen und Frank Sinatra für seinen Freund Ronald Reagan. In Udos Rockerbusen schlug es für Erich Honecker. Daß dessen Herz zurückschlüge, war sein vergebliches Sehnen. Naturen und Neigungen paßten nicht ganz. Auch als der Werber von Minne sang und wertvolle Gebrauchsgegenstände aus dem Westen übersandte, ließ Honecker den Hamburger Jung nicht über die Elbe. Das Wasser war viel zu tief. Aber dann spielte das Leben, la deutsche vita. Honi ging, und Udo kam.

Er denkt noch an ihn. »Schade, daß Honi nicht hier sein kann«, befand Lindenberg zu Leipzig, Messehalle 2. »Manche sagen ja: Kann einem fast 'n bißchen leid tun, der alte Mann. Aber was soll's, Chance verpaßt, Honi mit seinem Schweineregime, sitzt im Knast auf'm Klo und hört Westradio.« Leider, so redet er wirklich. Was war das aber auch für eine Zeit, da Kinder in der Schule einander denunzieren sollten, wenn jemand den »Sonderzug« auf der Kassette hatte. Und ein Rausschmeißer wie »In fünfzehn Minuten sind die Russen auf dem Kurfürstendamm« inspirierte die »Armeerundschau« zu der Erkenntnis, der Sänger Udo Lindenberg machte sich zum Repräsentanten der Bedrohungslüge. Autors Einspruch bei der Redaktion wurden von Chefredakteur Oberst Freitag zwei Seiten Literatur gewidmet. Hier leider nur Auszüge: »Bei allem, was im Text ausgesagt wird, muß man doch wohl zuallererst die Kernfrage stelle: Wie kommen ›die Russen‹ mit einer militärischen Einheit, mit Panzern gar, auf fremdes Territorium? Um was anderes kann es sich dabei handeln als um einen aggressiven Akt? Wir meinen, das vor allem sollte bedacht und klassenmäßig gewertet werden. Gerade die Raffinesse, mit der solche Titel gemacht sind, führt dazu, daß das Nichtausgesprochene zu ideologischen Wirkungen im Interesse des Klassenfeindes führt. Wir hoffen, Ihnen damit einige Anregungen zum Weiterdenken gegeben zu haben. Mit sozialistischem Gruß.« So schrieb man seinerzeit. Und keiner sprach: Ich liebe dich.

Oberst Freitags wachsame Epistel datiert vom 24. August 1984. Dabei hatte das Jahr so hoffnungsvoll begonnen. Die westdeutsche Friedensbewegung verschob etliche Fronten. Lindenberg, der bunte Lümmel, machte seinem rigorosen Pazifismus Luft, als es gegen neue NATO-Mittelstreckenwaffen ging. Das verschaffte ihm in der kulturpolitischen DDR-Chefetage eine Art Seriosität mit beschränkter Haftung. Bei der FDJ-Friedenssoiree im Palast der Republik durfte er Zugpferd spielen, neben Harry Belafonte. Dreieinhalb Titel und im Publikum etwa ein Prozent echte Udo-Freaks, aber dies sollte ja nur ein kleines Intro sein. Eine DDR-Tour stände an, erklärte Lindenberg mit Bild auf der Titelseite des »Neuen Deutschland«. Sogar Stadien wären ihm versprochen. Unglaublich, fand der Fan und hatte recht.

Noch brüsker wieder ausgeladen wurde damals die Kölner Rockband BAP, deren Plakate schon in mehreren Städten der Republik hingen und deren LP »Von drinne nach drusse« gerade bei AMIGA erschienen war. Wer mit einer BAP-Karte zu »Rock für den Frieden« 84 in den Palast der Republik zog, kam in den unverhofften Genuß eines Puhdys-Konzertes. Per Ansage erfuhr man, BAP hätte sich in letzter Minute »vor den Karren des Klassenfeindes spannen lassen«. Klartext: Auf ihrer jüngsten LP »Zwesche Salzjebäck un Bier« befand sich ein Song namens »Deshalv spill 'mer he«, den ein des Kölschen mächtiger Tschekist als staatsgefährdend enttarnt hatte. Man hörte darin von dem »Quatsch, der sich Volksvertreter nennt«, was die Volkskammer meinte. BAP sollten in der DDR auf dieses Stück verzichten und lehnten das ab. Udo, das goldene Herz, erklärte über RIAS 2: »Nichts gegen BAP, aber wenn man weiß, wie sich die Kids drüben auf so'n Konzert freuen, dann muß man sich überlegen, ob man wegen einem Song 'ne ganze Tournee in den Sand setzt.« – Wenig später saß auch er im Sand. Uns blieb nur die Übertragung des »Götterhämmerung«-Konzertes vom 13. Mai 1984 aus der West-Berliner Deutschlandhalle durch ARD-Hörfunk. Daß eigens ein Reporter die Bühnenshow beschrieb, brachte unsere Gefühle auf den Punkt: Striptease im Radio.

Ach so, die Begründung für den Rückzieher unserer Kulturvorsteher. Wenn ich mich recht entsinne, warf man Lindenberg vor, daß er auch nach seiner Stipvisite im Republikpalast den »Sonderzug« sang, jene kleine politische Karikatur, deren Witz doch bereits gnädig abgesegnet worden war. Begründungen sind nicht Gründe. Die Angst vor dem unkontrollierbaren Wort, die Furcht, belächelt zu werden, die ständige Scheu vor falscher Beleuchtung – all dieser immungeschwächte Vulgär-Dogmatismus verbot, einen Sänger singen zu lassen, der nicht wie Katja Epstein klang. Denn was, wenn er frech würde? Mit ihrem Erlaubniswesen machten sich die Erlauber abhängig von allem, was niemals auf Erlaubnis warten kann. That's *underground*. Wie Biermann wurde Lindenberg zum Helden gemacht, ein klassischer, aber diesmal kein tragischer Fall. Wenn wir jetzt aufarbeiten, ist Udo keine große Last.

**2**

Nach Jahren wieder Leipzig. Kalt, trübe, Januar. Der Bahnhof, dieser rußige Dom. Die unentwegten Straßenbahnen. Der Ring. Alles wie früher? Schon im Fußgängertunnel die ersten Spray-Parolen, Angebote zwischen »GYstaSI« und »Nazis raus«. (Ja, wohin denn?) Dazu die Einfälle der Wirsindeinvolksgenossen. Was überall in der Stadt an den Wänden klebt, ist selten größer als A4 und stammt, anders als in Berlin, kaum aus westlicher Polygraphie. Häufigste Forderung: Keine Gewalt! Das ist inzwischen schon fast ein Wahlprogramm: Nichts mit Gewalt! Morgen werden die Montagsdemonstrationen wieder beginnen.

Da hat man nun so lange auf Udo gewartet, und dann ist einem gar nicht richtig nach Rockkonzert. Aber das gibt sich im Gedränge an der Technischen Messe, auch, weil nirgends martialische FDJ-Ordnungstruppen in Sicht sind. Nachdem es einen irgendwie durch die eingedrückte Glastür in die Halle geschoben hat, gibt's gratis eine Probepackung »Chesterfield«. So präpariert, nebelt die Halle langsam zu. Da dämmert selbst dem Unbedarften: Dies muß ein Joint-venture sein.

Showtime. Als erstes kommt, laut Ansager, »eine Band aus Deutschland« auf die Bühne. The Next sind aus Halle, hießen vor kurzem noch Trugschluß und wurden zu den »anderen Bands« gezählt. Heuer spielen sie Mainstream-Funk, willig beklatscht vom Publikum, das größerer Dinge harrt. Stimmung macht der wiederholte Toast: »Mit euch hat alles angefangen!«, unterstützt durch eine neue Komposition, »extra für Leipzig geschrieben« und »Back To Revolution« betitelt. Jubel. Ich erwarte den Tag, da Michail Gorbatschow sagt: »Ich bin ein Leipziger.« Rasch, bevor der Kanzler es tut!

Pause. Der Wahlkampf bringt sich in Erinnerung. »Udo for president«, fordert ein Transparent, und Udo hat ja historische Verdienste. Lange vor BAP und Grölemeyer hat er Deutsch-Rock'n'Roll zu urigen Höhen geführt. Er hat den angloamerikanischen Boogie-Song mit den Couplets der Weimarer Jahre verkuppelt und die Rockshow mit der Revue. Die Hi-Heel-Sneakers-Tollen hat er mit UFA-Schmalz gewichst und den Jungs aus Dortmund-Applerbeck vorgemacht, daß man Udo Lindenberg heißen und trotzdem der Größte sein kann. Wahrhaftig, da ist er, mit Hut, und die Panik-Band brüllt auf. Die »Heizer« kommen, und schon singst du inmitten der fünftausend im Wunderkerzenmeer: »Reeperbahn«, »Ich lieb dich überhaupt nicht mehr«, »Wir rocken und rollen durch die DDR« – man muß die Texte kennen, denn der Original-Messehallen-Echo-Sound reduziert vieles auf seinen Wiedererkennungswert. Aber der ist garantiert. Und dann endlich: »Stell dir vor, du kommst nach Ost-Berlin, und da triffst du ein ganz heißes Mädchen aus Pankow, und du findest sie sehr bedeutend ...« – »... und sie dich auch«, respondiert der Leipziger Chorus im heimischen Idiom. Ach Ironie, das geht ans Herz. Jetzt fängt die kleine Sachsentante, die ich dauernd hochheben muß, auch noch zu weinen an. Das »ganz heiße Mädchen aus Ost-Berlin« heißt Ina Morgenweck (Dresdnerin). Nach dem Duett hat sie einen Solo-Titel namens »Turn Away«. Dann kommt zum Glück wieder Udo mit »Vorbei, verweht, nie wieder«, Tucholskys schönsten Zeilen. Und dann die Nummer des Abends: »Nein, sie brauchen keinen Führer«, der Anti-Neonazi-Song mit der Gitarrenschlacht. Bei »In fünfzehn Minuten« kommt ein Blasorchester der Roten Armee auf die Bühne, bei »Bunte Republik Deutschland« nicht die im Text erwähnte Schar von Eskimos, sondern ein erhebliches Aufgebot schwarzer Kinder, die tanzen und rasseln wie bei Carl Orff. »Hinterm Horizont geht's weiter«, »Andrea Doria«, »Honky Tonky Mädchen« mit Klimperklavier und Nostalgie-Kino: »Wenn die Mütter morgens in der Zeitung lesen, daß wir da kommen, kriegen sie'n Schock. Sie sagen: Tochter, geh da bloß nicht hin, die spieln doch diesen animalischen Rock!« Wo gibt's noch solche Prachtmütter? Finale. Udo muß immer wieder raus, »Straßenfieber« mit der zweiten Gitarrenschlacht, »Goodbye Sailor«, »Candy Jane«. Dann ist Schluß, endgültig.

Draußen, im Nachtfrost an der Haltestelle, kühlt das Udo-Fieber langsam ab. Gemäßigte Mädchen haben schon wieder Töne: »Er war ja nicht schlecht.« – »Findste?« – »Ich hab bloß immer gedacht, ob er wirklich so is.«

## 3

Der wahre Udo. Neulich titelte die Westberliner »BZ«: »MOMPER IM BETT!« O Gott, dachte ich, das ist das letzte, was dich an Momper interessiert. (Klein darunter: »Die Aufregung der letzten Tage war zuviel: 38,2.« Über Frau Momper erfuhr man nur, daß sie Tee ans Bett brachte.) Es gibt eine Übereinkunft des Publikums, die öffentliche Person nur in anerkannten Konturen zu schätzen; für schwache Stunden malt die Journaille ein bißchen vom mißlichen Rest. Wie also ist Udo wirklich, hinter all den Postern? Ewig achtzehn wie sein Jargon oder Jahrgang 1946, wie sein Körper ihm vor ein paar Monaten klarzumachen versuchte? Das ärztliche Bulletin liest es so: »Udo, bei deinem Lebensstil, da ist es ganz normal, daß du öfter mal zusammenbrichst.« Jetzt raucht er nicht mehr, Gott sei Dank. »Weder die mit noch die ohne Aroma.« Vor dem Streß der großen Tour, sechs Konzerte Ost und achtundzwanzig West, hat er keine Bange. »Auf der Bühne kommt Freude auf, und das hält fit.« Und was macht er mit der Ostkohle, die er, wenn wir streng wären, nicht ausführen darf? »Ich fahre zu meinem Vergnügen nach Rügen.« So kennen wir ihn.

Also, was heißt wirklich? Wer hört das kleine Stocken, wenn Udo seine hohe Botschaft nicht ganz im Hamburger-Hafen-Straßen-Slang versenken kann und etwas zum

Thema Wiedervereinigung, »einen Gedanken – ablassen« möchte. »Mal kucken, was wir zusammen machen können, ohne nationalistisches Gedröhne. Ihr seid stark! Alle Raketen und alle Uniformen weg und pazifistisch richtig ganz weit, was nach vorne geht!« Überdies sei nicht Ost–West, sondern Nord–Süd die wichtigere Richtung. Lindenberg ist ein Rockpoet, dessen virtuose Bauch-Rednerei verdeckt, daß er seine Sprüche im Kopf zimmert. Die Songtexte sind phonetisch durchgestylt, mit gut versteckter Disziplin: »Egal, ob du'n Italdieser bist oder 'n Italjener. Egal, ob du 'n fescher Deutscher bist oder 'n Türke, 'n schöner (...) Egal ob du 'n Indoneser bist oder 'n Indianer. Ob Kapuziner, Argentiner, Franziskaner oder Franzose, und in seiner Lodenhose hingen seine Hoden lose (...) Wir stehn am Bahnsteig und begrüßen jeden Zug, denn graue deutsche Mäuse, die haben wir schon genug. Bunte Republik Deutschland!« Und in den Schmusestücken kriegt Lindenberg die Leute jedesmal mit derselben Entblößung: elementare Schlichtheit. Der Junge ist einfach total entwaffnet, wenn das Wahnsinns-Mädchen in sein Leben knallt. Liebe Leserin! Wenn er dich so sieht, da fällt ihm gar nichts mehr ein, das mit euch, das geht so tief rein, alles total egal, und zwei wie ihr, die könn' sich nie verliern.

Der wahre Udo: Desperado by night, Asphalt-Cowboy, Bogart mit lässiger Lippe, Rock'n'Roll-Zigeuner, immer ein bißchen traurig und in jedem Arm ein schönes Kind: Angeilika aus Winsen an der Luhe, Teddi (40) und Sweet Sixteen ... – halt, das sind schon drei. Udo zeigt den Damen, wo der Larry hängt. Und dazu diese echt linkstolerante Anarcho-Liberalität. Udo politisch, mit Bundesverdienstkreuz am Bummelsakko, auch das geht im Massen-Medien-Zeitalter der Großen Kopulation, oder wo liegt der Unterschied zwischen Politikern, die telegene Ehrenanstöße vollziehen, und Udo, der im »Sportstudio« auf die Torwand schießt (1 Treffer rechts unten). BAP playback, »Ahl Männer, aalglatt« bei »Wetten, daß ...« – alles wird Pop, sogar die Große Ehrlichkeit, wenn sie zu Markte muß. Lindenbergs Gschpusi mit Honecker ist deshalb so erfreulich, weil es zeigt, daß derlei auch in die Lederhose gehen kann. Man muß es dann bloß merken, bitte mit Selbstironie und nicht mit Klo-Sprüchen.

Es war einmal eine Jazzband, in der spielte Udo Lindenberg Schlagzeug, Dieter Süverkrüp Gitarre, Klaus Doldinger Saxophon, und Helmut Schmidts nachmaliger Finanzminister Manfred Lahnstein bediente, glaube ich, den Baß. Das muß in den uralten Zeiten gewesen sein, wo das Wünschen noch geholfen hat. Ich wünsche mir die Wiedervereinigung dieser Band, erweitert um eine Schalmei. Mensch Udo, bist du denn wirklich so ein sturer Schrat?

*Januar 1990*

# Neil Old

## Amiga aktuell

Als am 9. November das Volk die Bastille stürmte und am 10. November Aldi, da kamen auch die Rockfans auf ihre Kosten. Begrüßungsgeld machte Träume wahr, Träume aus zweitausendundeiner Nacht. Das Aldi für Platten-Freaks bot nach dem ersten grenzoffenen Berliner Wochenende ein ähnlich umfangreiches LP-Sortiment wie das »Haus der Technik« in Heringsdorf. Der Laden war einfach kahlgekauft, »uffjeroocht«, wie der Berliner sagt. Es dauerte Tage, bis der Kapitalismus sich vom Ansturm unserer Gesellschaftsordnung erholt hatte. Nun geht's aber wieder.

Inzwischen bereitete AMIGA die Herausgabe einer Platten-Neuheit vor, die drüben gerade palettenweise zum Dumpingpreis verramscht wurde: »Harvest« von Neil Young. Eine hervorragende LP, allerdings von dunnemals. Sei's drum. Wer Dylan, Santana, Mayall bejubelt hat, obwohl sie etwas später kamen, der wird auch Neil den Älteren erwärmt nach Hause tragen. Er wird – es ist Bockbierzeit – eine kleine Flaschenbatterie präparieren, wird den Kopfhörer überstülpen, »Alabama« lauschen und »Old Man« (mit dem Banjo von Grateful-Dead-Head Jerry Garcia). Bei »Heart Of Gold« kommt die ersehnte Rührung, und die Streicherwolke weint: »A Man Needs A Maid«. Hach, es gibt Sachen, da kommt auch die Revolution nicht ran.

»Harvest« (»Ernte«) ist ein melancholisches Album, das seine Revolution schon hinter sich hat. Love & Peace und Hippie-Anarchie waren vorüber, als die Platte 1972 erschien. Die Rockmusik, ehemals nonkonformistische Opposition, hatte die Macht übernommen und stand am Scheideweg. Hier Mainstream-Pop und der Mythos unendlicher technischer Machbarkeit, dort sein polemisches Gegenbild, ein anderer Mythos: Reprivatisierung – Handwerk, Tradition, Geschichte, vor allem verkörpert durch die Folk- und Country-Stars, aber auch durch Desperado-Bands wie

Lynyrd Skynyrd, die Eagles, die Outlaws. Ihre Gitarren-Ekstasen zelebrierten unermüdlich »Vom Winde verweht«. Die Geschlagenen der Jugend-Revolution bedienten sich an der hundertjährigen Trauer des verlorenen Südens.

Auch Neil Young schlug sich auf diese Seite, wo aus Verlust Gewinn gezogen wird. Er hat den Goldrausch besungen, die Hopi-Indianer, die Hippie-Träume sowieso. Er hat mit »Old Ways« ein reines Country-Album aufgenommen und mit »This Note's For You« eine Blues-LP. Auf seiner neuesten und dreiundzwanzigsten Platte »Freedom« klingt er immer noch wie »Down By The River« in »Blutige Erdbeeren«. Young ist kein Traditionalist. Er setzt nur auf Konstanz und bewahrt, was die Pop-Geschichte den Bach hinunterschickt, damit sie es später wieder holen kann, als neue Welle im Kreislauf des Gleichen.

Neulich hörte ich Tamara Danz in einer Talkshow über neue Projekte und über die Zukunft von Silly reden. Tamara war einigermaßen ratlos. Die Revolution liegt schließlich hinter uns. Rocker, so sie Künstler sind, teilen das Problem vieler Art-Genossen: Mit dem Sturz des alten Regimes kam ihr Thema abhanden, weil es sich so auf Freiheit bezog. Man ahnt zwar dunkel, daß Probleme bleiben, bloß wartet heute keiner mehr darauf, von ihnen via Kunst zu hören, verschlüsselt und mit Reizwort-Effekt.

Die wilden Jefferson Airplane sagten bei ihren Fernsehauftritten gern und reichlich »Fuck it!«. Die Kinder der Revolution juchzten, und das Establishment bebte. Goldige Zeiten! Heute sagt jeder, was er will. Glasnost macht eben alles kaputt. Das alte DDR-Einheitsgefühl verliert seine geregelten Fronten. Es wird sich aufspalten und damit auch die Rockmusik. Konjunktur machen wird die Unterhaltungskunst der Marktforscher und Technokraten: Lieder sind Brüder der Revolution – auch jener, die bei Aldi endet. Das erste World-Pop-Retortenbaby aus der DDR erblickt dieser Tage das Licht der ganzen Welt: Jens Müller, jetzt nur noch »J.« (englisch auszusprechen, im Unterschied zu den Initialen unseres nationalen Idols Inter City). Ja, und die anderen, die pop-unwilligen Bockerer? Die müssen die andere Musik machen, »Vom Winde verweht«, den Stolz des verlorenen Ostens. Das ist auch was mit Zukunft. Was weg ist, kann einem keiner mehr nehmen.

*März 1990*

# Allerlei mit Partei

## Rockmusik in ernster Stunde

Ach, Tommi Krüger! Der Szene-Freak mit Rabbinerbart und dem Käppi aus Teheran ist nun anscheinend auch Spitzenpolitiker geworden. Früher klaute er bei der »Jazzbühne Berlin« die ausländischen Stars, so daß die sich nach dem Konzert nicht in den offiziellen Sessions wiederfanden, sondern bei der »Kirche von unten« oder bei Abriß-Feten im Prenzlauer Berg. Jetzt traf man ihn wieder als SPD-Talkmaster, wie er in der Berliner Seelenbinder-Halle rhetorische Fragen an rhetorische Antworter verteilte. Nach allerlei populistischer Anheiterung sollte »unser Walter, der Regierende aus Berlin (West)«, wenigstens sagen, ob fremde Wahlhilfe anständig sei. Momper erklärte, fremd sei er ja mitnichten, sondern guter Freund, und auch die bundesdeutschen Sozialdemokraten ließen sich bei ihren Wahlkämpfen von grenzüberschreitendem Personal assistieren, »zum Beispiel aus Skandinavien«. Alsdann beantwortete »unser Friedrich« (Schorlemmer) die Frage, warum die SPD so viele Pastoren habe, und »unsere Anne Kathrin« (Pauk) fand Worte der Entschuldigung dafür, daß sie nicht getauft sei. Daß dieses Polit-Bummi nicht wie gewünscht zu Herzen ging, signalisierte der Zwischenruf: »Anne Kathrin, hattest du Windpocken?«

Die parteiische Einheitssauce etwas zu würzen, entlieh ich von der Sanität die Mullschere und zerschnitt einen SPD-Aufkleber. Nach einem kleinen Scrabble prangte alsbald das teuflische Kürzel auf todesmutiger Brust. Keinen Schritt mit der PDS? Nun ja, zehn, elf Schritte wurden es schon, bis eine gebietende Stimme sprach: »MACH DAS LIEBER AB!« Es folgte eine längere Suada über Schweineparteien und intelligentes Aussehen. Ich riskierte Erläuterung: »Aber ich bin doch ... Aber ich wollte doch nur ...« – Nichts da, Gysi Rider! »Ihr Kommunisten konntet schon immer zu gut diskutieren!«

Eigentlich ging's ja um Musik. Roger Chapman auf einer

SPD-Show – warum? Weil wir uns an so was wohl gewöhnen müssen. Immerhin klingt der Spiritus rector der britischen Shortlist mit seinem wölfischen Vibrato, als gehöre er der Leber-Party an. Der urige Buffo sang seine großen Heuler: »How How How«, »Hyenas Only Laugh For Fun«, »Prisoner«, natürlich »Shadow On The Wall« und nach langem Konzert noch einen dicken Block Zugaben. Chapman, im Zivilbereich umgänglich, ist auf der Bühne ein kindliches Tier. Er spuckt, er begießt sich, er wirft ein wahres Arsenal von Utensilien ins Publikum und verprügelt gern mit einem Trommelstock sein Mikrophon, das er prompt enthauptete. Leider zerstörte das auch die Legende, Chapman sei der einzige Rocksänger, der ohne Mikro genauso laut ist wie mit.

Über den schönen Blue-&-Bläser-Funk der Zöllner schreibt man nie, weil man ihn zu häufig hört. Zuvor die Mixed Pickles, deren Sänger Marcus Loenning die Auferstehung von Dr. Jekyll & Mr. Hyde präsentierte. Die Band gefällt mir besser, wenn sie nicht aus der Gruft krabbelt. Und wenn Loenning, unter Schreien gutturaler Schändlichkeit, das Licht der Welt in seiner obligaten Mülltonne versenkt, dann wirkt er viel netter, als er möchte.

SPD & Chapman war der Schlußpunkt einer langen Konzertreihe, die Ende Februar/Anfang März von der neugegründeten Ost-Berliner Agentur »Musikladen« auf die Beine gestellt wurde. Ich hörte nicht alles, nicht Tangerine Dream und auch nicht Grace Jones – zum Glück, wenn man, wie gewöhnlich, Thomas Melzer von der »Berliner Zeitung« trauen darf. Frau Jones bot demnach kein Konzert, sondern Kopulations-Aerobic zu Tonbandmusik. Da lobt man sich sogar Revivals wie das von The Marmelade, jener Sixties-Beat-Crew, die immer konsequent so klang, wie sie heißt. Aber Respekt: Was DDR-Plattenumsatz betrifft, gehören The Marmelade vermutlich zu den drei meistverkauften Bands. Die anderen beiden sind The Tremeloes und Christie (»Yellow River«). Ältere Semester erinnern sich, daß in völliger Platten-Wüstenei als einzige Oasen die sogenannten Polen-Shops in Berlin und Leipzig blieben. Dort müssen Millionen der genannten drei LPs verkauft worden sein. Besonders Soldaten erwarben meist gleich im halben Dutzend. The Marmelade beim Barras – ein rührender kleiner Trost für alles, was dort fehlt.

In Berlin bedachten The Marmelade das Fähnlein ihrer Aufrechten mit eben dem Spruch, den vor zwei Jahren auch The Tremeloes für angemessen hielten: »Danke! Ihr macht ein paar alte Männer sehr glücklich!« Aber damit nicht genug, sie hatten noch was in petto: Dave Dee, den singenden Polizisten des Teeny-Quintetts Dave Dee, Dozy, Beaky, Mick and Tich. Au weia, den gibt's noch? Angetan mit einer Art Goldbroiler-Folie und auch sonst nicht am Verhungern, schmetterte er »Bend It«, »Legend Of Xanadu«, »Zabadak« und derlei Perlen mehr. Es war einigermaßen schrecklich, aber denk mal, du bist fünfzehn und stehst mit deinem Konfirmationsradio an der Göpenstraße in Sangerhausen, und Luxemburg pfeift, und du bist furchtbar verknallt in Christiane, die zickige Tochter des Eismanns.

Als Mitte der Siebziger The Rubettes schmalzten, hatte der Briten-Pop seine sportliche Keuschheit längst eingebüßt. Die schnieken Buben mit den Ballonmützen waren vom ersten Tage an Revival. Heuer hielten sie den zweiten Aufguß ein drittes Mal unter den Boiler. Ihren Auftritt bis zum Schluß verfolgt zu haben, kann ich mir nicht verzeihen.

Es sei gewagt: Marius Müller-Westernhagen ist nur schwierig zu ertragen. Weniger deshalb, weil er mit großem Erfolg nicht singen kann. Der Opportunismus stört, mit dem sich dieser Entblößer neudeutscher Sinnlichkeit als undressierter Mann geriert. Mit Pfefferminz bin ich dein Prinz, Wrigley Spearmint Gum, sag dem Abenteuer, du nimmst Cliff, denn Cliff ist anders. Müller-Westernhagen ist auch anders – anders als Peter Maffay, Rio Reiser, Purple Schulz und was der bundesdeutsche Rock-Schlager noch an Alternativen in die Auslage schiebt. Lieber als »Theo gegen den Rest der Welt« mag ich die treuherzige Wildheit der Heavy-Metal-Gangs, die scharf wie Nachbars Lumpi von junger Lust und Liebe im Fahrstuhl röhren. Mad Sinner aus dem Schwabenland vermittelten derartiges Gedankengut und erinnerten daran, daß der Typus des Gitarrenvirtuosen am ehesten noch bei den geschmähten Jungs in Leder angetroffen wird. Außer ihnen spielten auch die Nachwuchs-Heavies von Eric & The White Boys anstelle von Uriah Heep, denen ein günstiger Studiotermin wichtiger war als das Konzert in der Seelenbinder-Halle.

Simply Reds Konzert gefiel. Feuerschopf Mick Hucknall aus Manchester ist einfach ein richtiger Sänger, sehr weiblich in Timbre und Bewegung, schön, gelöst und froh. Sein Intro sang er allein im Dunkel zur akustischen Gitarre, dann kam die achtköpfige Band hinzu. Die Bläser, der Baß-Motor, die punktierende Gitarre – das läuft alles, und »Will You Still Know Me By Now« ist eine vollendete Belcanto-Schnulze. Was Hucknall fehlt, ist Kühnheit, als Typus und als Komponist. Zu eintönig wirkt mit der Zeit das Repertoire, und das Kalkül schlägt durch: Gebrauchsmusik. Es scheint, daß Simply Red nach kometischen Gründerjahren nun als gute weiße Soul-Band seßhaft werden wollen.

Ein Mammutprogramm war »Berlin in concert '90«. Radio 100 präsentierte sechs Berliner Post-Punk-Bands – drei Ost, drei West. Von hier kamen The Fate, Big Savod und Herbst in Peking, von drüben Die Stricher, Die Testbildtesters und Plan B. Die Bands Nr. 1, 3 und 6 fielen auf, als vitaler Nervtöter auch Nr. 5, eine siebzehnköpfige Punk-Bigband. »Die Testbildtesters«, erläuterte das stark analphabetische Programmheft, »das heißt: Hau rein – and get the groove.« Plan B, zu Recht im Finale, zeigten alles, was man von einer »anderen« Band erwarten kann: Tempo, hektische Gitarrensongs, rotziges Selbstgefühl und den Biß der Underdogs. Politisch sind sie übrigens auch. »Laßt Schönhuber nicht rein«, empfahl Sänger Jonny. »Schmeißt ihn in die Ostsee. Und Kohl gleich mit.« Nazis-an-die-Laterne-Antifaschismus? Wenigstens verlor man im Falle von Plan B den Verdacht, diese dünnen Jungs investierten ihre Überschüsse an nervöser Energie nur zufällig in Musik und könnten ebensogut Fußball spielen oder Rimbaud kopieren.

Ganz anders Wishbone Ash. Die Gitarren-Kultband der siebziger Jahre hatte nie eine andere Identität als Musik. Das 1969 in London gegründete Quartett ist bis heute ein glücklicher Fall der Versöhnung von Individualismus und Ensemblespiel. LPs wie »Argus«, »Pilgrimage«, »There's The Rub« und das Doppelalbum »Live Dates« gehören zu den festlichen Taten der Rockgeschichte. In den achtziger Jahren verpaßte sich die Band ein Heavy-Image, das ihre Stärken überdeckte, was auch das Leipziger Gastspiel Ende 1986 nicht ganz ohne Enttäuschung ablaufen ließ. Jetzt haben sie die Ur-Besetzung wieder beisammen, und Andy

Powell, der härtere Gitarrist, kann mit dem fraulichen Ted Turner wie ehedem zu jenen langen dramatischen Derbys ausreiten, von denen sie wunderbarerweise immer Kopf an Kopf in die Stücke zurückgeprescht kommen. Am besten reiten sich die Klassiker: »The King Will Come«, »Throw Down The Sword«, »Jail Bait«, »Blind Eye«, »Lady Whisky«, das endlose »Phoenix« ... Diese Nummern haben eine Spannkraft und einen Willen zur Emotion, wie man sie im Pop-Gezappel kaum noch riskiert. Wishbone Ash, verglichen etwa mit Simply Red, zeigten zweierlei: wie selten wirklich große Rockmusik ist und wie man sich deshalb allgemach mit dem bescheidet, was statt dessen kommt. »Wenn du nicht kriegen kannst, wen du liebst«, sangen Crosby, Stills & Nash, »dann liebe, wen du hast.« Aber das ist doch traurig. Irgendwann hört dann wohl auch das Lieben auf.

*März 1990*

# Augen zu und Mund auf!

## Molly Hatchet, Edgar Winter, Charlie Daniels, die Beat Farmers und das kleine Herz in der großen Welt

*»I'll be down to get you in a taxi honey*
*Better be ready by half past eight*
*Now, honey don't be late*
*I want to be there*
*When THE BAND starts playing ...«*
The Band

### 1

Wanderer, kommst du nach Ost-Berlin? Dann begib dich zum Prenzlauer Berg, dorthin, wo Schwedter Straße und Kastanienallee sich kreuzen. Hier, fernab aller Kastanien, dämmert still eine graue Kapelle des Widerstands: vier Säulen, ein Dach, darunter ein Münz-Telefon. Hier pirschte zur Eiszeit in manch klirrender Winternacht ein Mensch sich an, warf seine letzte, erfrorene Ost-Mark ein, wählte und erbat, wenn Christian Graf vom RIAS abnahm, Rocknummern vom Feinsten und Fernsten: »Crossroader« von Mountain, Ten Years Afters »I'm Coming On«, »Forgotten Roads« von If... Herr Graf, geschmacklich verwandt, überspielte die Fossilien dann in der übernächsten Donnerstagnacht aus dem amerikanischen Sektor aufs östliche Band. Mit Widmung. – Wanderer, kommst du? Denke an Blumen!

Richtig, dies ist eine weitere Verherrlichung des geborgenen Lebens in unserer guten, alten Partei- und Heimatrepublik. Da gab's noch Glauben, nicht diese wendige, seichte Sünderei. Ein langgesuchter Rocksong war Choral und ein endlich erschienenes Buch mehr Bibel als die Bibel ein Buch. Mir klagte damals im »Metzer Eck« ein pikierter Hamburger, Ostlern könnte man nicht mal klarmachen, was Postmoderne ist. Ganz recht, so was brauchten wir nicht. Unsere Weisheit kam aus Muße und Betrachtung. Synchrone Dissonanzen und die Gleichzeitigkeit des Ungleichzeitigen blieben jenseits unserer ewigen Provinz, deren gemütliche Uhr bestens nach Sommer- und Winterzeit unterschied. Unsere Puhdys fabrizierten Volksmusik, nicht jene multikulturellen Collagen, in denen Lübecks Orgeln und die Trommeln von Bali »Blue Kentucky Rose« intonieren. Ich war noch nicht auf Bali, noch jemals in Lübeck und Kentucky oder auch nur in Schwerin. Noch darf ich Heimatdichter sein. Ich preise nicht das globale Dorf, nein, ich raisonniere (denn polemisch ist mir manches möglich); ich schmähe die Heimat- und Geschichtsvergessenheit der saisonalen Jet-Set-Popper; ich nenne ihr polyphones, ach was sage ich: polygames Augenblicks-Vergnügen multiplen Quickfick. Denn im Anfang waren nicht Hahn und Henne, im Anfang war der Sinn.

## 2

Sinn braucht Zeit. Also langsam mit dem Dammbruch! Berliner sind wieder mal im Vorteil. Häppchenweise können sie den Westen kosten. Ich bin vom Dorf, un wat de Buur nich kennt, dat fret hei nich. Noch einmal die skeptische Landnahme, durch die der Zugereiste sich schon 1978 scheu und ironisch ein Berlin gewann. Aber in diesem passiert so viel zugleich. *The band starts playing*, bloß welche?

Molly Hatchet. Immer sucht man beim Vertrauten das erste Willkommen. Hatchet live – für mich ein historisches Datum, für Wessis ein Dienstag im »Metropol«. Ach, und ich dachte, die letzten Helden des Southern Rock würden Stadien füllen. Vor knapp dreihundert Überlebenden trabt die konföderierte Kavallerie aus Jacksonville/Florida auf die Bretter. Sänger Danny Joe Brown fuchtelt mit dem Dreizehn-Sterne-Banner, Duane Roland und Bobby Ingram lassen die Gitarren heulen, und dann stampfen die alten Schlachtrosse durch das geliebte Repertoire: »Beatin' The Odds«, »Boogie No More«, »Flirtin' With Disaster« ... Dann kommt das Schönste: Die Bühne wird dunkel, Danny Joe läßt sich nieder und bläst auf seiner Harp ein langes Intro für »Whiskey Man«. Die Jungs von Monokel würden weinen, wenn sie nicht gerade im Erzgebirge spielten. Es muß eine Würdigung für DDR-Bands geben, die, wie Monokel, über Jahre hinweg in Stellvertretung abwesender Originale deren Fans beglückt haben, ohne nur Kopie zu sein. Nun kommen die Originale und klingen wie Monokel. Allerdings lauter. Das Interview nach dem Konzert wird schwierig, wegen Ertaubung. »Danny, ihr wart zu laut!« – »Du bist zu alt.«

Das nächste Konzert führt an denselben Ort, nur hat sich die Hörerschaft nochmals halbiert, als Edgar Winter und Rick Derringer zur »White-Trash-Tour '90« rufen. Man bedenke: Winter und Derringer sind Säulen. Mit »Roadwork« haben sie 1972 eines der größten Live-Alben aller Zeiten fabriziert und brachten als weiße Soul-Brothers ein schwarzes Mekka zum Kochen: das Apollo-Theatre von Harlem. Edgar Winter (Jahrgang 1946) ist der jüngere Bruder von Johnny und gleicht dem texanischen Albino-Gitarrenstar aufs Haar: schlohweiß die strähnige Mähne, rote Augen, raspelndes Soul-Falsett. Allerdings folgt Edgar diffuseren Konzepten als der strenge Blues-Mann Johnny, auf dessen Alben »Second Winter« (1970) und »Together« (1976) beide Brüder zu hören sind.

In Berlin spielt Edgar auf Alto-Sax und Keyboards ein Rock 'n' Soul-Gemisch von »Frankenstein« bis »Hang On Sloopy«. Rick Derringer hat vorzügliche Soli, besonders in seiner Glanznummer »Rock And Roll Hoochie Koo«. Das Fähnlein der Aufrechten schreit so lange nach »Tobaccoroad«, bis die fünf New Yorker zum glücklichen Ende eine Zwanzig-Minuten-Version von John D. Loudermilks Klassiker herausrücken: »I've got a little Blues for you ...« Jubel! So ganz wie auf »Road Work« reicht Edgars Luft nicht mehr zum längsten Schrei der Rockgeschichte, so ganz ungelebt sieht auch Rick Derringer nicht mehr aus – White Trash, weißer Krempel. Aber es schwitzt, es läuft, es lebt – hic Harlem, hier sind wir, mit den drei Feuerzeugen. Mag das übrige Berlin getrost seine Stones erwarten, fünf teure, lärmende Menschlein, hautnah bis auf zweihundert Meter.

Für Charlie Daniels und seine Crew aus Tennessee ist New York nur irgendein nördliches Nest wie Detroit oder Washington D. C., »wo diese Typen auf ihrem Capitol Hill hocken und Politik machen ohne Ahnung von den wirklichen Leuten«. Das klingt fast wie beim Festival des Politischen Liedes, und Charlie ist auch politisch, aber eher andersrum. »Den nächsten Song widme ich einem wunderbaren Mann und guten Amerikaner. Wir schulden ihm Dank und Respekt, denn er starb für uns alle.« Nein, nicht Jesus. »Er fiel in Vietnam.« Southern-Bands traktieren oft einen selbstgefälligen Amerikanismus, den wir immer noch reaktionär nennen dürfen: viel martialische Nabelschau, Macho-Liebe, Blut und Boden und gewiß auch latenter Rassismus. Man sieht so gut wie keinen Farbigen, als die Charlie Daniels Band im US-Soldatencamp zu Berlin-Dahlem ihr Open Air spielt. Sicherheit ist alles. Zuerst wird man von GIs befummelt und befunkt, dann muß man durch eine Art Time-Tunnel-Radar, und dann will diese kleine Army-Mieze die 30 DM Eintritt. Aber ich bin doch vom transatlantisch berühmten »Sonntag«, der so viel für die Revolution im Osten getan hat. »O. k., have fun!« Das ist aber lieb.

Charlie Daniels, um die fünfzig, hat ein Dauervisum für die Grenze zwischen Southern Rock und Country Music. Im Unterschied zu früheren Platten wie »Saddle Tramp« (1976) sitzt er seit längerem ein bißchen fest im Country-Lager mit seinen Hillbilly-Tunes und seiner Geige. Das hindert Charlie, den Entertainer, aber nicht an schwülstigen Grabreden für tote Southern-Helden wie Ronnie Van Zant und Allan Collins von Lynyrd Skynyrd. »So wahr es den alten Mann da oben gibt, so wahrlich sehen Ronnie und Allan vom Himmel auf uns herunter und warten auf das, was wir alle am meisten lieben: Southern Rock'n'Roll.« Und dann kommt »Simple Man«. Bloß nicht lachen – diese Army-Typen mit ihren Frauen auf ihren Picknick-Decken sind alle völlig ergriffen und beglückt, blitzen sich mit Polaroid, futtern Popcorn und schlürfen Budweiser (»This Bud's for you!«). Bei fortgeschrittener Stimmung gehen dann Hopfen und Malz verloren. Gern gießt man sich den guten Tropfen aus St. Louis gegenseitig übers Haupt. Sweet Home Alabama!

Und nun nach Texas. Aus Houston kommt ein Quartett, das an Spielwut und bodenständiger Virtuosität seinesgleichen sucht: The Beat Farmers. (Platten-Tip: »Van Go«.) Das bäurische Ensemble spielt sein südliches Gitarrenbräu aus Folk, Blues und Rock'n'Roll nach dem Rotationsprinzip: Jeder muß mal an jedes Instrument. Wenn Jerry Raney, der erste Gitarrist, fertig ist mit »Johnny 99«, »Lucille« und »Blue Chevrolet«, dann kriegt Bassist Rolle die Klampfe, Raney geht ans Schlagzeug, und ein Urvieh steigt aus dem Trommelwerk: Country Dick Montana. Der bärtige Hüne im Präriemantel hat drei Solo-Auftritte, die er geschickt zu steigern weiß – durch Budweiser, das die Band palettenweise mit sich führen muß. Beim ersten Solo kippt sich Country Dick die Brühe ins Hemd, beim zweiten in den Hut, zwecks Kühlung von oben. Beim dritten Mal geht's leider unter den Gürtel, den Dick lockert, um auch das Übrige zu kühlen und zu netzen. »Schön ist das nicht«, bemerkt Montana selbst, »aber denkwürdig.«

Oh, jetzt plumpst er von der Bühne auf einen allzu nahen Fan, der ihn rittlings in die Mitte des kleinen »Loft« tragen muß. Wenn dann alles um ihn herum beim »Camping« sitzt, erzählt Dick, mit Johnny-Cash-Organ und durchaus nicht ohne zu rülpsen, die schrecklichste Geschichte seines Lebens: Die Beat Farmers spielten mal in einem New Yorker Club, in dem es keine ordentlichen Garderoben gab. Nach der Show suchte Montana den Raum, wo sein Zeug lag, und wer kam ihm entgegen? Der Sänger von Duran Duran. Das Entsetzen muß gegenseitig gewesen sein. Lieber unkundiger Leser: Die Beat Farmers und Duran Duran vertragen sich wie Karl Marx und Karl Lagerfeld.

**3**

Jaja, wir müssen nach Amerika. Karl Lagerfeld gewann die Wahl. Leb wohl und prost, du schöner Traum von den unerfüllbaren Wünschen! Wie soll man Freiheit rufen, wenn man sie hat? Auf ins beliebige Leben! Kauf ich's heut nicht, kauf ich's morgen. Die paar Bier hier kosten genausoviel wie die »Greatest«-LP von Mountain. Da ist »Crossroader« drauf, ein Song vom Dutzend. Noch'n Bier! Wie sangen die Puhdys am Bette von Paul & Paula? »Augen zu, dann siehst du nur diese eine.« Zeitgleich mit dem Politbüro traten auch die Puhdys zurück. Sogar Cindy & Bert haben sich getrennt. Bert ist jetzt mit Ernie zusammen.

*Mai 1990*

# Milberts großer Tag

## 6. Juni 1990: Die Rolling Stones in West-Berlin

*Für Anne Dähn, die mir ihre Karte gab.*

**1**

Samstags versank Milbert in grünen Schnäpsen. Schuld war immer die Band. Stets erbat er »Satisfaction«, seinen Song. Stets schickte man ihn rüde von der Bühne, denn es war die Zeit der Ambitionen, und wer auf sich hielt, kopierte Art Rock – nichts für Milbert, den Bauernsproß. Der litt am Tresen und soff sich einen an, bis die Bands, die Milbert langsam kannten, kurz vor Mitternacht doch noch die Wunschmelodie intonierten. Milbert stürzte zur Tanzfläche, um seinen entzückten Fans eine Art Mansfelder Kamikaze aufzuführen, wobei er unablässig »Get no!« schrie. Ja, Getno-Milbert war wirklich der lokale Freak.

Die Bands, die Milbert bedienten, riskierten Ärger. Die Stones waren schlankweg verboten. Wachsame Nachdenker hatten sie als Prototypen des spätimperialistischen Schüttelkrampfes enttarnt und dieses Aufklärungsergebnis administrativ durchgestellt, auf daß auch die Disko von Langenau (Kreis Brand-Erbisdorf) Stones-rein werde. Kühne Plattenleger umgingen das Verbot, indem sie die Ansage sparten oder »Michael Jäger und sein Ensemble« ankündigten. Aber ich habe auf der Lehrlingsdisko »Jumping Jack Flash« gespielt, mit Ansage und vollem Rotz gegen die Heimleitung. Und mein Kumpel Jagger, Heizer im Kino von Sangerhausen, klaute das offizielle Vormusik-Tonband (»Eine AMIGA-Schallplatte verschenken heißt Freude spenden«) und schmuggelte »Beggar's Banquet« auf den »Smaragd«. Glückliche Obrigkeit, deren bockiges Volk sich mit solchen Spielchen befriedet.

Ein Stones-Pionier zu sein, kam ich zu spät. Der Große Krieg – hie Beatles, hie Stones – war schon vorüber. Als die Beatles abtraten, verloren auch die Stones-Fans ihr pole-

*Ron Wood, Mick Jagger (v. r., Berlin-Weißensee, 13. August 1990)*

misches Gegenüber. Überdies gestattete sich die Rock-Historie nach Ende der Hippie-Zeit ein nicht-ideologisches Intermezzo reiner Musikalität. Wer Anfang der Siebziger Rockfan wurde, kam selten auf die Stones. Ich entschied mich für den virtuoseren Bluesrock (Johnny Winter, Allman Brothers, Colosseum) und für die schöneren Seelen (King Crimson, Gentle Giant, Yes). Unsere Kultur-Erlauber waren's zufrieden, denn dies roch nicht nach Radau. Die Beatles hatte man endlich umarmt und ihnen jene sportliche Heiterkeit zugesprochen, die seit »Heißer Sommer« auch unser anerkanntes Fühlen war. Aber die Stones? Wer heute in alten Zeitungen kramt, kann nur staunen, mit welcher Naivität man hierzulande das Bad-Boys-Image der Jagger-Truppe für bare Münze nahm. »Altamont!« riefen »Junge Welt« und »Neues Leben«, wenn gelegentlich westlicher Tourneen mal wieder eine Stones-Vernichtung fällig war, und malten der behüteten Leserschaft das Szenario von »Beat und Peitsche«. Werner Pfelling in der »Jungen Welt« vom 28. 9. 1973: »... was sie machen, ist noch immer das Aufputschen des Publikums. Ekstase soll es sein, und die schlimmste Ausgeburt des kapitalistischen Kulturalltags gehört mit ins Programm – das Spiel mit Gewalt und Sadismus, wie man es aus anderen Kunstbranchen schon lange kennt (...) Das aufheulende Publikum der Beat-Massenkonzerte, die halbkriminellen und kriminellen Rocker, (...) das ist die Saat der Gewalt und der Ausweglosigkeit, die der Imperialismus immer aufs neue ernten will, um sich über die Zeit zu retten, um bei jungen Menschen taube Ohren zu schaffen für die Ideen des Sozialismus und der Menschlichkeit.«

Kein menschliches Wort. Nichts über Musik, den Zorn von »Paint It Black«, die spröde, altkluge Grazie von »Lady Jane«. Kein Herz, nur grelle Hetze. Ob die Verfasser wußten, wie sehr der plumpe Haß uns half bei der ersehnten Außenseiterschaft? Noch die kümmerlichen, verzerrten Jagger-Repros schnitt man aus und klemmte sie hinter die Klarsichthülle. Der Bann hielt hier für die Stones die Uhren an und machte sie uns zu jenen Street Fighting Men, die sie in Wahrheit nie gewesen sind. Mit Beginn der siebziger Jahre verloren sie vollends die Subversivität, in deren Namen sie angetreten waren. Die herausgestreckte Zunge – kein Wille mehr, nur noch ein Abziehbild. Sie spürten das, und ehe es andere Spatzen von den Dächern pfiffen, gaben sie es selber zu. »It's Only Rock'n'Roll« war 1974 das Ja der Stones zum Profanen. Wir hatten Profanes genug und wünschten die Dinge dahinter. Man mußte, wie gesagt, die Stones nicht mögen, doch die Kühnheit half bei allem, was wir taten. Aber wer merkte, daß wir Adler waren?

## 2

Schlag neun krachen acht bengalische Fontänen hoch. Die Band steht plötzlich da. Mick Jagger im blauen Seidencoat stürzt die Bretter entlang: »Start Me Up«. Die Rolling Stones. So sehen sie aus; man ahnte es.

Die Bühne ist riesig, mit breitem Steg nach links und rechts, damit Jagger von einer Eckfahne zur anderen sprinten kann. Seßhaft hämmert ihm die Band hinterher. Die Stones, das sind außer Jagger, Keith Richards, Ron Wood, Bill Wyman und Charlie Watts heute auch die Keyboarder Chuck Leavell und Matt Clifford und die röhrenden Uptown Horns des New Yorker Saxophonisten Bobby Keys. Und natürlich ein paar farbige Gospelinen, die im Chorus von »Tumblin' Dice« so beglückend »Baby!« juchzen. Überhaupt laufen die mittelschnellen Boogie-Nummern am besten: »Brown Sugar«, »Jumping Jack Flash«, »Honky Tonk Woman«, wobei sich das Publikum an zwei riesigen aufblasbaren Puff-Töchtern erfreut. Aber schon »Ruby Tuesday« zeigt, was sich in »Angie« und »Gimme Shelter« wiederholt: Töne lassen sich erneuern, Passionen nicht. »You're Not The Only One With Mixed Emotions« – die Stones kommentieren ein Dilemma, das sie nicht verhindern können: Songs, die längst aus ihrem Besitz in unseren gewechselt sind, reißen sie wieder an sich und schleudern sie, rabiat vergröbert, erneut unters Volk. »Ruby Tuesday« im stampfenden Takt von achtzigtausend Klatschern ist ein Ding der Unmöglichkeit. Anders die Stücke, die immer Theater waren. In »Street Fighting Man« ringt Jagger, St. Georg in Jeans, mit aufgepumpten Bluthunden. »2000 Light Years From Home« zelebriert er als Tanz im Nichts und für nichts als die elektronische Zeitschleuse, die ihn – halb Comic, halb Major Tom – als Sixties-Serie düsterer Cartoons auf die Leinwände malt. Dann ist er weg. Dann ist er wieder da, oben auf dem Turm, dreißig Meter über der Bühne. Feuerwerk umtobt sein Haupt, als Mick von der Tempelzinne »Sympathy For The Devil« beginnt.

Aber Luzifer ist nur noch Erinnerung. Als Dämon hat Jagger aufgesteckt; man dankt ihm das. Mick Jagger in Berlin: ein kleiner, zappeliger Mann von sechsundvierzig Jahren, eitel (ein Konzert und vier Garderoben), agil und freundlich. Alle Musiker stellt er vor, bekundet Glück, hier zu spielen, und fragt deutsch: »Wollen Sie alle mit mir singen?« Niemand wird bepöbelt und bespuckt. Ein Strauß Rosen fliegt verächtlich ins Bühneneck; Verruchteres tut der Schreckliche an diesem Abend nicht.

Jagger, Jagger. Die Seele der Stones heißt Keith Richards, zerfurchter Ur-Rocker mit Stirnband und Röhrenjeans, Patenthalter für jene knochentrockenen Riffs, die in Ermangelung ästhetischen Ehrgeizes wenigstens genial genannt werden. Richards klampft gültig und faul, schlurft treffend durch die Songs und überläßt die meisten Soli Ron Wood. Dann hat er, Jagger zu schonen, ein Zwei-Song-Solo mit »Happy« und »Can't Be Seen« – ein nervendes Werk, an dem er aber Freude zeigt. Längst brennen auf den Rängen des Olympiastadions die abertausend Wunderkerzen, la ola kreist durch die Nacht, und auf dem Rasen der blauweißen Hertha tanzt das erleuchtete Volk. Es schlendert, träumt, küßt. Randale und Wut sind nicht mal zu ahnen bei dieser lieben, alten Band. Und nun schreien wir sie noch mal raus und kriegen »Satisfaction«.

Wer Musik mag, hörte Besseres in letzter Zeit: Joan Baez' wundervoll verschliffenes Tremolo oder Gary Moores Rückkehr zum Blues in einem Tempodrom-Konzert, das seinem fabelhaften neuen Album »Still Got The Blues« nichts nachgab. Kaum gehören die Stones noch auf diese Seite, eher zu Tina Turner, die ich in der Waldbühne – hörte? sah? Tina war ernüchternd perfekt und füllte den ihr gewiesenen Rahmen völlig aus: Showtanz mit Löwinnen-Stimme (und Bläsersätze vom Band). Die Rolling Stones laufen weniger Gefahr, in der Inflation des Pop musikalisch pleite zu gehen. Dem haben sie vorgebaut mit Verdiensten, die lange zurückliegen, aber gut investiert wurden. Für immer sind die Rolling Stones *die* Immobilie der Rockgeschichte. Bloß – wie begännen sie heute? Zorn ist jetzt Pose, und eine sehr gute Band sind sie nicht.

## 3

The day after. Etwas Merkwürdiges ist gestern geschehen: Ein Superlativ hat sich erledigt. Was soll nun noch kommen? Die Beatles? Paul McCartney: »Solange John Lennon tot ist, werden wir nicht zusammen auftreten.« Ein Glück.

Noch leben wir DDR-Menschen in einer Rangordnung von Träumen, in der gründerzeitlichen Hierarchie, um Stufe für Stufe auf DAS BESSERE zuzuschreiten. Aber dort oben, wo es uns hinzieht, wartet niemand auf uns, und falls wir hinaufgelangen, nimmt keiner Notiz. Es ist uns erlaubt, doch ihnen egal. Der eigentliche DDR-Schock steht noch aus; er kommt als Relativierung unserer Freuden und Werte. Wir werden uns poplig finden, ein mäkelndes Käufer-Geschlecht, dessen irrende Wünsche keiner erlöst. »I can't get no satisfaction.« Doch, gestern war Milberts großer Tag. Und nun?

Die Songs vom 6. Juni 1990

»Start Me Up«
»Sad Sad Sad«
»Harlem Shuffle«
»Tumblin' Dice«
»Miss You«
»Almost Hear You Sigh«
»Ruby Tuesday«
»Angie«
»Rock And A Hard Place«
»(You're Not The Only One With) Mixed Emotions«
»Honky Tonk Woman«
»Midnight Rambler«
»You Can't Always Get What You Want«
»Can't Be Seen«
»Happy«
»2000 Light Years From Home«
»Sympathy For The Devil«
»Street Fighting Man«
»Gimme Shelter«
»It's Only Rock'n'Roll (But I Like It)«
»Brown Sugar«
»Jumping Jack Flash«
»(I Can't Get No) Satisfaction«

*Juni 1990*

# Baßknecht in der DDR

## Jörg Schütze und Monokel

[»Berlin, Stadtmitte. Ein langhaariges Etwas, in knieengen Hosen mit nachgeweitetem Schlag (Keilarbeit) sowie tailliertem Blaujäckchen (genietet), entsteigt dem U-Bahn-Schacht, und zwei Mädchen kichern sich eins. Weil's nicht Lots Weib, sondern mehr männlich ist. Auch am Bahnhof Friedrichstraße kämmt sich nicht Fräulein Lorelei das wallende Blondhaar – ein Männlein klein befummelt seine naturgewachsene Innenrolle. Und an der Karlshorster Rennbahn vorbei treibt ein dünner Jüngling – schwarzhaarig bis unter den Kragen – für Comanat Reklame. Kommentar eines gefühlvollen Mittelscheitelträgers: ›Du siehst ja aus wie olle Rasputin!‹ Antwort: ›Und du, Vata, loofst ja ohne Kopp rum!‹ Hugh, der Superpilzkopf hat gesprochen.«

Peter Gauglitz heißt der Verfasser dieser historischen Zeilen. Sein Werk] »Harter Beat und weiche Kissen« erschien Oktober 1965 im »Eulenspiegel«, dem einzigen Satire-Wochenjournal in der DDR. Auf dreieinhalb Seiten dämmte der Autor die östlichen Ausläufer der Beat-Welle, jenes spätkapitalistischen Schüttelkrampfes, dem im Sozialismus ja jede Grundlage fehlte. »Die Haarlekine von Lichtenberg« beschrieb Gauglitz als lächerliche Minorität von Langhaardackeln: »In Berlin gibt es etwa zwanzig. Und diese zwanzig mit dem Haaraufkommen des Heiligen Franziskus haben nicht nur den überharten Saitenschlag der Rollenden Steine im Ohr; sie haben echte Sorgen. Nachwuchssorgen. Für das Auswachsen ihres Häufleins zu einer haarigen Massenbewegung gebricht es ihnen an Nährboden; [denn die Jugend (...) liebt zwar auch bei uns mehr Beat als Beethoven, sie ist für Rhythmen frisch vom Sägewerk, sie schreibt aber auch ›Philosophie‹ mit zwei ›Ph‹ und fühlt ziemlich sicher, was nur lustig und was lächerlich ist. Und] da hierzulande ein Klima herrscht, in dem nicht nur die Haare wachsen, sondern auch der Verstand, dürfte über kurz oder lang mit einem gesunden Haarausfall zu rechnen sein.«

»Kamm drüber!« empfahl bereits die Titelseite dem abgebildeten Bassisten Jörg Schütze, schon damals Speiche genannt. Die Empfehlung war überflüssig, denn bei Erscheinen des Werkes hatte Speiche nicht mehr viel zu kämmen. Er saß im Gefängnis. »Wegen versuchter Republikflucht. Wir waren ein ganzer Trupp und wollten über das Betriebsgelände von Bergmann-Borsig abhauen. Das lag direkt an der Mauer. Wir teilten uns. Die ersten wurden gleich geschnappt. Ich zurück, aber natürlich kam's raus. Ich wurde von der Bühne weg verhaftet. [Die erste Zeit im Knast lief ich noch mit meinen Bühnenklamotten rum, und jeder dachte, ich hatte sie nicht alle.«]

Zwei Jahre, 1965 bis 1967, verbrachte Speiche in Einzelhaft. Darüber spricht er nicht gern. Er blättert im »Eulenspiegel«. »Siehst du den hier? Peter Vogel, auch einer von unserer Truppe. Elendig gestorben ist er, an vergälltem Industriesprit. Er mußte Vortrinker spielen für die alten Knastbrüder.« Ein anderer Kamerad brachte es zu zweifelhafter Prominenz: Achim Mentzel, damals Gitarrist des Diana-Show-Quintetts, heute volkstümelnde Ulknudel im DDR-Fernsehen – ein rosa Dickerchen, das die Tugenden von Tony Marschall und Roberto Blanco vereint.

Derart abtrünnig ist Speiche nie geworden. Der Mann, der figürlich seinem Spitznamen Ehre macht und heute noch die Mähne trägt, verkörpert mit nunmehr vierundvierzig Jahren ein wandelndes Kapitel DDR-Rockgeschichte – freilich nicht der offiziellen »Unterhaltungskunst«-Historie, der mit systembeflissenen Medien und FDJ-Kunstpreisen nachgeholfen wurde. Schütze war 1962 am Baß einer Band gestartet, die sich schlicht Die 62er nannte: »Wir spielten Stücke von den Shadows, von Little Richard, Johnny & The Hurricanes. Unser großes Vorbild waren die Lords in West-Berlin. Mein nächster Verein hieß dann Diana-Show-Quintett.« [Andere DDR-Bands der ersten Stunde waren Sputniks und Franke-Echo-Quintett betitelt.]

Speiches Eltern: »ganz normale Leute«, Lokführer und Kindergärtnerin. Zum DDR-Beatle gemacht hat ihn der große Bruder (allerdings Jazzfan) und eben diese lähmende Normalität, die hausgemachte Bescheidung, die den Staat und seine Bürger immer begleitet hat. Aus heutiger Sicht ist die »Beat-Welle« eine rührende Form der Insubordination gegen konformistische Bräuche gewesen. Lichtenberg, seinerzeit Revier von Speiche & Co., gilt heute als Zentrum der Ost-Berliner Faschos und Skinheads. Damals ging es friedlich zu. »Die Keilerbanden aus der Rock'n'Roll-Zeit, die Schlägertypen, waren abgetutet. Bei uns gab's keine Gewalt.« [Das Image der Gewalttätigkeit wurde den Langhaarigen und ihrer Musik immer wieder aufgenötigt, mit vorzüglichem Hinweis auf das 65er Stones-Konzert in West-Berlin, bei dem das Publikum die Waldbühne demoliert hatte. Dankbar notierte jedoch Peter Gauglitz in Lichtenberg, daß »Cäsar Springers große Anheize nicht bis in die Fredersdorfer Straße ausstrahlt. Eine Mauer ist dazwischen.«

Harmlose Zeiten? Vielleicht. Wir fühlten anders; Druck bemißt sich nach Gegendruck. Damals war es kein Einzelfall, wenn »Kunden« mit Mähne und Radio beim friedlichen Promenieren mit der Kofferheule bei der *Verbreitung westlicher Propaganda* per »Bullentaxe« eingefangen und auf dem Revier behördlich geschoren wurden.]

Bis 1971 hielt die offiziöse DDR-Kulturpolitik die Uhren an und Rockmusik draußen. Der VIII. SED-Parteitag 1971 machte die Tür nicht auf, aber manches Fenster. Rockmusik war nun statthaft und mehr. *Man* erklärte *jugendgemäße Tanzmusik* zum *Ausdruck des Optimismus und der Lebensfreude*. Freilich mit Auflagen. Die just entstehenden Diskotheken wurden verpflichtet, 60 Prozent ihres Repertoires aus DDR-Titeln zu bestreiten (woran sich niemand hielt). Über Zulassung und Honorar-Rechte einer Band entschied jeweils eine regionale Kulturkommission, deren ideologische Kompetenz oft weitaus größer war als ihre musikalische. *Einstufung* hieß die Prozedur. [Übrigens hatten die Bands eigene Texte stets in Deutsch zu verfassen. Als Anordnung klingt das diktatorisch; im Effekt war es häufig erfreulich. Beim heutigen Hören erstaunt man über Ästhetik und Dringlichkeit damaliger Produkte:

*»Alles ist im Fließen,*
*alles ist im Gehn.*
*Sterne rasen auch, wenn*
*wir sie stehen sehn (...)*
*Schwere Bahnhofsdächer*

*über uns gestellt,*
*Gleise wie ein Fächer*
*in die ganze Welt.*
*Zeit für mich!*
*Weine nicht –*
*ich behalt dein Gesicht,*
*wie man auch sein rotes Blut gefangenhält.«*

So die Klaus-Renft-Combo, von Kurt Demmler betextet. Und die Bürkholz-Formation:

*»Ruft dich jemand: ›Jesus!*
*Geh mal zum Frisör!‹*
*Such nicht unterm Lid so schwer*
*seine Seele am Grabesrand.*
*Kaufe ihm vom Taschengeld*
*Klebstoff, Duosan,*
*daß er, wenn sein Hund laut bellt,*
*ihm den Mund zukleben kann.*
*Sei kein Vulkan,*
*der, zu hitzig,*
*niemals nützlich*
*sein kann.«*

Wer nur die Texte zur Kenntnis nimmt, wird kaum glauben, daß man so etwas singen konnte. Man konnte. Verglichen mit frühen *lyrics* von Genesis oder Yes sind das keine übertriebenen Verse. Überhaupt orientierten die DDR-Rocker Anfang der siebziger Jahre ihre Ambitionen gern am Art Rock, jenem britischen Stil, der die komplette Hirn- und Fingerfertigkeit junger, bürgerlicher Konservatoriums-Absolventen in den Rock'n'Roll integrieren wollte. Kunst sollte es sein, und unsere Kultur-Obrigkeit war's zufrieden, wenn sich aufmüpfige Überschüsse hübsch zu ästhetischen Locken drehten. Doch blieb es nicht bei Lyrik mit Cembalo. Die Klaus-Renft-Combo wurde 1975 verboten, weil sich in ihren Songs immer ungeschminkter Opposition formulierte. Das Ende der Bürkholz-Formation war bezeichnend: Texter Gerulf Pannach (auch für Renft tätig) ging in den Westen, Sänger Hans-Jürgen Beyer wurde Schlagerstar.]

Mitte der siebziger Jahre propagierten spröde Jugendpublikationen gewissermaßen ex cathedra das Ende des Rock-Separatismus. Rock, Schlager und was der Jugend sonst noch behagte, hätten sich zu mischen (gemeint waren die Rockfan-Scharen, die man zu verdünnen wünschte). Mit Hinweis auf den *internationalen Trend* wurde den Bands *Tanzbarkeit* nahegelegt. Bei Wohlverhalten winkten FDJ-Fördergelder, Hilfe bei der Beschaffung von westlichem Equipment und wohlgefälligen Referenzen fürs DDR-Rockplatten-Monopol AMIGA. Ungelittene Bands mochten durch die Kulturhäuser tingeln, falls der örtliche Veranstalter sich mit ihnen zu ärgern wünschte – eine LP herauszubringen, bekamen sie kaum eine Chance. Wer brav blieb, verdiente gut in einem Land, das die westlichen Stars nicht hereinließ. Wer sich nichts sagen ließ, erwog Auswanderung. Nach 1976, nach der Biermann-Ausbürgerung, verließ auch eine Reihe von Rockmusikern das Land gen Westen. [Sie hatten in der DDR nicht Biermanns Repressalien auszustehen gehabt, aber das geistige Klima wurde immer enger.]

Speiche blieb. Er war inzwischen Mitbegründer einer Bluesrock-Band namens Monokel. Die Truppe wurde ein für DDR-Verhältnisse außerordentlich erfolgreiches Unternehmen, vor allem unter Blues-Freaks. Man muß wissen, daß Blues zu hören in der DDR ein nonkonformistisches Glaubensbekenntnis darstellte. Überhaupt wurde und wird in Musik Lebensphilosophie hineinprojiziert, wo der Westler schlicht Unterhaltung erkennt. Anders als die Liedermacher oder kritische Rockbands wie Silly und Pankow äußerten die Blueser ihr subkulturelles Unbehagen nicht als Attacke, sondern als Verweigerung: *easy living*, Immunität gegen Köder wie Karriere und Konsum. Bands wie Kerth aus Erfurt oder Engerling aus Ost-Berlin besitzen eine nimmermüde Gefolgschaft melancholischer Spät-Hippies, die abnehmendes Haupthaar und die Siege des Körpers über die Seele musikalisch kompensieren. Monokel besaß, dank härtester Gangart, noch weitere Anhänger: Die Band verlegte sich auf Southern Rock, jene in Florida kreierte Mischung aus Folk, Country, Blues und Rock'n'Roll. Das starke Gebräu erfreute im Rockpublikum auch die Heavy-Metal-Fraktion. Die fünf, bisweilen sechs Monokel-Mannen spielten neben eigenen Stücken eine Fülle vorzüglicher Cover-Versionen von Lynyrd Skynyrd, Molly Hatchet,

ZZ Top ... – Southern Rock aus Berlin, Hauptstadt der DDR. Man muß erlebt haben, wie die Band stundenlang in obskuren, verräucherten Sälen die Fans zum Toben brachte, mit ekstatischen Gitarrenschlachten zwischen den beiden Gitarristen Michael Linke und Bernd Kühnert. Und das bierselige Volk krähte: »ZZ Top!!!« Und dann kam »Fool For Your Stockings«. Monokel war eine Stellvertreterband; man liebte sie für die Stars, die nicht zu greifen waren. [Aber Olaf Leitner, RIAS-Rock-Koryphäe, schmiß einst ein Pink-Floyd-Konzert für einen Monokel-Auftritt in Potsdam.]

Dies alles war Subkultur. »Offiziell wären wir nie aus dem Arsch gekommen«, bemerkt Jörg Schütze mit Deutlichkeit. »Wir hätten nie gesagt, daß wir Ulbricht oder Honecker den Sack ablutschen.« Und doch begab es sich 1986, daß AMIGA eine LP mit Monokels eigenen Werken edierte. Speiche ist bis heute unglücklich über dieses Produkt. Mal abgesehen vom Trouble mit der Text-Zensur: »Der Sound, die ganze Aufnehmerei. Weißt du, wie lange wir im Studio Zeit hatten für die ganze Platte? Acht Stunden. Wir waren denen einfach nicht wichtig. Die Letzten der zweiten Reihe, das waren wir. Und der Mixer hatte keine Ahnung von uns und unserer Musik. Der hat vorher Weihnachtslieder gemacht.« Die Platte verkaufte sich prächtig. Davon hatten allerdings die Musiker nichts.

Das leidige Thema. Monokels Musikanten schritten mit strammen fünfzigtausend Mark Schulden in die Währungsunion. »Unser Manager haute vor drei Jahren in den Westen ab. Vorher hat er noch unsere Anlage versetzt. Wir fingen total bei Null an. Wir mußten uns Anlagen borgen, für perverse Summen. Wir haben uns total verschuldet, weil wir unabhängig sein wollten. Bloß kriegst du für die Spielerei nicht viel. Glück haben wir nicht zur Zeit. Oktober 89 hab ich den Saporoshez gekauft, für viertausend Mark plus tausend, die ich für Reparaturen reinbuttern mußte. Im Frühjahr brauchten wir ein größeres Auto, und den Sapo kauft so'n Doofer für vierhundert und meckert noch rum. Aber Geld oder Schulden – ich muß diese Musik machen. Dafür würd ich auch Bananenkisten schleppen.«

Gitti, Speiches Frau, kann finanziell nicht groß helfen; sie arbeitet am Buffet der »Altcöllner Schankstuben«. Moralisch trägt sie den Laden mit. »Ich hab die Gitti 1971 geheiratet und hab das nie bereut«, sagt Speiche, ganz warm vor Überzeugung, und spricht von stetig wachsender Kameradschaft. »Das Tollste ist, daß man sich wieder neu in die eigene Frau verlieben kann. All die Geschichten über Rocker und wilde Vögeleien sind absolut wahr. Aber wir Blueser sind anders. Guck dir die Typen doch an! Bluesleute *verlieben* sich[, die bumsen nicht im Hotel rum und schmeißen dann die Bräute weg].« [Schützes haben zwei Kinder. »Meine Tochter ist dreiundzwanzig und macht zur Zeit das, was wir früher gammeln nannten. Mein Junge ist achtzehn und spielt auch Baß. Frag mich nicht, was für Musik. Die wachsen ja heute mit völlig anderen Sachen auf. Der programmiert ganz selbstverständlich mit Technik rum, von der ich keine Ahnung habe. Ich bin Bassist. Ich wollte immer ein richtiger Baßknecht sein, ich wollte den Solisten dienen.«]

Speiche holt aus dem Kühlschrank frisches Bier – für mich. Er hält sich an Kaffee. Es soll nicht verschwiegen werden, daß Monokel schwer an einem Problem schleppte, das vielen Rockmusikern zu schaffen macht: Alkohol. Jörg Schütze spricht von »zehn Jahren Filmriß«. Ihm wird vieles aus der Bandgeschichte erzählt, woran er sich einfach nicht erinnern kann. »Vor vier Jahren«, sagt er, »hab ich täglich drei große Eulen Schnaps gekippt.« Eine Eule ist eine Flasche. Er zeigt ein Attest: »Bei dem Patienten kommt es bei dem Genuß von Alkohol zu einem nicht steuerbaren, akut lebensbedrohlichen Krankheitsbild« – Nervenlähmung. »Ich konnte mich damals auf der Bühne mal fast nicht mehr bewegen. Das ist schrecklich – du kriegst alles mit, aber dein Körper gehorcht dir einfach nicht. Wenn ich weitersaufen würde, würd ich einfach sterben.« Speiche erhebt sich abermals und dreht die Platte um, Mountain live, »Twin Peaks« von 1973, ein großes Album der Rockgeschichte. Leslie West läßt die Gitarre heulen, und Speiche hält verzückt inne. »Nantucked Sleighride« wird auf Kassette mitgeschnitten, um es den Kollegen morgen auf der Probe vorzuspielen, denn »manchmal vergißt man ja ganz, was gut ist«. Was Speiche nicht vergißt: daß seine Plattensammlung mal viel größer war. Unwiederbringliche Schätze gingen drauf für Suff, in Kneipen verscherbelt für Zeche.

*Gitti und Jörg Schütze*

Gitarrist Micha Linke war der erste, der mit dem Trinken Schluß machte. »Es war höchste Zeit«, sagt Speiche. »Wir waren immer zu lieb miteinander in der Band, zu nachsichtig, auch beim Saufen. Das hat weder uns genützt noch der Musik. Da passierte einfach nichts mehr. Wir pennten bald ein.« Aber jetzt haben sie heftigen Auftrieb durch eine neue Schlagzeugerin, im Southern-Macho-Milieu eine Seltenheit. Tatjana Arndt ist Anfang Zwanzig, ein wildes Kind in löchrigen Jeans, das die alten Monokel-Schlachtrosse mächtig vor sich hertreibt. [»Und«, erklärt Speiche väterlich, »für die Musiker ist es nicht schlecht, wenn außer den Trommeln und Becken auch mal 'ne Brust hopst.«]

Die Zukunft? Dunkle Ahnungen, keine Illusionen. Aber Hoffnung. »Am 1. Mai haben wir in Erfurt gespielt, wo wir lange nicht waren. Die Leute klatschten schon vor dem ersten Ton. Daß die uns noch richtig liebhatten in diesem ganzen verrückten West-Trouble! Die Leute sind ja so verrückt nach allem, was westlich ist.« Für Speiche könnte es, bei offenen Grenzen, getrost bei zwei deutschen Staaten bleiben. Die DDR bekam auf ihre alten Tage viele Verteidiger, um die sie sich wahrlich nicht verdient gemacht hat. Am meisten fürchten die Künstler das Desinteresse an nichtmateriellen Wahrheiten. Eine Welt, die alles und noch viel mehr hinausposaunt, hat wenig Bedarf, zwischen den Zeilen aufsässiger Ästhetik zu forschen. Für die Rocker heißt das: Was Kunst war, soll nun Entertainment sein. Und davon gibt's schon überflüssig viel. [»Ich hab in West-Berlin mit dem Vizechef vom ›Quasimodo‹ gesprochen und ihn gefragt, ob wir mal bei ihm spielen können. Er sagte: ›Erstens kenne ich Monokel nicht, und zweitens rufen bei mir täglich dreißig bis sechzig Bands aus ganz Europa an.‹ Da konnte ich nur noch sagen: ›Danke für das aufschlußreiche Gespräch.‹« Micha Linke: »Die kochen auch bloß mit Wasser. Bei den Sessions drüben kannst du ohne weiteres mithalten.«

Was *marktoffene Bedingungen* bedeuten, haben nicht nur jene DDR-Rocker erfahren, die aus dem gemachten Nest in die westliche Anonymität entflogen. Seit 1987, seitdem in der DDR westliche Größen wie Dylan, Cocker und Springsteen auftraten, klagten einheimische Bands über Fan-Verlust. Das betraf auch Gruppen wie Silly oder City, denen keine ideologische Kompromißlerei vorgeworfen werden kann. So etwas blieb Monokel erspart, obwohl die Ost-Berliner Kids längst einen neuen Underground gegraben haben. Ihre Bands heißen Sandow, Big Savod, Herbst in Peking und spielen eine Musik, die es, gleich ihren Hörern, ablehnt, schön zu sein. Monokels Musik ist schön – herb und wild, sehnsüchtig nach der verbotenen Welt ihrer Träume. Und ich schreibe dies dort, wo die Musik herkommt und wo sie immer hinwollten, und ich kann auch hier in Amerika nicht finden, daß meine DDR-Lieblingsband nur eine Kopie sei. Oder ich müßte mein gelebtes DDR-Leben über Bord werfen, als Abklatsch und Verlust, wie es derzeit so viele tun. Rockmusik als biographische Kunst hängt an jener Zeit, in der wir an sie glauben. Monokel erinnert mich immer daran, was auf ganz andere Art Christa Wolf oder der Regisseur Heiner Carow oder die Kirche spüren ließen: daß eine enge Welt sich ungeahnt weiten läßt, wenn man sich sich selber folgt und nicht den Diktaten der Umstände. Freiheit ist relativ, Wahrheit keineswegs.

Und nun bin ich also in Amerika und habe auch schon die Stones gesehen und Tina Turner und noch etliches, was der Vizechef vom »Quasimodo« kennt. Und ich bin immer noch Monokel-Fan.]

*St. Paul / Minnesota, Juli 1990*

# »Rock'n'Roll is here to stay«

## Jugendkultur in der DDR

Die sozialisierenden Gruppen sind derzeit gewiß die aufregendste Erscheinung in der kirchlichen Landschaft der DDR. Sie dehnen das soziale Einfluß- und Einzugsgebiet der Kirchen bedeutend. Dennoch stiften sie bei diesen eine Verunsicherung, wie sie nicht ausbleiben kann, wenn eine sozio-kulturell neue Formation auf eine ältere trifft.

So brisant dieser Vorgang ist, er geschieht in der DDR nicht zum ersten Mal. Er hat sich hier schon einmal zugetragen, in ungleich größerem Rahmen. Ich meine die Integration der Rockmusik ins hiesige Wertgefüge – ein außerordentlich bedeutsames Kapitel DDR-Kulturgeschichte, von dem aber kaum etwas aufgeschrieben wurde. Weit stärker als heute die Kirchen hatte sich Anfang der siebziger Jahre die DDR-Regierung mit einer unkontrollierten Sozialisation auseinanderzusetzen. Diese Sozialisation fand republikweit statt, und sie formierte sich als Ausläufer der westlichen Jugendbewegung. In Kleingruppen vollzogen sich Identifikationsrituale mit westlichen Rock-Heroen, deren Ansehen durch ihr kulturpolitisches DDR-Verbot fast ins Unermeßliche stieg. Die Regierung begriff, daß ihr das Erziehungsmonopol zu entgleiten drohte, das sie bislang ungeschmälert innehatte (über das Volksbildungssystem, die Jungen Pioniere, die FDJ, den Deutschen Turn- und Sportbund usw.). Sie beschloß daher, sich den Sozialisationseffekt der Rockmusik zunutze zu machen und möglichst viel von deren Prestige auf sich zu ziehen. Rockmusik geriet unter Staatskontrolle. Im Westen hatte die Industrie diese Leitfunktion übernommen – ein Schulbeispiel für den Ost-West-Unterschied.

Die Integration gelang. Beide Seiten waren's zufrieden. Die Jugendlichen erhielten ihr Rock-Image legalisiert, der Staat gewann – durch Erweiterung – sein Leitbild-Monopol annähernd zurück. Bis in die jüngste Zeit, bis zu den christlichen Gruppen, kam es zu keinem vergleichbaren nichtinstitutionellen Sozialisierungsvorgang in der DDR. (Die Jazz-Welle Mitte der siebziger Jahre schlug nicht so weite Kreise und zog sich bald auf ästhetische Positionen zurück.)

Damals und Heute hängen zusammen. Die Einbürgerung der Rockmusik bewirkte einen Paradigmenwechsel bei den kulturellen Selbstverständlichkeiten. Als Mittvierziger diese Musik zu ihren Grillparties zu spielen begannen, erschlaffte die alternative Potenz des Rock (beabsichtigt) und suchte sich andere Räume (unbeabsichtigt). Profitieren davon die kirchlichen Gruppen? Und rührt daher ihre non-konfessionelle Mentalität?

Zur Form des folgenden Textes: Dem Rockjournalismus fehlen häufig Reflexion und Distanz, der Analyse oft Atmosphäre und spezifischer Sachverstand. Dieser Essay versucht, zwischen beiden Genres und ihren Qualitäten zu vermitteln. Die assoziativen Untertitel sind Aperçus der Zeitgeschichte. Sie entstammen programmatischen Rocksongs, deren Interpreten Symbolfiguren der Jugendbewegung waren. Ohne diese ihre Bedeutung wäre der geschilderte Prozeß nicht denkbar.

## »They can't take away our music« (Eric Burdon)

Es geschah im Herbst 1970: »Lola« von den Kinks war der Hit des Quartals. Jenes Opus im »Schlagerderby« des Deutschlandfunks zu fördern, sandten sechs junge Herren einer neunten DDR-Schulklasse ihre Stimme gen Köln. Besser gesagt, sie versuchten es. Denn ihr Brief kam westwärts nicht weit voran. Eines Morgens betrat der Direktor die Klasse und erklärte, Unerhörtes sei vorgefallen: Kontaktaufnahme mit dem Klassenfeind.

Es lief dann alles glimpflich ab. Die Sünder – da überführt, geständig und zur Reue bereit – versicherten Besserung. Dies war nicht Kalkül. Zu echt hatte man ihnen gemalt, wie westliche Nachrichtendienste ihre Bauern fingen. Das saß. Und doch – nach der Verhandlung seufzte wer: »Die haben eben kein Feeling!«

Der Autor blieb damals von Argwohn verschont – freilich nur, weil ihm an »Lola« nicht so gelegen war wie an Cliff Richards »Goodbye Sam« (inzwischen sind beide Stücke längst auf dem DDR-Label AMIGA erschienen). Die Fans von »Lola« traf ein milder Bann. Den Schulhof aufzuräumen hatten sie, was sich wohl schwerlich unter Repressalien buchen läßt. Ein weiteres Nachspiel gab es nicht, dafür ein Vorspiel: Der Musiklehrer warb um uns mit »Moldau« und ein bißchen Zickenjazz sowie mit Peter-Schreier-Platten. Umsonst. Schreier, damals fünfunddreißig, stand uns für Opa-Musik. Gerade seine allseits anerkannten Qualitäten machten ihn unbrauchbar. Wir kürten eigene Helden – fernere, denn der Prophet gilt nichts in seinem Land.

Wie lieb war jene Revolte! Auf keine Barrikade gingen wir; nie traten wir wild auf. Wir blieben sozusagen in der Garderobe, emsig befaßt mit Jeans, Haaren und Musik, dem unerläßlichen Outfit. Süßer Kitzel: »Mit den Zotteln werdet ihr nicht zur Prüfung zugelassen!« Wir wurden, dank der Weisheit etlicher Lehrer (das war mancherorts anders in jenen Jahren). Kein Häarlein ward uns gekrümmt, und keines fiel von unseren Häuptern. Marx im bemähnten Kopf, Levi's an Po und Beinen, so traten wir an zur Rechenschaft über zehn Jahre sozialistischer Schulbildung. Alles ging glatt. »Erwerben Sie zu Marx' Frisur auch sein Wissen!« gab man uns mit auf den Lebensweg. Der führte in Richtung Lehre. Dort wehte öfters Gegenwind. Die Mähne hielt stand und spendete ihrem Träger borstige Individualität. Sie fiel erst, als sie keinen mehr störte – keinen außer einer jungen Frau, welcher der Autor ebenso zu gefallen wünschte, wie sie ihm gefiel.

## »Rock around the clock« (Bill Haley)

Langes Haar war die Flagge und Rockmusik die Hymne jener Exklaven, die *Woodstock Nation* auch in der DDR besaß. Zu erobern waren sie nicht, da entschied man, sie einzugemeinden. Doch keinen Ami-Abklatsch wollte man, keine kopierten Schüttelkrämpfe des Spätkapitalismus. Eigene Bands sollten Eigenes spielen. Ost-Rock bekam 60 Prozent der entsprechenden Radioprogramme zugewiesen. Diese Auflage galt auch für Diskotheken.

Der Rundfunk hielt sich daran. Ganz langsam schlich Rockmusik in hiesige Medien – fast über Hintertreppen und bemüht, anerkannt Klassisches irgendwie um ein bißchen

Seriosität anzupumpen. Famoser Verschnitt entstand. Querflöten und Cembali warben um Hoffähigkeit. Wulstige Lyrik verklebte das Ohr, wenn etwa die Dresdner Gruppe Electra empfahl:

*»Tritt ein in den Dom,*
*die Schritte das Schreiten zu lehren!*
*Tritt ein in den Dom,*
*die Größe des Menschen zu ehren!«* [1]

Kaum weniger prätentiös die (1975 verbotene) Leipziger Klaus-Renft-Combo:

*»Revolution*
*ist das Morgen schon im Heute,*
*ist kein Bett und kein Thron*
*für den Arsch zufriedener Leute,*
*denn sie lebt in dem Sinn,*
*daß der Mensch den Menschen wert ist,*
*daß der Geist der Commune*
*dem Genossen Schild und Schwert ist.«* [2]

Renft-Texter Gerulf Pannach – 1977 mit der Biermann-Welle im Westen gelandet – hatte auch die Bürkholz-Formation beliefert:

*»Wer bloß*
*ist heute groß?*
*Auf dem Tanzsaal, im Büro*
*oder im Gemeinschaftsklo*
*lachen manche stolz wie Chrom*
*über die ohne Diplom.*
*Warum?«* [3]

Die meisten Rockmusiker der ersten Stunde besaßen eine fundierte, oft klassische Ausbildung und versuchten, sich derer auf der Bühne »würdig zu erweisen«. Authentischer Rock'n'Roll entstand dabei nur selten. Im Nachhinein wird diese Phase verständlicher. Wo eine geprägte Kultur sich einer neuen anvertraut, da tut sie gut, sich nicht gleich vollends hinzugeben. Klassische Versatzstücke in der frühen DDR-Rockmusik dienten mithin auch der Selbsterhaltung zur Zehrung bis zum neuen Ufer. Dies warf zugleich ein Licht auf die kulturelle Identität der DDR: Als »seriös« galten immer noch die Güter und das Gebaren des Bildungsbürgertums. An ihnen maß man sich – ein Wettstreit mit einem imaginären Establishment, der interessanterweise zum Teil auch die englische Rockszene geprägt hat. Im Vergleich dazu sind, nach einem Wort von John Rockwell, »die Amerikaner eigentlich glückliche Affen. Die meisten amerikanischen Rockfans würden keine Beethoven-Symphonie erkennen, auch wenn sie mitten auf der Straße von einer überrollt würden.«[4] Wie ändern sich die Zeiten! Heute residiert in Ost-Berliner Funkhäusern Rocksound ohne »bürgerliche« Beglaubigungsschreiben. DDR-Rockmusiker erhalten Kunstpreis und Verdienstorden. Das »Neue Deutschland« rezensiert ihre Platten. Sogar zu politischen Verlautbarungen zieht man die Jungs heran, auch wenn sie das ein bißchen überfordert. (Doch hatten nicht die Hippie-Stars von Woodstock und Monterey ähnlich getan?) Und zum 40. Jahrestag der FDJ installierte der DDR-Rundfunk »Jugendradio DT 64«, ein zweites Programm des Berliner Rundfunks, das nun täglich von 13 Uhr bis Mitternacht Rock zu Gehör bringt. Start: 7. März 1986.

DT 64 gab es schon längst, genauer: seit dem Ost-Berliner »Deutschland-Treffen 1964« (= DT 64). Der Agitprop-Ton der frühen Jahre hatte jedoch mit dem des jetzigen Rundfunks nicht viel gemein; Musik war Leim für Plakate. In den siebziger und achtziger Jahren wurde die Konzeption ständig offener, bei wachsender Sendezeit und zunehmender thematischer Gestaltung der Musikprogramme. Wer heute die Sendungen eines so angenehmen wie sachkundigen Musikjournalisten wie Jürgen Balitzki verfolgt, der braucht schon einigen bösen Willen, um an »Infiltration« zu denken.

Freilich ist »Jugendradio DT 64« ideologisch nicht jenseits von gut und Böse, sondern ein richtiger DDR-Sender, der natürlich nicht nur Musik spielt. Uns geht es aber jetzt um die Musik, und die gibt's nun halbwegs rund um die Uhr. Dazu kann King Elvis aus Marzahn den absolut schärfsten Heavy-Metal-Fan von Halberstadt grüßen. Wozu also mit dem RIAS kontaktieren, wenn zudem noch der West-Wunschhit den Äther durcheilt?

## »Let the sunshine in« (The Fifth Dimension)

Man mag darüber streiten, was die DDR bewog, sich jener Jugendkultur zu öffnen. Sagen wir schlicht: Warum sollte sie nicht? Internationalismus klebt ja nicht an Haus und Hof; für ihn ist Westen relativ. Und mal ganz praktisch erwogen: Mode hält keiner auf.

Diese war freilich neu. Sie nannte sich Jugendkultur, und sie hatte selbst Ideologie. Der Geist der Hippies und Hobos wohnte in ihr: spiritueller US-Existentialismus, der nichts für wichtig hielt als Selbstverwirklichung. Die Folge war Aussteigertum – Verweigerung mit rationalem Ende: eine Drogen-Metaphysik der Unsitten, gestiftet von Jesus Krishna Trooper Star, Weltgeist, Mensch geboren in Musik. Wer Ohren hat, der höre!

So kam er über, der Rock'n'Roll der Endsechziger. Nun trommelte er ans Brandenburger Tor. Und siehe: Ihm ward aufgetan. Doch ihm nur, nicht seiner Metaphysik. *Divide et impera: corpus sine anima.*

Trotzdem – erhebliches Selbstvertrauen gehörte dazu, einen so ungeschlachten Amerikaner wie den Rock'n'Roll gleich einbürgern zu wollen. Es gelang. Krach und Randale blieben aus und Aussteiger rar. Das Monster verhielt sich brav und half gar, Jugend-Aggression dort zu kanalisieren, wo Vater Staat ohne klingenden Beistand Erziehungsprobleme bekommen hätte.

Nicht nur Musik war angelangt. Kultfilme schlugen uns in Bann: »Privilege«, Peter Watkins bittere Komödie, die wir schlankweg als Rockfilm nahmen, und »Blutige Erdbeeren (The Strawberry Statement)« von Stuart Hagman mit der Musik von Thunderclap Newman und Crosby, Stills, Nash & Young. Kultbücher wurden verlegt: »Unterwegs (On The Road)« von Jack Kerouac, »Der Fänger im Roggen (The Catcher In The Rye)« von Jerome D. Salinger – jenes Buch, das durch Ulrich Plenzdorfs »Die neuen Leiden des jungen W.« in die DDR-Nationalliteratur eingegangen ist.[5] Der Geist jener anfänglichen siebziger Jahre findet sich auch in Filmen wie »Liebe mit 16« von Hermann Zschoche und »Für die Liebe noch zu mager?« von Bernhard Stephan (mit Renft-Musik). Diese Art von Jugendfilmen wird in der DDR weiterhin gedreht (vornehmlich von Zschoche), oft mit sicherer Milieuzeichnung, wenngleich ohne das -

Ungestüm der Erstlinge, die so erquickend neu gewesen sind.

## »The times they are a-changin'« (Bob Dylan)

Politische Variation hat in der DDR Datum und Katheder, von dem aus offiziell resümiert und inspiriert wird. So ein Fixpunkt war der VIII. Parteitag der SED 1971. Dort wurde festgeschrieben, daß keine ernstzunehmende Nationalkultur im Glashaus gedeihe. Auch sollte mehr Unterhaltung sein. Zwei Jahre später, auf der 9. Tagung des SED-Zentralkomitees, sprach Erich Honecker von den »westlichen Massenmedien, vor allem Rundfunk und Fernsehen der Bundesrepublik Deutschland, die ja jeder bei uns nach Belieben ein- oder ausschalten kann« – eine beispielhaft moderate Wendung, deren gereifte und vollendete Version im Lutherjahr an allen Litfaßsäulen prangte: »Zu den progressiven Traditionen, die wir pflegen und weiterführen, gehört das Wirken und das Vermächtnis all derer, die zum Fortschritt, zur Entwicklung der Weltkultur beigetragen haben, ganz gleich, in welcher sozialen und klassenmäßigen Bindung sie sich befanden.«[6]

Vor Tische las man anders. Stark polemische Züge wider Formalismus und Bürgerkunst hatte der sozialistische Realismus zu seiner Gründerzeit getragen. Als kunstideologisches Programm ist er keineswegs ad acta gelegt, doch gräbt er mittlerweile vorsichtiger an seinen Wurzeln. Sein Weg führt nicht mehr über Bitterfeld. Technik will erlernt sein, auch die des Denkens. Der dialektische Materialismus macht da keine Ausnahme. Erst muß man lernen zu haben, als hätte man nicht. Laut Dialektik zerfällt ja jede Qualität unter der Hand in Quantitäten. Die türmen sich, um – groß genug – in neue Qualität zu ragen. Kein Kunstwerk ist somit vollendet; keines darf Ikone sein. Nichts also von Religion, nichts von der Aura letzter Dinge umgibt für Dialektik die Künste.

Nur fühlt der Mensch meist anders. Da sollte er sich kasteien, der genäschige Frömmler, und Schluß machen mit den Götzen der Vollendung. Dialektik heißt Fortschrittsglaube.

Inzwischen ist die DDR-Kunstrezeption ihrer Dialektik

sicherer geworden. Sie hütet sich nun selbst vor dem Formalismus ihrer Methode, bemüht, jedwede Kultur als Qualität (wenngleich als überwundene) zu behandeln, anstatt manches vorschnell zum quantitativen Abhub zu tun. Denn: »Es entspricht unserem Weltbild, die Geschichte in ihrem objektiven, tatsächlichen Verlauf, in ihrer gesamten Dialektik zu erfassen. Sie als eine Geschichte von Klassenkämpfen zu verstehen, bedeutet keine Einengung, sondern reale Einsicht in den Gang der Dinge.«[7]

Kurz: Dialektik läßt sich nunmehr begleiten von Liebe und Sachverstand. Das stärkt ihr die Flanken; fröhlicher macht es außerdem. Folglich ist Kafka nicht mehr kränklich-affektiert, Joyce nicht länger ein Gedankenfriseur, Proust nicht ertaubt an dekadenter Subtilität. Ihre Bücher sind in der DDR verlegt. Jede Bibliothek verleiht sie kostenlos.

Auch Geschichtswissenschaft und bildende Künste haben profitiert von dieser materiellen Erweiterung. Fürstenknecht Luther und der Eiserne Kanzler sind wieder wer (gewesen), und wie vor Zeiten sprengt Friedrich Zwo die Linden entlang. Vielleicht kommt bald Nietzsche dazu, obgleich wohl nicht auf dem hohen Roß. Und Rockmusik? Die war (wie Jazz) schwerer zu integrieren, weil der Erbe-Rezeptionsmechanismus hier mangels Tradition nicht griff. Dem wurde aber abgeholfen, indem man Rockmusik sozialgeschichtlich zu orten suchte, z. B. als industrialisierte Abart des Blues. Tatsächlich bleibt Blues, wie jede ethnische Kunst, unverständlich ohne sozial geschärften Sinn.

Das gleiche Bewußtsein läßt es dann konsequent erscheinen, wenn im Industriestaat DDR die Volksmusik der Unterhaltungsindustrie erklingt. (Etwas anders verhält es sich in Rumänien und Bulgarien, wo noch intakte ländliche Volksmusik existiert). Zwar hat es die DDR vermocht, eigene Rockmusik jenseits von Kommerz zu halten; die Musik ist hier nicht Ware, nicht Produkt (dafür gibt es allerdings kaum Platten-Übernahmen aus der Welt des Mammons – devisenhalber). Gestus und Form entlehnt sie aber einer Welt, in der sie oft nichts weiter sein darf als Ware und Produkt. Auf diesen symbiotischen Vorgang paßt kein Begriff wie Nationalkultur. Rockmusik ist Weltsprache mit nationalem Akzent.

## »Most likely your way and I'll go mine« (Bob Dylan)

Alle Kultur ist Mischkultur, wissen wir seit Claude Lévi-Strauss' »Traurige Tropen«. Doch jede kulturelle Assimilation verlangt eigene Beiträge, sonst wird sie zur Okkupation. Ich gestehe, daß mir die US-amerikanische TV-Exportrate manchmal Sorgen bereitet. Sicher kann keiner etwas dagegen haben, daß jemand sich zum feierabendlichen Bier eine Familienserie zumutet. Aber die Masse macht's. Wenn Frauen von Bangkok bis Bad Brambach Bobby und Pam im Herzen tragen, dann entsteht ein zumindest zweifelhaftes weltbürgerliches Bewußtsein. Abgesehen vom ästethischen Dachschaden, erwirbt der »Dallas«-Dauergucker den Eindruck, das Leben in den USA sei eine Art Muppet-Show. Die Disco-Klangtapete erledigt den Rest der Welt.

Ich bin nicht undankbar: Rock hat seine Wurzeln in den *Staaten*, seinen Stamm und tausend köstliche Früchte. DDR-Rock ist nur ein kleiner Ableger. Jeder faire Betrachter wird zugeben, daß Musik – nicht Politik – eine starke amerikanische Botschaft an die Welt bedeutet. Wenn beides doch immer zu trennen wäre! Die USA haben seit längerem viel gegen ein positives Image bei DDR-Jugendlichen unternommen. Ein Präsident, der nach Bitburg geht, aber »dem sowjetischen Huhn den Kopf abschlagen« wollte; Musiker, die sich in Warschau im Westen wähnen (das hätte Ronald Reagan auch passieren können); die arrogante Olympia-Show von Los Angeles 1984 – all das ernüchtert im kleinen, von SDI und Lybien im großen ganz zu schweigen. Amerikas nationales Selbstbewußtsein ruht derzeit auf kultureller Indifferenz. Das spüren irgendwie auch jene, deren Höchstes früher ein Sternenbanner-T-Shirt war.

Jedenfalls darf man es weise Voraussicht nennen, daß DDR-Bands von Anfang an zur Auflage gemacht wurde, eigene Stücke deutsch zu halten. Es ging. Jedenfalls nach einigen Jahren mit den erwähnten Gruppen, die mit Sinn für Wortwitz und Jargon handfeste Gebrauchslyrik liefern. Bestes Beispiel: die freche Berliner Band Pankow, die sich schon mal im »Neuen Deutschland« rügen lassen mußte – wegen der »unqualifizierten Zwischentexte ihres Sängers«[8] André Herzberg, der ausgerechnet im Palast der Republik loser Conférence gepflogen hatte. Bei Pankow reimt sich

»leichte Brise« nicht auf Küsse oder Grüße, sondern auf »schmutzige Füße«. Und so geht das weiter:

*»Machs gut, Inge Pawelczik,*
*du wilde Wahnsinnsmaus!*
*Wir ham die ganze Nacht gepflückt*
*in deinem Hinterhaus.«*[9]

Inge Pawelczik verkörpert gewiß nicht jedermanns Geschmack, doch unzweifelhaft ist sie ein echtes Geschöpf von Pankow/Berlin, Hauptstadt der DDR.

Zur Zeit ist Klartext angesagt. Sogar die Puhdys, erheblich angestaubtes Innungszeichen der DDR-Rockmusik, fragen auf ihrem 86er Album »Ohne Schminke«:

*»Wer kommt ohne Schminke aus?*
*Wer kommt ohne Lügen aus?*
*Wer hat nie die Moral verdammt?«*

Keiner, vernimmt man erstaunt. Dies hätte noch kürzlich als destruktiver Rundumschlag gegolten. Heute handelt viel DDR-Kunst von seelischem Zipperlein – meist aufrecht, manchmal schon modischerweise. Etablierte Tabu-Töter wie Christa Wolf und Christoph Hein sind nur die Vorhut. 1985 stieß die Berliner Band Silly (DDR-Nobelklasse) im Verein mit ihrem Texter René Volkmann (alias Werner Karma) vor in eine neue Qualität. »Liebeswalzer« – so der Titel der LP – hört sich an wie DDR-konkrete Metaphysik. Die Helden sind Träumer und Spinner und kleine Frauen, deren Kerls vom Zigarettenholen nicht wiederkommen. Bukowski in Ost-Berlin? Keineswegs. Sozialistisch an Silly ist, daß Zynismus der Band so fern liegt wie der Osten dem Abend. Sillys Stoffe werden gewebt aus Schalk und Melancholie:

*»Die Ferne*
*Ich seh so gerne*
*In die Ferne*
*Mit meinem Doppelglas*
*In die Ferne*
*Das macht mir son Spaß*

*Ich geh so gerne*
*In die Ferne*
*Mit meinem Doppelschuh*
*Ich geh so gerne*
*In die Ferne*
*Sie lockt mich immerzu*

*Die Ferne ist ein schöner Ort*
*Doch wenn ich da bin, ist sie fort.*
*Die Ferne ist, wo ich nicht bin*
*Ich geh und geh und komm nicht hin«*

Prompt empfahl das »Neue Deutschland« (wo hätte Rock im Westen derart amtliche Resonanz?), auf der nächsten LP mehr Heiterkeit zu präsentieren.[10]

## »... like a dog without a bone« (Jim Morrison)

Als ob das ginge! Kunst nährt sich von Mangel. Das Weh ist ihr Prinzip. Kein Hund bellt mit dem Knochen im Maul. Rock muß Musik sein von dem, was fehlt. Rock minus Mangel gleich Mike Krüger. Was wären die alten Bluesleute ohne Blues & Trouble?

Blues und Rock sind Heiler – und kratzen schon wieder am Schorf. Kein Künstler will je »gesunden«; das wäre sein Ende als Prophet und sein Start als Plapper-Popper.

Propheten wurden freilich rar. Die programmatischen Thesen der frühen Rockkultur ließen sich ohnehin nie auf DDR-Realität übertragen. Abgesehen davon legt es ein Satz wie »Hope I die before I get old« von den Who (aus »My Generation« 1966) von vornherein darauf an, sich nicht übertreffen zu lassen. (Zwanzig Jahre später weiß auch Who-Sänger Roger Daltrey stellvertretend für viele gealterte Barden: »After the fire the fire still burns ...«[11]). Rock-People in der DDR sind eben z. B. auch FDJ-People: Lehrlinge, Schüler, Studenten, die sozial vor Anker liegen. *Hope I die?* Gewiß nicht. Nochmals die Puhdys: »Es ist keine Ente: Wir spielen bis zur Rockerrente.«

Ergiebiger dürfte nachzufragen sein, was denn Rock in der DDR bewirke. Und hier liegt das eigentlich Erstaunliche: Rock als Phänomen bewirkt nämlich gar nichts Bestimmtes. Er kitzelt Phantasie. Er strukturiert das Bewußtsein. Er sozialisiert, indem er Identifikationsleistungen abverlangt. Er schafft andererseits Freiräume. Er vermittelt Individualität. Doch all dies tut er nur von ungefähr. Man könnte die Funktion der Rockmusik beschreiben wie Novalis den Traum – als »eine Schutzwehr gegen die Regelmäßigkeit und Gewöhnlichkeit des Lebens, eine freie Erholung des der gebundenen Phantasie, wo sie alle Bilder des Lebens durcheinanderwirft«. Ein organisiertes Pathos der Veränderung hat Rockmusik nicht.

### »May you stay forever young« (Bob Dylan)

Rock ist wertfrei – dies fühlten sie nicht, die kirchlichen Rockbands, die Anfang der siebziger Jahre aufkamen. Entsprechend schauten sie aus. Nicht wie sie spielten, war so falsch, nur, daß ihre Absichten die prinzipielle Absichtslosigkeit des Rocks überlagern wollten.

Missionarischer Eifer blieb schon vor über hundert Jahren in den Sümpfen des Mississippideltas stecken. Nordamerikas schwarze Bevölkerung gab sich nie ganz an die Hand der weißen Konfession, wie Blues bis heute verrät. Sie ist auch gar zu anders, diese zwinkernde Voodoo-Mystik um Liebe, Suff und Ballermann. Blues war nie Spiritual; Kunst kann nicht Predigt sein. Als Seelenrede denkt sie sehr an sich. Sie bockt, wo ihr Wort schon gesagt sein soll in einem fremden Bekenntnis. »I confess the Blues«, singt Altmeister B. B. King, »and nothing but the Blues«. Das gilt auch für den Rock, der nur persönliche, nie konfessionelle Spiritualität gelten läßt.

Immer ist Kunst halb irrational. Sie bildet nicht ab; sie bildet ein. Alternativen schafft sie, die unser Alltag nicht kennt. (Der Alltag weiß, was wir müssen; die Kunst weiß, was wir wollen.) Mit Freud zu reden, scheut sie das Realitätsprinzip. Real wird sie erst im Kontrast. Wunschwelt will sie bleiben, nymphoman, Brunn irgendeiner Jugend, und sei es die von Dorian Gray. Oder ist das zu priesterlich gedacht?

Je älter ein Mensch wird, desto straffer organisiert sich sein Bewußtsein, bis er schließlich »nicht mehr anders kann«. Phantasie lernt ihre Grenzen dabei. Aber wer mag schon

Lust an fade Wirklichkeit verraten? So reich ist Kunst, daß ihr verschwiegener Wahn alle Verluste erstatten kann, und zwar in verlorener Währung.

1982 hat David Jones aus England »Betrug« gedreht, eigentlich eine »normale« Dreiecksgeschichte. Doch Jones montierte seine Episoden rückwärts. So begann er mit Trennung und Haß und mündete in innigste Verbindung. Nichts wurde ausgespart und alles gewonnen. Betrug? Nein: Kunst, schöpfende Retrospektive, Heimschau – durchaus bei einem Gläschen Feuerzangenbowle.

*»Wir kommen, goldnen Wolkenzügen gleich,*
*Aus unsrer Heimat, Gott,*
*Der Himmel liegt auf unserm Kinderreich!«*

heißt es bei William Wordsworth, den nichts so trieb wie sein Altern und seine verlorene Perle Ursprünglichkeit:

*»Zum Schluß erkennt der Mann, sie wird zunicht,*
*verringert zu des öden Alltags Licht.«*[12]

## »Still raining still dreaming« (Jimi Hendrix)

Was Wordsworth nicht vermochte, kann die Bibel. Sie klappt die Schöpfung nach hinten und nennt sie Eschaton. So kommen aus den ersten die letzten Dinge, und »wir werden sein wie die Träumer« (Psalm 126,1). Ja, weil wir Träumer waren.

Wo einer träumt, da formt sich Traumgestalt. Geträumt wird auch in den Kirchen der DDR, doch oft nicht recht plastisch und ohne artifizielle Kraft. (Das zieht niemandes persönliche Integrität in Zweifel.) Nochmals: Warum gibt es nicht konfessionelle Kunst? Auch deshalb, weil Bibelzeugnis, allzu vertraut, zur Realität gehört, anstatt sie zu durchleuchten. Man sinnt auf »richtigen« Gebrauch von Glaubenschiffren und -symbolen statt darauf, wie sie aufzulösen seien. Auflösen meint nicht: entwerten. Es geht um den Weg ins Freie, um profanes Zubehör zum Christentum, kurz: um frisches Blut anstelle kultureller Inzucht. Doch Säkulares gilt oft als bedrohlich; da bleibt man lieber unter sich und restauriert.

Arme Schöpfung Kirche, falls dir nur *conservatio* als *creatio* gilt! Denn ungetauft wird alles geboren, was lebt. Dagegen sind viele christliche »Künste« – Predigt, Exegese, Schrifttum, Musik – im Sujet Klassik: Erbe – rezipiert, nicht kreiert. Rezeption läuft rückwärts voran; sie schwingt sich selten auf. »Der Adler der Theologie hat den Höhenflug der Geistesgeschichte und der Kulturkritik aufgegeben. Er hockt auf dem Nest und füttert seine Jungen.«[13]

Warum nur so seßhaft? Es ist doch bloß Grimmsche Mär, daß jeder Schritt in fremdem Tann Rotkäppchens Ende bringe! Bei aller Konzentration auf das eigentliche des christlichen Glaubens: Ist manches, das bescheiden tut, nicht einfach unbedarft? Das zu ergründen, klopft man mitunter ganz gern auf den Busch: »Schön ist es auch anderswo, und hier bin ich sowieso«, sprach selbst Mister Pief, gewiß doch ein erzkonservativer Brite.[14] Er wußte: Heimwärts findet man allemal, auch in der Geisteswelt.

## »Rock'n'Roll is here to stay« (Neil Young)

Experiment und Charisma sind Dinge, die Dinge ändern. Ersteres ist ein Gefühl; das Zweite hängt an Persönlichkeit(en). Beides fehlt vielem in der DDR, auch der Breite ihrer Rockmusik, die es noch weit hat zum Gipfel ihrer Kunst. Vielleicht schafft sie es nie. Jeder große Rockkünstler residiert auf einer soliden Halde von musikalischem Abraum. Gold wird geschürft nach der Methode *trial and error*, und die ist, zumindest in den erforderlichen Dimensionen, typisch westlich. In der DDR gibt es kein Kleinod wie Joni Mitchell und keinen erleuchteten Mystiker wie Van Morrison. Wir haben keinen Randy Newman und keinen Bruce Springsteen. Wir werden sie nie haben.

Dafür besitzen die Genannten Heimrecht auf unseren Sendern. Nicht um *panem et circenses* zu gewähren, sondern damit die Kids am heimischen Tisch nach Gusto gespeist werden mit etwas, das nur ihnen gehört und ihren unendlichen paar Jugendjahren.

Mehr westliche Bands könnten uns allerdings »livehaftig« besuchen, nicht nur jener schnoddrige Hamburger, der mit Sonderzug kommen will. Einige waren da: Tangerine Dream, Bruce Cockburn, Helen Schneider ... »Zwischenfälle« gab es nicht. Kein Schelm dachte Arges, als Roger Chapman im »Metropol« am Bahnhof Friedrichstraße »Shadow on the Wall« sang. Der »neue Dylan« Billy Bragg trug seinen Cockney-Punk sogar in einer Berliner Kirche vor – als »nichtpraktizierendes Mitglied der anglikanischen Kirche« (während des »Festivals des Politischen Liedes« 1986).

Immer macht Rockmusik irgendein Fenster auf. Durch das kommt sie in mancher Nacht mit köstlichem Klang, die Blaue Stunde, da es gleich, wo einer sich befindet auf der Welt. Es muß dann nicht mehr Woodstock sein, nicht San Franciscos Winterland, nicht Tulsa/Oklahoma oder Fillmore East. Neustrelitz, Rostock, Sangerhausen tun es manchmal ebenfalls.

Vielleicht kann Rock wie Esperanto sein: ein Welt-Slang friedlicher Koexistenz – wenn Rock überdauert, wenn »man« ihn am Leben hält. »Rock'n'Roll is here to stay« singt einer, der es wissen muß – Neil Young. Und wenn der Rock'n'Roll hier bleibt, dann bleibe ich auch.

*April 1986*

1 »Tritt ein in den Dom« (Text: Kurt Demmler) stammt aus dem Jahre 1972, wurde aber erst 1980 auf »electra 3« veröffentlicht und war zuvor nur als Rundfunkaufnahme zugänglich.

2 Das Stück »Zwischen Liebe und Zorn«, von Gerulf Pannach getextet, findet sich auf der Sammel-LP »Hallo Nr. 4« von 1972. Renft-Haustexter war allerdings Kurt Demmler.

3 »Wer bloß ist heute groß?« existiert nur als Rundfunkaufnahme. Der Sänger Hans-Jürgen Beyer, ehemals zum Thomanerchor gehörig, betätigt sich heute im Schlagerfach.

4 John Rockwell: Art Rock. In: Jim Miller (Hg.): Rolling Stone. Bildgeschichte der Rockmusik. Bd. 2 Rowohlt, Reinbek 1979, S. 333–344, hier S. 334.

5 Vgl. hierzu Stephan Wackwitz: Salingers spiritueller Stil. In: Evangelische Kommentare 6/1985. S. 325–327.

6 Erich Honecker: Unsere Zeit verlangt Parteinahme für Fortschritt, Vernunft und Menschlichkeit. In: Martin Luther und unsere Zeit. Konstituierung des Martin-Luther-Komitees der DDR am 13. Juni 1980 in Berlin. Aufbau-Verlag, Berlin/DDR 1980, S. 12. – Der Text war beim erwähnten Anlaß Rede.

7 Ebd.

8 Neues Deutschland v. 13. Januar 1986. Rezension des Festivals »Rock für den Frieden« von Günter Görtz.

9 »Inge Pawelczik« ist auf der ersten Pankow-LP »Kille kille« von 1983 zu finden.

10 Neues Deutschland v. 31. August 1985. Fairerweise muß gesagt werden, daß Günter Görtz' Rezension insgesamt eine Würdigung darstellt.

11 »... the heart goes older but never ever learns.« – »After The Fire« ist enthalten auf »Under A Raging Moon«, Roger Daltreys erster LP nach Auflösung der Who Ende 1984. Das Stück wurde jedoch ebenso von Pete Townshend geschrieben wie seinerzeit die programmatische Jugendhymne »My Generation«.

12 William Wordsworth: Ode. Ahnungen der Unsterblichkeit durch Erinnerung an die früheste Kindheit (deutsch von Wolfgang Breitwieser). In: Ein Ding von Schönheit ist ein Glück auf immer. Gedichte der englischen und schottischen Romantik. Philipp Reclam jr., Leipzig 1980, S. 193 und 195.

13 Hans-Otto Wölber: Christliches in dieser Zeit. Leben aus Existenzwissen. Mohn, Gütersloh 1984.

14 ... obwohl sein Erzeuger Wilhelm Busch heißt, der ihn für das letzte Kapitel von »Plisch und Plum« zur Welt brachte.

# Gott in Berlin und die Folgen

## Stadtgefühl und Kirchentag

*»Der Berliner ist anfangs ungenießbar. Schärfe, Unverschämtheit, Lieblosigkeit bringen den Fremden um. Aber hinter diesen trostlosen Erscheinungen, die sich aufdrängen, gibt es wohltuende, die sich verbergen und die man kennenlernen muß, um uns nicht voll ungerechter Vorurteile wieder zu verlassen.«*
Theodor Fontane

*». . . und ich will bei euch wohnen.«*
Kirchentagslosung Berlin 1987

Er wohnte zwei Häuser weiter und war nicht ganz bei Trost. Er streunte kostümiert durchs Revier. Er mimte den Lord im Frack und den Zimmermann in Manchester-Tracht. Er präsentierte Western-Look und feuerte aus Torwegen auf imaginäre Verfolger – Billy the Kid im Prenzlauer Berg. Er sammelte Flaschen auf. An Wurstbuden leckte er Currypappen ab. Letzte Neujahrsnacht hat er sich umgebracht.

Das erfuhr ich erst Monate später von einer Bekannten. »Uffjehängt«, sagte sie kundig und knapp auf Berlinisch mit Thüringer Akzent, sichtlich erfreut, daß ich noch nichts wußte. Ja, Berliner werden ist nicht leicht. Es braucht die kleine Lust am fremden Debakel. Proben von Zynismus sind vonnöten, wenn du dazugehören willst. Ich will nicht und bleibe lieber zugereist: Voyeur seit neun Jahren. Den Zynismus macht das bestenfalls subtiler. Denn der verrückte Junge war mir kein richtiger Mensch, an dessen Wohl mir lag und dessen Verschwinden mich sorgte. Er war eine optische Würze, ein Sticker am Milieu. Er »machte sein Ding«, wie der Berliner sagt, tolerant aus Gleichgültigkeit. Hier macht jeder sein Ding. Verrückt hat nichts zu sagen. »Du bist verrückt, mein Kind, du mußt nach Berlin . . .«

Pardon, ich fing nicht mit Geschichte an. Und das im Jubiläumsjahr! [Also: Cölln an der Spree 1237, Propst Nikolaus von Bernau (1324 ermordet), großer Kurfürst, Hugenotten, die Friederiche, Napoleon, achtundvierziger Revolution: Der König zieht den Hut. Krieg (ab 1870/71 wird jeder deutsche Krieg ein Berliner sein), Bismarck, Sozialdemokratie, Dreikaiserjahr, Krieg, Roter November 1918, Inflation, Expressionismus, Film, Kabarett. Goldene Zwanziger ... Kunstgeschichte, Baugeschichte, Wissenschaftsgeschichte von Geist nach Ungeist, von Hegel bis Hitler. Reichsschrifttumskammer. Judenmord. Krieg. Plötzensee, Befreiung, Sektorengrenzen. Währungsreform. BRD. DDR. Blockade. Rosinenbomber. 17. Juni. 13. August. Seither ein Drüben hier und eines dort. Benno Ohnesorg, Viermächteabkommen, Weltfestspiele, Pflichtumtausch/Zwangsumtausch. Und nun also ein Berliner Jubeljahr, das, wie ich lese, geprägt ist von machtvollem Anti-Reagan- und Mietwucherprotest im Westen und von machtvoller Festfreude in der Hauptstadt der DDR. Auch wenn es hier zu Pfingsten ein paar ordungsliebende Maßnahmen geben mußte gegen Rockfans und andere bunte Vögel, die nachkrähten, was die Gropiuslerchen herüberzwitscherten: »Die Mauer muß weg.«]

Berlin ächzt vor Geschichte – und ignoriert sie ständig. Überall hält es Daten und Traditionen bereit. Doch wirkt das wenig, denn für Gedächtnis und stille Einkehr bei sich selbst ist Berlin zu eitel. Ständig gibt der Berliner sich als ein Mensch, der alles von sich weiß. Wo die Provinz Selbstbewußtsein noch nicht mal als Tugend kennt, hat Berlin viel zuviel davon in seiner Mentalität. Berlin kann die Klappe nicht halten. Jede Impression macht diese Stadt alsbald zu Ausdruck und Trend; nichts läßt sie gären und reifen; alles muß fix auf den Tisch und wird prompt schlecht verdaut. Berlins Bewußtsein ist Fastfood. Und es ist egozentrisch, daher polygam und rasch ans nächste Neue verloren.

Wie der Parvenü Reichtum mit Lebensart verwechselt, hält der Berliner die ihm geläufigen Slogans und Embleme für allgemeingültige Erfahrung. Stille doch, Junge, ick weeßet ja – das macht ein Leben aus Geschichte schwer. So ist Ost-Berlin allzu heutig: eine zeitgenössische, funktionale Stadt. Ohnehin läßt seine Position im Westen des Ostens für ideologische Besinnlichkeit wenig Luft.

Dennoch trägt die Stadt konservative Züge, die nicht mit Geschichtsbesußtsein verwechselt werden sollten. Da sind so viele verkommene Häuser mit Einschußlöchern aus dem Mai vor zweiundvierzig Jahren. Da gibt es immer noch die lapidaren Notizen in der Zeitung, zuletzt am 9. Juli, Polizei-Oberstleutnant Heinrich Luthe habe wieder eine Fliegerbombe entschärft. Da leben so viele Alte ringsum, die Utensilien der Erinnerung im Spind. Da hört man die Schlager und Redensarten von vor dem Krieg. Und schließlich ist da die grundsätzliche Skepsis der Berliner, die das Zeitgenössische gern etwas direkter hätten als auf die offiziell propagierte Art: »Hauptstadt = Weltstadt«.

Natürlich sind die Berliner, wie Fontane schreibt, »sehr witzig und haben bis zu einem hohen Grade die Fähigkeit ausgebildet, die lächerlichen Seiten einer Sache herauszufühlen«. Trotzdem machen sie gern den Jubiläumsrummel mit, den man mit ihnen veranstaltet und der ihnen schmeichelt. Überall Dekor. Kein Schaufenster ohne Berlin-Staffage, kein Bierchen ohne »750« auf dem Etikett.[1] Es rummelt halt. Flugs schaffte man Brauchtum an. Altberliner Originale kolorieren Paraden und Pressefeste: Vater Zille (waschechter Sachse übrigens), Hauptmann Voigt von Köpenick, Bügeljette, Schusterjunge, Eckensteher Nante. Geschichte vom Kostümverleih – das wirkt manchmal herrlich verklemmt. Und mag auch die Holzauktion im Grunewald bleiben und die Musike in Rixdorf – sogar der Stralauer Fischzug lebt zum Jubiläum auf. Volksfest jagt Volksfest bis hin zum monströsen Aufmarsch beim »Historischen Festumzug« am 4. Juli. Da blieb nur Landflucht. Für den anders Bedarften, vor allem für Jüngere gibt's aber Kultur, Importe bester Sorte: Tanztheater Pina Bausch, Antonio Gades Ballet, Academy of St. Martin in the Fields, New Orleans Soul Festival, John Mayall, Carlos Santana, John McLaughlin & Paco de Lucia ... Das sind wundervolle Erlebnisse für Menschen, die sich bisweilen vom Rest der Welt isoliert vorkommen. Hoffentlich bietet Berlin im 751. Jahr nicht nur Erinnerung an diesen warmen Regen.

Oh Argwohn: Was will »die DDR« mit solch riesigem Aufwand? Nichts Böses. Endlich eine Hauptstadt als Schauvitrine fürs In- und Ausland (oder umgekehrt), endlich eine ureigene Identität. Man kann ja schlecht von einer DDR-Nation sprechen, solange das Volk sich nicht selbst als Nation begreift. Diesem schwierigen Vollgefühl dient Berlin. Von hier geht Weisung aus; hier zieht es her. Die Stadt ist für das ganze Land die Mitte von Ideologie, Kunst und vor allem Konsum. Offiziell heißt das: »Berlin nimmt viel und gibt viel.« Das mit dem Nehmen stimmt, die Hauptstadt ist schließlich »versorgungstechnischer Schwerpunkt Nummer eins«. Die Gabe freilich läßt vielerorts auf sich warten, wenn man das Warensortiment in der Provinz beäugt. (»Ham wir nich, geht alles nach Berlin.«)

Vor allem die Medien tönen unablässig von Berlin, und langsam machen die Menschen im Lande irgendwie mit. Wohl auch dann, wenn sie den teuren Namen partout nicht mehr hören können. Denn die nackte Präsenz der Hauptstadt im Bewußtsein ist viel wichtiger als die Reaktion darauf. Da mag man sich, wie viele es tun, einen Alternativ-Button à la »781 Jahre Dresden« ans Auto kleistern – entscheidend bleibt, daß Berlin als Blickfang wirkt, und sei der Blick polemisch. So wird Berlin, gehaßt oder gemocht, immer mehr zur Hauptstadt der DDR.

## Halbstadt

Der Berliner selbst, landesweit geliebt für Feinsinn und Takt, unterscheidet penibel zwischen Berlin und DDR: »Bernau ist nicht mehr Berlin, das ist schon DDR.« Als ob also Berlin nicht zur DDR gehörte. Solch Zungenschlag legt nicht das Viermächteabkommen aus, sondern zeigt einfach, wie sehr Berlin sich selbst genügt. Das Land nimmt Anteil an der Stadt, nicht umgekehrt. Vielleicht ist ein Gutteil von Berlins Arroganz gekränkter Stolz, ein Erbe des 13. August, das merkwürdigerweise wirklich vererbt zu werden scheint. Hier war das Tor zum Westen; wollte das Land dorthin, mußte es über Berlin. Dann fiel die Klappe. So tragen viele Berliner in sich eine ruppige Trauer und streichen jedes Privileg als Reparation ein. Tatsächlich identifiziert ja fast jeder die deutsch-deutsche Teilung mit der Berliner Mauer, nicht mit der Staatsgrenze bei Elend oder Vacha. Und schon gar nicht mit der Gründung der Bundesrepublik (vor der DDR), der »Spaltermark«, der Warenschieberei, der Intellektuellenflucht auf Kosten der DDR. 13. August 1961: Nicht der Krankheit – des Todestages wird gedacht, freilich viel mehr im Westen als im Osten, wo im Grunde alle wissen, daß die Mauer nur ein Schlußstrich war.

Dies ändert nichts daran, daß die menschliche Tragik der Mauer seit Christa Wolfs Frühwerk »Der geteilte Himmel« 1963 in der DDR kaum Öffentlichkeit bekam. Doch was wirkt heftiger als ein Tabu? [Im Titelstück der LP »Casablanca« wird von der Ost-Berliner Rockband City auf betörende, hochmanirierte Art der Abschied der beiden Halbstädte Berlin voneinander vollzogen, ausgelegt auf die Trennung von Humphrey Bogart und Ingrid Bergman in Michael Curtiz' Kultfilm aus dem Jahre 1943. Die Idee scheint verrückt, aber – *play it again* – dieser Abschied endet nie. Neben dem Aufhänger »Casablanca« spielen City noch auf weitere große Sehnsuchtsfilme an: »Jenseits von Eden«, »Die Kraniche ziehen«, »Vom Winde verweht« – wehmütige Rufe von Berlin nach Berlin. Dort »geht der Frühling bis August«.]

Schön, doch leider nur im Westen erhältlich ist auch das Buch von Lutz Rathenow und Harald Hauswald: »Ostberlin. Die andere Seite der Stadt in Texten und Bildern«[2]. Die Autoren sind zugereiste Ost-Berliner; das läßt ihnen eine kleine Distanz – Direktheit mit leisem Schleier, den kein Urberliner sieht. Beide, Hauswald und Rathenow, kennen kein anderes Berlin als dieses, das sie »interessant finden wollen«. Rathenows Texte sind etwas bemüht; sie ahmen die Stadt eher nach. Aber Hauswalds suggestive Fotos setzen sie wirklich ins Bild. Die »andere Seite« – das ist die östliche und gleichzeitig jener Teil davon, der in DDR-Medien selten erscheint, weil er das Image der Stadt nicht prägen soll: Schwule, Punks und Hausbesetzer, die wüsten Fassaden, natürlich die Mauer. Und immer wieder das Häßliche, ewig Unabgegoltene des Lebens in Berlin, der Suff, die Depression [in solchen Kneipen, wo schon Gottfried Benn sezierte:

*»Grüne Zähne, Pickel im Gesicht*
*winkt einer Lidrandentzündung.*
*Fett im Haar*
*spricht zu offenem Mund mit Rachenmandel*
*Glaube Liebe Hoffnung um den Hals.*
*Junger Kropf ist Sattelnase gut.*
*Er bezahlt für sie drei Biere.*
*Bartflechte kauft Nelken,*
*Doppelkinn zu erweichen.«*[3]

Die gibt es hier immer noch, die Schwachen, Deprimierten, Gescheiterten, die Alten in schimmligen Treppenhäusern, im »›Berliner Zimmer‹, dieser in der ganzen Welt unmöglichen Herberge der Finsternis, der stickigen Luft«, wie weiland schon Friedrich Engels fand.] Dieses Berlin hat heuer vielleicht mit der meisten Empfindung Gabriele Eckart gezeichnet, die Zugereiste aus dem Vogtland:

*»Stadt ohne Zaunkönig (...)*
*Und mit Beton und mit Höfen*
*Wo Platz nicht hat ein Frühling*
*Flattern zu lassen*
*Sein blaues Band.«*[4]

Und über die Auguststraße 75, fünf Nummern neben dem Amtsgebäude des DDR-Kirchenbundes gelegen und eine Höhle von Hinterhaus:

*»O Haus mein Sarg*
*Gemälde tristes du aus schwarz und grau*
*Du Ghetto meiner Seele Drahtverhau*
*An dem Geziefer knabbert Ausgespien*
*ist wer hier lebt vom Schicksal Jeder Tag*
*ist eine Seite aus Döblin*
*Den langsam ich begreife Nichts vermag*
*Etwas zu ändern hier Die Zeit steht still*
*Betrunkene grölen Ratten pfeifen schrill*
*In sechzig Jahren noch zu lau dort oben*
*Weht was man FORTSCHRITT nennt für dich ach Haus*
*Straf Lügen mich Beweise daß verschroben*
*was ich hier schrieb Du Windchen Sturm werd Braus.«*[5]

Sicher, Berlin läßt sich ganz anders beschreiben – arkadisch, weich. Dämmerlicht am Wasserturm, Helmholtzplatz im Regensturm. Oder von den unproblematischen Seiten der Stadt wäre zu reden, von Freizeit, Wasser, Grün und Sport, von Wohnungsbau, sozialer Sicherheit – von alledem eben, was »die DDR« gern selber über sich berichtet. Doch gibt das keine Kunst. Die braucht nicht optimistische Fakten, sondern Magie aus Neigung und Tendenz und ein Gespür für das, was Menschen bannt und gefährdet. Vielleicht liegt Berlins größte Gefahr in seinem unterschwelligen Fatalismus, noch durch die Mauer gestützt: darin, daß man hier dem Menschlichen so leicht auskommt ins Clevere, ins bloße Betrachten. Ich nenne dies einen Widerstreit zwischen Lebensinhalt und -form, zwischen Moral und Ästhetik. Den gibt es überall; nur hat Ästhetik hier mehr Chancen, sich selbständig zu machen, weil keiner hinhört, wenn sie auf Menschliches pfeift. Man kann so rasch die Bezüge wechseln. Das macht erst frei, dann maßlos, dann zynisch, und schließlich ist man Opfer seiner selbst. So werden die Grundgefühle des Lebens hier leicht inzestuös und morbide und münden in die Einsamkeit der großen Stadt. Nichts, was ich je las über Berlin, ist wahrer und schöner als ein kleines Zeitungsgedicht von Tucholsky:

*»Wenn du zur Arbeit gehst*
*am frühen Morgen,*
*wenn du am Bahnhof stehst*
*mit deinen Sorgen:*
*da zeigt die Stadt*
*dir asphaltglatt*
*im Menschentrichter*
*Millionen Gesichter:*
*Zwei fremde Augen, ein kurzer Blick,*
*die Braue, Pupille, die Lider –*
*Was war das? vielleicht dein Lebensglück …*
*vorbei, verweht, nie wieder.«*

So wird es immer sein.

## Präludium zum Kirchentag

Nun sollte in Berlin Kirchentag werden, der erste seit sechsundzwanzig Jahren, der dritte nach dem Krieg (denn der von 1977 in West-Berlin zählt hier nicht). 1951 hieß das Motto noch: »… wir sind doch Brüder«. 1961, wenige Wochen vor der Mauer, fanden schon die meisten Veranstaltungen in den Westsektoren statt. Der 87er Berlin-brandenburgische Kirchentag mußte, natürlich, ein östlicher sein, ohne gesamtdeutsches Glockenläuten.

Aber gerade Berlin? Herzlicher Zuspruch an die hauptstädtische Kirche kam gleich zu Jahresbeginn aus Thüringen: »Kirchlich gesehen hat Berlin weder Hauptstadtfunktion zu erfüllen, noch wird dort etwas geboten (...), was nicht auch in der sogenannten Provinz vorhanden wäre. Im Gegenteil: Berlin ist die am meisten entkirchlichte Stadt der ganzen Republik. Nur jeder zehnte Bewohner gehört der evangelischen Kirche an.«[6] Diese Zahl darf man getrost halbieren und weiß dann trotzdem bloß, wieviel Kirchenvolk auf dem Papier steht.

Wie es der Institution Kirche in Ost-Berlin sonst noch ergeht, hat Berlins Generalsuperintendent Günter Krusche den »Kirche-im-Sozialismus«-Lesern unlängst aufgeschrieben: Zersplitterung in Szenen, Trends und Grüppchen; Sektiererei; auch kirchlich macht jeder »sein Ding« in Berlin. Dazu die Teilung der Stadt: [»Wir kommen auch in unserem kirchlichen Handeln an diesem Faktum nicht vorbei. Denn der Schmerz der Trennung macht es den Menschen in dieser Stadt unmöglich, sich damit abzufinden; deshalb ist die Frage nach der Rolle und dem Auftrag der Kirche in der sozialistischen Gesellschaft hier besonders umstritten; sie kann nicht emotionslos erörtert werden. (...) So müssen wir die Sensibilität der Berliner Situation anerkennen. Sie nötigt zu besonnenem und verantwortlichem Handeln. Sie macht verständlich, daß das Sicherheitsbedürfnis der Regierung der DDR hier besonders groß ist, daß Provokationen aufgrund der emotionalen Betroffenheit vieler Menschen in dieser Stadt keineswegs ausgeschlossen sind und daher die Bereitschaft der Verantwortlichen für Ordnung und Sicherheit nicht übermäßig groß ist, ein Risiko einzugehen.«[7] Krusche wußte, wovon er sprach. Als Vorsitzender des Vorbereitenden Ausschusses für den Kirchentag befand er sich in schwieriger Lage. Am 29. September 1986 hatte er einen Offenen Brief an die Friedenskreise und -gruppen in Berlin geschrieben. Darin teilte er den Beschluß der Kirchenleitung vom 11. Juli mit, wonach der Friedenswerkstatt, dem jährlichen Forum der kirchlichen Friedensarbeit, für 1987 eine »Denkpause« verordnet werde.[8] Der Friedenswerkstatt fehle »theologischer Gehalt«; sie sei von »schwindender Qualität«, und außerdem gebe es »massive Kommunikations- und Verständigungsprobleme« zwischen der Kirchenleitung und den Initiatoren. Der wichtigste Grund für das Stopsignal lag wohl in der ungeklärten Frage nach einem zuständigen Ansprechpartner für die staatliche Seite. Die Friedensgruppen zeigen alle Vorzüge und Eigenarten einer spontanen Basis, und Phantasie mag keine Absprachen von gestern. Dieser Zug ins Anarchistische macht der Kirchenleitung Beschwer, da »der Staat« sich mit allen Anfragen an die Oberhirten wendet und nicht an die Schafe, seien sie schwarz oder weiß.

Krusche, ein menschlicher Mensch und gewiß kein Opportunist, hatte einiges einzustecken. Auch aus dem Westen: »DDR-Kirche nimmt Rücksicht. Friedenswerkstatt aus Angst um Kirchentag abgesagt«, »Kniefall der DDR-Kirche vor dem Staatsratsvorsitzenden. DDR-Kirche läßt unbequeme Basisveranstaltung ausfallen«[9] usw. Asyl angeboten wurde Krusche nur von Humboldt-Professor Hanfried Müller in seinen »Weißenseer Blättern«. Das muß man ausführlich genießen: »... mit seinem Offenen Brief hat der Generalsuperintendent in der Hauptstadt der DDR sich am Lieblingskind der Westmedien vergriffen: an dem, was für sie ›eigenständige kirchliche Friedensbewegung‹ heißt, an den ›Gruppen‹, die am Rande der Kirche, aber unter dem Dach der Kirche, gerade auch der Kirche gegenüber ›eigenständig‹ ihr subjektivistisches, hier und da muß man schon sagen: solipsistisches Dasein demonstrieren. Man darf wohl, ohne zu übertreiben, behaupten: Im Umkreis dieser Gruppen sammeln sich subversive Zirkel. Sie bekennen sich (...) unverhohlen zum Erbe faschistischer Kräfte, die vor dreißig Jahren in Ungarn den Bürgerkrieg zu organisieren versuchten. Es handelt sich um einen geistigen Nährboden für politischen Terrorismus.«

Noch tiefer tauchte Müller ins Dämonium: »Gehört (...) das, was sich unter diese Basisgruppen mischt und sich an kirchliche Veranstaltungen wie zum Beispiel die Friedenswerkstatt anhängt, um dort ein Forum zu finden, sich dann aber im Sympathisantenkreis ungarischer Pfeilkreuzler wiederfindet und offenkundig versucht, aus der ›eigenständigen kirchlichen Friedensbewegung‹ eine anarcho-chaotische Verschwörung in Osteuropa zu machen, zur weltweiten Friedensbewegung?«

Ehrlich gefragt. Auch zum Kirchentag gab's noch Erhellung: »Die Grenzen der DDR-Hauptstadt gegenüber West-Berlin sind so offen, daß mancher junge Abenteurer auf die Idee kommen mag, zu versuchen, beim Kirchentag ›eine Show abzuziehen‹. Und die politisch etwas infantilen Kreise, die bei der letzten Friedensdekade unsere Staatsgrenze von außen zeigten, könnten geneigt sein, auch ihnen das Etikett ›eigenständig kirchlich‹ umzuhängen. Wenn sie mit der ›Jungen Union‹ Arm in Arm erschienen, könnte das zwar erheblich zur Klärung von Positionen gegenüber Dritten beitragen, nicht minder aber zu genüßlichen Videoaufzeichnungen für ›Heute‹ und ›Tagesschau‹ mit friedensstörender, Kooperationen belastender politischer Femwirkung.«[10]

O Suada! Dies war ein kräftiges Zinnober im winterlichen Blätterwald. Müller trug sein hübscher Artikel eine Beleidigungsklage der humorlosen »Pfeilkreuzler« ein. Für die Friedenswerkstatt war das ohne Belang; sie blieb vorerst storniert.] Man kann übrigens nicht direkt behaupten, daß sie dem Kirchentag geopfert worden wäre. Das hatte keine Obrigkeit verlangt – wie denn auch? Es gab aber sicher im Juli 1986 bei der Kirchenleitung eine Bereitschaft, an den Kirchentag 1987 zu denken, wenn man, mal ganz terminlich, an die Friedenswerkstatt 1987 dachte. Und auch daran, daß alles schon schwierig genug sei.

## Eisern Union

Zum Beispiel hatte man keinen Platz unter freiem Berliner Himmel für den großen Abschlußgottesdienst. Und damit steht und fällt ein Kirchentag. Kommt doch Kirchentagsstimmung nicht dort auf, wo zwei oder drei in irgendeinem Namen versammelt sind, sondern erst beim Anblick zigtausender kirchentagsbetuchter Mitchristen. Das wirkt am schönsten in einem Stadion – wenn man ein Stadion hat. Darüber entscheidet »der Staat«.

Erst sprach *man* Nein. Dann wurde zu Jahresbeginn das staatliche Berlin-Jubiläum eröffnet, mit einem Festkonzert im Schauspielhaus. Nicht nur der erste Mann im Staat genoß dort Klassik, auch Bischof Gotffried Forck. Dann tauschte *man* Neujahrsgrüße. Dann sprach *man* das erforderliche Ja. Von Stund an waren die kirchlichen Vorhaben »750 Jahre Kirche in Berlin«, somit auch der Kirchentag, akzeptiert als Bereicherung der staatlichen Feierlichkeiten, als »organischer Bestandteil des Berlin-Jubiläums«. Das verhieß zugleich Unterstützung für den Kirchentag durch Berliner Magistrat, vor allem das ersehnte Stadion.

Die »Alte Försterei« in der Wuhlheide bei Köpenick wurde für das letzte Juniwochenende christlich requiriert. Mit dreiundzwanzigtausend Besuchern Fassungsvermögen ist dieser Kampfplatz, wo sonst der 1. FC Union seine Abstiegsschlachten schlägt, zwar kein Olympiastadion und auch nicht gerade Ost-Berlins größte Arena. Aufsehen gab es dennoch genug bis hin zu solcher Post: »Ich möchte Sie bitten, mit Ihrem ganzen Einfluß dafür zu wirken, damit endlich mal was gegen die Fußballrowdies getan wird. Der Heiland schenkt uns beim Kirchentag Gelegenheit, damit Union ausgerottet wird. (...) Tun Sie bitte etwas gegen dieses widerliche Pack. Das sind keine Menschen, sondern verabscheuungswürdige Kreaturen, Bestien in Menschengestalt. Es müßte erwartet werden, daß nach dem Kirchentag diese Horden mit dem rotweißen Schal nicht mehr zu sehen sind. Vollkommen beseitigt sind. Gott befohlen.«

Ja, Gott befohlen. Auch das ist Kirche in Berlin.

## Kommt Diepgen?

Die Veranstaltungen zu »750 Jahre Kirche in Berlin« begannen am 22. Februar mit einem Festkonzert in der Gethsemanekirche. Vor den Kameras von Ost- und Westfernsehen begrüßte Bischof Forck »besonders die verehrungswürdigen Gäste aus der Ökumene und aus dem anderen Teil unserer Berlin-brandenburgischen Kirche, die Vertreter des Staates, an der Spitze den Oberbürgermeister unserer Hauptstadt, und die Botschafter und Mitarbeiter der diplomatischen Vertretungen in Berlin«. Gemeindemitglieder gab es ebenfalls. »Und wir freuen uns auch über die verehrungswürdigen Besucher aus West-Berlin.«

Im Klartext hieß das: Diepgen kam. Wie so oft in Berlin gewährte auch hier die Impression tiefere Auskunft als die offiziellen Fakten. Deutsch-deutsche Miniatur: Da saßen sie einander exakt vis à vis, der Oberbürgermeister Erhard Krack und der Regierende Bürgermeister Eberhard Diepgen. Sie hatten sich ständig vor Augen, quer durchs Kirchenschiff, und konnten zueinander nicht kommen, nicht mal zu einem Gruß. Denn der eine war von Amts wegen da und der andere »ganz privat, als Mensch und Christ«. Realpolitisch verständlich, was da geschah, protokollarisch sauber und doch nicht zu begreifen – traurig, saukomisch, fremd wie die Zweige, die der Wind aufrauscht wenige Meter entfernt, hinter der Mauer, wie die Lichter, die dort angehen und wieder aus. Da saßen sie also, romantisch umwabert von Albert Beckers großer b-Moll-Messe: »... et pax hominibus bonae voluntatis.« Wohl eher Bruce Springsteen: »You can look. But you better not touch.«

## Punks

Umgekehrt machte auch die Kirche Visite beim Staat. Am 14. Mai wurde durch einen Honecker-Rundgang die wiedererrichtete Nikolaikirche eingeweiht – nein, eröffnet: als Museum in staatlichem Besitz. Kirchlicherseits vermerkten es viele übel, daß Vertreter der Kirchenleitung hieran teilnahmen, ohne Eigenes zu sagen. Es wäre ein Wort zu reden gewesen von kleiner werdenden Gemeinden und davon, daß nicht alle Kirchengebäude als Gotteshäuser zu halten sind. Statt dessen gab man stumme Begleitung für einen Akt, bei dem »der Staat« demonstrierte, daß nun auch er vermöchte, was die Kirche kann, weil sakrale Aura fortan säkular zu haben sei. Und wenn das »Neue Deutschland« tags darauf noch schöne Fotos druckt, fängt sich kirchliche Obrigkeit, zumal in Berlin, ganz rasch das Kompliment ein, sie sei wirklich dekorativ.

Zu diesem Zeitpunkt war der »Kirchentag von unten« schon angekündigt. Bei der Berlin-brandenburgischen Synode Ende April hatte es Flugblätter von der Empore geregnet, auf denen Friedens-, Öko-, Frauen- und Dritte-Welt-Gruppen einen Alternativ-Kirchentag versprachen. Die offizielle Kirche gebe die Anliegen der Basisgruppen preis, ziehe sich zurück in Bürokratie und Repräsentation und entmündige so die Gemeinden. »Von oben nach unten wächst gar nichts.« Das löste Panik aus. Erklärten doch die Flugblattschreiber; sie würden zum Kirchentag eines der elf Arbeitsgruppenzentren besetzen. Nun tauchte Flugblatt um Flugblatt auf, was in der DDR beinahe wie Bombenwerfen wirkt. Der Ton wurde gröber. (»Glaubt nicht mehr diesem Pfaffenbrei, setzt lieber bißchen Power frei.«) Die Inhalte hatten, siehe oben, zum Teil ihr Recht, zum Teil waren sie demagogischer Kohl – bis dahin, daß zum

Abschlußgottesdienst sechzigtausend Westmark für Rollrasen ausgegeben würden. Fazit im Original-Tenor von unten: »Sollen die Bonzen ihr Spektakel allein machen.« Die »Bonzen« wollten nicht und suchten Verständigung. Sie gelang sehr spät.

[Der kirchliche Offizielle in der DDR tut einen ruhmlosen Dienst. Er vermittelt – zwischen Christen und »Staat« (oft genug in Konflikten), zwischen den kirchlichen Ebenen. Er geht Kompromisse ein. Er denkt nach beiden Seiten. Das macht ihn vielen suspekt, die nur nach einer Seite denken. Der kirchliche Offizielle steht in dem Dilemma, den gelungenen Kompromiß amtlich abrechnen zu müssen und den mißlungenen mit sich selbst. Daß die Basis andere Sorgen hat, ist ihr Recht. Daß sie einen »Kirchentag von unten« ausruft, ebenso.]

Mit Abstand betrachtet, mußte alles so kommen. Die abgesagte Friedenswerkstatt brauchte Raum, gleichfalls die Offene Jugendarbeit. Die Kirchenveranstalter »von oben« hatten zwar absichtlich kein Arbeitsgruppenzentrum »Frieden« ins Programm genommen, weil dieses Thema alle anderen durchziehe, sei es »Kirche und Gesellschaft«, »Partnerschaft in der Familie«, »Juden und Christen« oder »Theologie der Befreiung«. Theologisch war das richtig kalkuliert, soziologisch weniger. Es hat wenig verstanden, wer meint, die Friedens- und anderen Basisgruppen könnten sich in Einzelpersonen zerlaufen, die, je nach Interesse, drei Tage lang in einem Tagungszentrum mittun. Man muß die Gruppenstrukturen begreifen.

Es handelt sich eben, wie immer noch nicht hinreichend bewußt, um sozialisierende Gruppen; das heißt, sie benötigen ihr ureigenes Milieu, ihre Physis, ihr Flair. Sie funktionieren nicht zerteilt. Ihr Bewußtsein hängt an ihrer Gestalt. Ein Öko-Punk im Tagungszentrum Gentechnologie, unter Ärzte und Mittelstandschristen gesetzt, kann dort schlecht mitarbeiten, auch wenn es keine Ressentiments gibt. Er spricht anders; dieselben Dinge werden ihm anders plausibel.

Sozialisierende Gruppen haben für den einzelnen den Sinn, daß er, um zu sein, was er ist, nicht auf sie verzichten kann. Mir schwant, daß unser Reden über die schrumpfende Kirche in Wahrheit die soziale Fluktuation betrifft; Glaubensdinge kommen ja eher stärker ins gesellschaft-

Absender:

Alter: __________

Beruf: __________

Unter den Einsendern der Karten verlosen wir jährlich signierte Bücher unseres Verlages.

Bitte ausreichend frankieren

Ch. Links Verlag
Abteilung Vertrieb
Zehdenicker Straße 1

D–10119 Berlin

liche Gespräch. Natürlich werden klassische Gemeinden mit eingetragenen Steuerzahlern kleiner. Denn die Familien werden labiler (ein Drittel aller Berliner Mütter sind ledig).[11] Die Ehen werden kürzer. Die Werte werden beliebiger, weniger deutlich sozial gebunden. Strukturen verlieren Kredit mangels Identifikation. Die klassische christliche Bildung rudimentiert. Kurz: Mein Glaube wird subjektiver; niemand weiß mehr darüber als ich. Meine Gruppe löst mir die Kirche ab – nicht nur die Volks-, auch die Freiwilligkeitskirche. Was brauche ich die Kirche? – Folglich vererbt sie sich nicht länger als soziologisches Fixum. Das geht mit vielem ähnlich im Lande DDR, vor allem in Berlin.

Wo Glaube im einzelnen steckenbleibt, ist Narzißmus der Grundzug der Zeit. Wir separieren uns, pflegen Images – ob als Punk oder in etablierten Positionen, ob wir Gefahrenzone hören oder Rachmaninow. Sicher sind da Unterschiede. Aber Gruppen oder Ämter – was sich selbst genügt (mal ehrlich), ist narzistisch. Wir reiben uns nicht mehr aneinander; wir verzichten auf den Widerstand des Fremden, das doch – verdrängt – nur unser Eigenes ist. Und wo wir auf Fremdes verzichten, verzichten wir auf Erkenntnis der größeren Welt wie auf Erkenntnis unserer selbst. Der einzelne tut das, wenn ihn die Gesellschaft nicht schert. Die Kirche tut das, wenn sie aus Milieuangst die Schotten schließt. Der Staat tut das, wenn er nicht reisen läßt. Jeder »macht sein Ding« und wendet alle Kraft an seine Belange. Der Punk, der seine ganze Originalität zur Selbstdarstellung verbraucht, ist ein treffendes Sinnbild für DDR-Mentalität.

Da gibt es also »Bonzen« hier und »Chaoten« dort, aber nicht Brücken, und in der Mitte fließt rasch der Fluß, auf dem uns die Felle davonschwimmen. Narzißmus ist der Grundzug der Zeit. Narziß weiß alles über sich, und nichts über andere, da er nur Spiegel beschaut. Vor Spiegeln restauriert man sich und sucht den gepflegteren Zustand von gestern. »Doch jeder Mensch«, sprach Horst-Eberhard Richter, der Weise aus Gießen, »sollte in seinem Leben die Unruhe zulassen, daß er sich Neuem, Fremdem näher fühlt als seinem anerzogenen Milieu und seiner vertrauten Gepflogenheit.« Da war schon Kirchentag.

## Auftakt

Er begann am Abend des 24. Juni mit sechs gleichzeitigen Eröffnungsgottesdiensten. In St. Marien predigte Bischof Forck über Johannes 1,14: »Das Wort ward Fleisch und wohnte unter uns« – Anlehnung an die Kirchentagslosung, jenen Torso aus Jeremia 7: »... und ich will bei euch wohnen.« Forck: »Dieser Herr; der uns von unten her trägt, sollte uneingeschränktes Wohnrecht bei uns haben. Seine Weisungen können eine Hilfe zur Lebensbewältigung sein und uns dahin führen, daß wir uns mehr von uns selber lösen und Räume öffnen für andere.« Der Bischof hatte sich schon kurz vor dem Kirchentag in einem Interview mit dem »Spiegel« dafür ausgesprochen, Minderheiten, auch nichtkonfessionellen, kirchliches Obdach zu gewähren, sofern sie das Gespräch mit dem christlichen Glauben nicht ausschlügen. »Wir haben den Auftrag, (...) das Evangelium zu verkündigen. Die Frage ist nur: Was gehört zum Evangelium (...)? Alle Bereiche des Lebens gehören dazu, das Leben in der Gesellschaft, im Staat.«[12]

Ähnlich Generalsuperintendent Günter Krusche in der Erlöserkirche Rummelsburg: »Das Wort ward Fleisch« bedeute, daß Gott in die Geschichte hineingehe. »Deshalb lassen wir uns auf die Wirklichkeit der sozialistischen Gesellschaft ein und wirken mit, wenn es darum geht, das Beste daraus zu machen.« Die Devise »Ohne mich!« könne sich nicht auf Christus berufen. »Im Namen des menschenfreundlichen Gottes rufe ich euch zu: Ihr dürft nicht aussteigen!«

[Dies wies schon hin aufs Publikum. Vorwiegend Jugend war in die Erlöserkirche gekommen, wo sonst Friedenswerkstatt und Bluesmesse ihr Domizil haben. Nach dem Gottesdienst gab's Pankow, die führende DDR-Rock-Band. Daß eine Top-Gruppe zu Benefizzwecken auf einem Kirchentag spielte, war neu und hoffentlich für die Jungs von Pankow nicht allzu frustrierend. Denn es wurde peinlich. Gitarrist Jürgen Ehle ließ die schönste Slidegitarre der Republik durch den Erlösergarten heulen, grüßte »den Gott in dir«, doch die gut tausend Kirchen-Kids gerieten nicht in Fahrt. Sie waren halt das falsche Publikum. Sänger André Herzberg ratlos: »Was machen wir nur mit euch? Ihr seid einfach zu lieb!« Und wer zu lieb ist, kriegt keine

Zugabe. Das ist beim Rock'n'Roll nun mal anders als anderswo.]

## Verlauf

Am nächsten Morgen nahmen die elf Tagungszentren ihre Arbeit auf. Die Thematik war breit gefächert: Anpassung und Verweigerung, Männer und Frauen in der Kirche, Arbeitsethik, Homosexualität, Gentechnologie, Dritte Welt, deutsche Geschichte und deutsche Schuld, Juden und Judenmord in Berlin (das Thema mit dem größten Interesse), Versöhnung mit den Völkern des Ostens – dies eine deutliche Parallele zum Frankfurter Kirchentag eine Woche zuvor.[13]

Man sollte allerdings die Treffen von Frankfurt und Berlin nur vorsichtig miteinander vergleichen. »Der westdeutsche Protestantismus hat mit dem Kirchentag ein einzigartiges Forum zur Selbstdarstellung gefunden. Christliches Mühen um Gott, die Welt und den Menschen, normalerweise in ein weites pluralistisches Spektrum aufgesplittert, findet hier zusammen, wird im Kirchentag mit seinem ganzen geistigen und geistlichen Reichtum erlebbar.«[14] Das ist nicht unsere Situation. Wir backen weniger und kleinere Brötchen. Ein bißchen mehr freilich hatte sich der Berliner Kirchentag doch vorgenommen: Von den öffentlich kalkulierten elftausend Dauerteilnehmern kamen nur knapp fünftausend in die Arbeitsgruppen. Konsistorialpräsident Manfred Stolpe, basso profundo, wußte zwar vor der Presse von irgendwoher: »Unser Kirchenvolk hat den Austragungsort Berlin voll angenommen.« Sagen wir halbvoll. Mancher im Lande setzte wohl einen Berliner Kirchentag mit dem Jubiläumsrummel in eins. Und die Bindung der Teilnehmer an jeweils ein Tagungszentrum war wohl auch nicht der Weisheit letzter Schluß.

Die kamen, focht das wenig an. Auffällig die starke Beteiligung der mittleren Altersgruppe unter den Dauerteilnehmern (in Frankfurt dominierte die Jugend). Berlin litt lange Mangel an solchen Veranstaltungen, wie sie nun in dichter Folge geboten wurden. Mächtigen Zulauf hatten die Foren: »Zeitzeugen« (u. a. mit Kurt Scharf, Heinrich Albertz, Albert Schönherr), »KSZE-Prozeß« (u. a. mit Erhard

Eppler, Christa Lewek und Günter Gaus, der uns vor Jahren das Wort von der »Nischengesellschaft« gefunden hat), »Friedensforum« (mit Carl-Friedrich von Weizsäcker, der in Berlin fünfundsiebzig wurde, Heino Falcke, Ruth Misselwitz und anderen), ein Rabbinerforum mit Gästen aus Jerusalem, London, Genf, New York und West-Berlin. Bewegt erfuhren über eintausend Hörer von jüdischem Leben und Geist im untergegangenen Europa und im vorigen Berlin.

Weiter gab es im üppigen Rahmenprogramm Vorträge, qualifizierte Kunstausstellungen, Gemeindefeste, Musik von allerlei Art. All das kann hier nur knapp erwähnt werden, um zu zeigen, daß der Berliner Kirchentag nach Anlage und Besetzung weit mehr war als ein christlicher Volkshochschulkurs, wie mitunter behauptet. Er war ein Festival christlichen Pluralismus, bei dem die Kirche geistig, geistlich, politisch und kulturell ihre Bestände und Visionen ausbreitete. Zum Glück sprach sich doch noch herum, daß dies kein Kirchentag der verschlossenen Türen sei. Die DDR-Medien bis hin zum Fernsehen zeigten sich weniger abstinent als üblich und genehmigten größere Kostproben. Die Westmedien waren offensiver. Einige gingen zum Angriff über: »Ost-Berlin sperrt Stadt für kritische Christen«[15], »Ost-Berliner Kirchentag unter totaler Kontrolle«[16]. Besonders fühlsam textete Springers »Welt«. Ihr Bericht über »Berlin – Stadt des Friedens«, die Fotoausstellung des Erlöser-Friedenskreises, veranlaßte den dortigen Gemeindekirchenrat, die Ausstellung abzubauen.[17] So bat Manfred Stolpe in der Presse-Schlußrunde die Westjournalisten, »dieses Land, das es sehr, sehr, sehr viel schwerer hat als die Bundesrepublik, nicht zu überfordern«. Gleichzeitig wies er auf »gewachsene staatliche Risikobereitschaft« hin.

Zum »Kirchentag von unten«: Er konnte arbeiten und tat das in all seiner Buntheit und – manchmal – Konfusität. Es wurde alles und jedes diskutiert und dokumentiert: Smog, Friedenswerkstatt, Offene Arbeit, Untersuchungshaft, Südafrika, Macht in der Kirche, theologisches Politik- und Kulturverständnis. Dazu kam Szene-Kunst von innig bis skurril, Bulat-Okudshawa-Lieder ebenso wie Johnny nackt mit Saxophon. Stephan Krawczyk, der umstrittene Song- und Theatermann, fand Podium und Publikum.[18]

Täglich gab's hektographiert »Antikörper«, die Kirchentagszeitung von unten. [Manches ging auch schön vor den Baum wie ein Forum »Jesus kam von unten«, auf dem Ur-Jesus ein Wortschatz von fünfhundert Vokabeln zugestanden wurde, zum Teil noch der Fäkalsprache abgelauscht. Solche Pleiten machten den überfüllten »Kirchentag von unten« nicht zur Marginalie.] Er gehörte dazu; er war präsent bis hin zum Schlußgottesdienst. Und er bedeutete für alle Beteiligten eine Nagelprobe auf das große Thema, das den gesamten Kirchentag durchzog: Neues Denken – nicht gegen-, sondern miteinander.

## »Neues Denken – neues Handeln«

So der Titel eines zusätzlich ins Programm genommenen Forums in der Sophienkirche, hochkarätig besetzt u. a. mit Horst-Eberhard Richter, Heino Falcke, Joachim Garstecki, Erhard Eppler und Karl Bonhoeffer, dem Vorsitzenden der bundesdeutschen IPPNW-Sektion. Vom Begriff Neues Denken wird mittlerweile ja fast zuviel hurtigen Wesens gemacht. So mahnte Garstecki, Friedensreferent der Theologischen Studienabteilung beim DDR-Kirchenbund, das Neue Denken nicht nur zu zitieren, sondern weiterzudenken. Eppler hatte das schon in seinen Vorträgen unternommen, indem er die bisherige abendländische Politik der Tradition der *Pax Romana* zuwies, des römischen Siegfriedens. (SDI sei der Limes im Atomzeitalter.) Dagegen gebiete heuer die Vernunft den biblischen Schalom, der das Wohl des Gegners mitdenkt und ihn zum Partner macht.

Horst-Eberhard Richter, kindlich und väterlich in einem, besann sich auf Pascal und dessen *logique deu cœur*. Viel zuviel von unserem Herz und Gewissen hätten wir getauscht gegen jene Logik der Anpassung, die Abschreckung erst möglich mache, gegen Gut-Böse-Dogmen und andere psychologische Ikonen. Er, Richter, hoffe auf Gorbatschow, weil er den Menschen in die Mitte stelle, nicht dessen Funktionen für eine Ideologie.

Reicher Beifall. Doch auch Skepsis wurde laut: Sei nicht das Charisma Gorbatschow zufällig aufgetaucht und zu sehr an diesen Menschen gebunden? Und müsse nicht der Staat Vorgaben leisten für die demokratische Humanisierung der Gesellschaft? »Milchglasnost haben wir«, witzelte wer auf deutsch-sowjetisch. Tief sitzt Kurt Hagers Wort vom Nachbarn Gorbatschow, der tapezieren müsse, im Unterschied zur DDR.

Der Abschlußgottesdienst brachte über zwanzigtausend Menschen ins Stadion »Alte Försterei« – Dauerteilnehmer, Berliner und viele Sonntagsgäste aus dem ganzen Land. Was vielen etwas bringen soll, wird ja nicht eben besser. Es konnte aber beruhigen, wie wenig sich »die Kirche« darauf verstand, ein pompöses Massenspektakel à la Turn- und Sportfest zu produzieren. Bunt war's jedenfalls, und wer aus Nackel, Garlipp oder Schwichtenberg kam, empfing durch die große Gemeinde gewiß Ermutigung für die zukünftigen Einsamkeiten der Provinz. Ein sakral-ornamentales Potpourri lief ab mit Grußworten und Predigt, mit Blechblas-Legionen, gestischem Anspiel und schmusigen Songs (»Kleine Träne Trauer, mir umsonst geschenkt: Werde ich sie weinen, daß sie jeden tränkt?«). [Die Kollekte ging für Hilfszwecke nach Sambia, und während sie gesammelt wurde, sang Katja Epstein »Wozu sind Kriege da?« von Udo Lindenberg. »Ich bin ja noch ein Kind«, erfuhren alle, die Katja älter geschätzt hatten.]

Blickfang war der »Kirchentag von unten«, dessen Vertreter zwei Stunden lang mit Transparenten durch die Masse wanderten: »Glasnost in Staat und Kirche«, »Kein Geld für Protz«, »Ein Haus für Offene Arbeit«, »Wir fordern einen zivilen Ersatzdienst!«. Die Frage ist, wie die neuen schmalen Stege zwischen der Kirchenleitung und den Gruppen begangen werden. Generalsuperintendent Krusche machte es erst mal leutselig: »Auch wenn es bei der Vorbereitung von oben und unten knirschte – das gehört in Berlin dazu, das ist schon seit 750 Jahren so.« Da hätte man sich also gar nicht aufzuregen brauchen!

Einen Beifallssturm entfesselte Bernhard Opitz, der Präsident der DDR-Kirchentagsarbeit: »Wir hoffen auf Frieden zwischen beiden deutschen Staaten, einen Frieden, der auch Kommunikation und Reisemöglichkeiten einschließt.« Ja, was erhoffen wir noch nach diesem Kirchentag? – Wir hoffen, kurz, auf weitergedachtes Neues Denken. »Liberalsekretär« Gorbatschow hat kürzlich der Welt erklärt, die Sowjetunion betrachte kein Land und kein Volk mehr als Feind. Dieses außenpolitische Signal muß auch in die Gesellschaft, in die Kirche hinein. Wir haben zu lange aus polemischen Wahrheiten gelebt. Und zu stark haben »der Staat« und »die Kirche« gegenüber den Individuen einen kollektiven Begriff von Recht, Moral und Sozialität verfochten. Staat und Kirche stehen heute vor der Frage, ob sie ihre jeweilige »Klassenmoral« als Massenmoral behalten wollen.

»Wenn man mit dem Bügeleisen über die Gesellschaft hinweggeht, bleibt kein Talent, kein gewissenhafter Mitarbeiter übrig.«[19] Es ist leicht, die Ordnung einer Gesellschaft auf die Unterwerfung jedes einzelnen unter feste Regeln zu gründen. Doch Kulturen bilden sich im Kern. Von oben nach unten wächst gar nichts. Wo Ideologie schießt, geht Glaube zurück. Oder er setzt sich, bei den Starken, zur Wehr und schafft ein subjektives Gegengewicht, das indirekt auch die Gesellschaft prägt.

Es schmerzt mich, so viele einzelne zu finden, die wie besiegt scheinen von »der Gesellschaft«, die sie doch selber sind. Jeder »macht sein Ding«, kaum einer das »Ding aller«. Landläufig heißt es oft nicht: »Was hoffe ich für meine Gesellschaft?«, sondern: »Was kann ich vom Staat bzw. von der Kirche schon erwarten?« Was tut es da für einen Unterschied, ob einer in der Nische sich oppositionell die Seele wäscht oder ob er kauft und kauft, was es zu kaufen gibt, und heimschleppt. Wer in der Nische wohnt, weiß wenig vom Haus. Wer schließt uns auf? Die größere Menschengemeinschaft, auch die Christenheit im Konzil, kommt nur zustande, wenn die Menschen, die sie schaffen, in ihrer eigenen Kultur und Gesellschaft Heimstatt besitzen. Sage keiner, das komme von allein. Wir müssen dazu kennenlernen, wer wir sind; wir müssen uns verlieren, um uns zu finden, heimzufinden. Was ein Christ sei, erfährt man besser unter denen, die das nicht sind. Was man als Deutscher sei, merkt man nicht einfach daheim. Ein Europäer ... Wie es Tom Waits singt, der Schutzpatron aller Nachtpiraten und gläubigen Streuner: »I never saw the East Coast before I moved to the West.«

Nachts gibt es keinen Kirchentag mehr, kein Gewimmel mehr mit Tüchern um den Hals. Der Gemeingeist hat seine Hüllen abgestreift. So ist, was bleibt, die Impression, der Eigensinn.

Gott in Berlin und die Folgen. »... und ich will bei euch

wohnen.« Wie erfährt man das ganz für sich selbst? Wo kehrt das Metaphysische heim in dieser Stadt, zu der ich immer ein ironisches und melancholisches Verhältnis haben werde? Nach Mitternacht liegt alles Politische schlafen. Da definiert sich nichts mehr aktuell und vom Westen her; da ist Ost-Berlin mit sich allein, zeitlos, ein Unikum wie jede große Stadt. Da sind Karrieren zu finden und Künste, Geld, Mangel, Angst, Liebe und Einsamkeit und jede Menge zu saufen. »Wir ließen los und trieben im Kanale ...« Georg Heym, noch so ein schwieriger Berliner.

Berlin bei Nacht: Christsein ist dann ein persönlicher Hort, ein Glaube, daß zu leben sei in diesem Menschentrichter. Da laufe ich durch meine halbe Stadt, die tags doch Hauptstadt eines Staates ist und Mitte eines halben Landes, aus dem ich nicht wegkann, weil ich hier ganz zu Hause bin. Stephan Hermlin hat unlängst in einem schönen Essay die DDR abermals Deutschland genannt: »Das hier ist es.« Die Summa, bitter und süß: »Es gibt keine glückliche Liebe. Es gibt keine Liebe, die nicht dem Schmerz gehört, die nicht verwundet, die nicht befleckt, die nicht von Tränen lebt.«[20] Wenn also alle Liebe Tristesse hat, und wenn sich dies tauschen läßt, so daß kein Kummer ohne Liebe kommt, mag es schon sein, daß einer auch die Halb- und Hauptstadt liebt. Wo schlägt das Herz der Welt? Was sollte ich anderswo? Da sind zwar Gründe von Ost nach West ... Heimat hat, wer Heim hat.

*Juli 1987*

1 Die wohl festlichste Jubiläumsidee kam der Deutschen Post: Für den Fixpreis von 2,– Mark hat der Kunde die Qual zwischen zwei vorgeschriebenen Telegrammtexten, die er seinen Lieben kabeln darf: »Herzliche Grüße aus dem 750jährigen Berlin, der Hauptstadt der DDR, der Stadt des Friedens, der Solidarität und der revolutionären Traditionen.« Oder: »Herzliche Grüße aus unserer sozialistischen Metropole, die durch unsere gemeinsame Arbeit schöner denn je wiedererstanden ist.«

2 Piper, München/Zürich 1987.

3 Aus: Nachtcafé. In: Gottfried Benn: Einsamer nie. Verlag Volk und Welt, Berlin 1986.

4 Aus: Berlin, Auguststraße 75. In: Sturzacker. Buchverlag Der Morgen, Berlin 1985.

5 Ebd.

6 Gottfried Müller, Chefredakteur von »Glaube und Heimat«, in seinem Kommentar vom 25. Januar 1987.

7 Günter Krusche: Minderheitskirche in der Großstadt. Zur Lage der evangelischen Kirche in Ost-Berlin. In: Kirche im Sozialismus (KiS) 2/1987, 45–47.

8 Siehe KiS 6/1986, 238–240.

9 Frankfurter Rundschau v. 10. November 1986 bzw. taz v. 11. November 1986. Es handelt sich jeweils um redaktionelle Aufmachungen einer AP-Korrespondenz von Ingomar Schwelz.

10 Weißenseer Blätter 6/1986, 44–46. – So macht man Feuer an. Müllers Talent liegt im Extrem. Das zeigte sich auch jüngst im April, als er auf der Berlin-brandenburgischen Synode das Thema Reisebeschränkungen mit Hinweisen auf die »Kraft-durch-Freude«-Reisen im Dritten Reich verklebte (siehe Hans-Jürgen Röders epd-Bericht vom 30. April 1987/ZA, 7 f.). Die engagierten »Weißenseer Blätter« wären viel lesbarer; wenn in ihnen nicht ständig das Agitatorische der Reflexion davonliefe. Das ergibt einen Hang zur Tirade, eine negative Identität, die nur in der Polemik Profil gewinnt und Fremdem solange den eigenen Stempel aufdrückt, bis es breit ist.

11 Es geht hier nicht darum, persönliche Lebensformen zu diffamieren oder Ordnungsrufe auszustoßen. Nur eine Tendenz sei beschrieben.

12 Wir sind eine unabhängige Vertrauensinstanz. In: Der Spiegel 21/1987, 76–92. [– Was diktiert den Gruppen die Kirche als Gegenüber? Zum Teil ihre Thematik, teils aber auch »der Staat«, der sie sozial ignoriert. Es wäre daher verkehrt, bei den Gruppen oder den Künstlern der Berliner Szene von Aussteigern zu sprechen. Die Nähe der Politik und Gesellschaft ist häufig gegeben, wird meistens gesucht – je mehr man sich den Schädel stößt, desto stärker. Ich beobachte geradezu eine Fixierung aufs Politische, das über psychologische und ästhetische Belange ebenso dominieren möchte wie über Fragen von Glaube und Ethik. Das mag für die Kirche ein problematischer Zulauf sein, doch wer die Gruppen zurückweist, kann von ihnen keine sozialeren Qualitäten erwarten und verweigert sich der Gesellschaft, wie sie nun einmal ausschaut. Kirchenmitgliedschaft ist übrigens ein schwieriges Entrée, als müsse einer entrichten, was er noch gar nicht hat. Wo erst das Milieu getauscht werden soll, wird die Einladung schwül.]

13 Vgl. etwa Matthias Hartmann: Versöhnung zwischen Ost und West. In: Berliner Sonntagsblatt 26/1987, und Marion Wulf: Kein Weg zurück in die unpolitische Nische. In: Die Kirche 28/1987.

14 Joachim Garstecki: Seht, welch ein Mensch! In: Die Kirche 28/1987.

15 BZ v. 25. Juni 1987.

16 Berliner Morgenpost, West-Berlin, v. 26. Juni 1987.

17 Hans-Rüdiger Karutz: In der Erlöserkirche die Wahrheit über Berlin. Kein Tabu ausgelassen. Ulbrichts Mauer-Lüge. In: Die Welt v. 26. Juni 1987.

18 Krawczyk ist kein neuer Biermann. Er hat weder dessen Ost-West-Vita noch dessen spezielles Pathos, noch dessen Virtuosität als deutsch-

deutscher Troubadour. Auch sind die Zeiten anders. Krawczyk ist nach seinem eigenen Gefühl »ein richtiges DDR-Produkt«. Ubrigens war er früher wohlgelitten und trug bei den staatlichen Frankfurter Chansontagen den 1. Preis davon. Seine oppositionelle Stellung, die er nicht gesucht hat, exponiert ihn manchmal mehr als seine Kunst, die leicht zur Revue abgleitet, wenn er mit Freya Klier auftritt. Allein ist er genauer und tiefer. Es gibt keinen Grund, außer Opportunismus, ihm die Tür zu weisen.

19 Michail Gorbatschow auf einem Treffen mit den Leitern der Massenmedien und der Berufsverbände der Kulturschaffenden in der UdSSR. In: Neues Deutschland v. 16. Juli 1987, S. 3, Spalte 7. In derselben Rede findet sich der Ausdruck »sozialistischer Pluralismus« (S. 4, Spalte 2).

20 Stephan Hermlin: Das hier ist es. In: Sinn und Form 2/1987, S. 274 bis 284, hier S. 284.

# Zeit und Zeitung

## Gedrucktes aus der DDR

> *»Ich habe nun einmal nicht die Fähigkeit, nach einer Vorschrift zu arbeiten. Mein Hirn kann nicht produzieren, wenn es bedenken soll, ob ein Zufallswort da oder dort Anstoß geben könnte.«*
> Maximilian Harden[1]

Greifswalder Straße, Ost-Berlin. In der Siegfried-Apotheke liegt rare Lektüre aus. Wer warten muß oder will, kann an einem Tischchen den »Sputnik« lesen. Früher betulich, liefert dieses monatliche »Digest des sowjetischen Presse« seit Gorbatschow aufregende Glasnost-Berichte und regelmäßig Beiträge zur Stalin-Zeit. Allerdings ist das Heft am Tischbein festgebunden, um Perestroika-Fans den Sinn fürs Privateigentum zu verderben. »Nette Zeitung haben Sie da!« Die Apothekerin, pharmazeutisch spitz: »Den ›Sputnik‹ halten wir schon seit Jahren. Wir sind nämlich ein Kollektiv der deutsch-sowjetischen Freundschaft.« – »Und seit wann binden Sie ihn an?« – »Hat doch keinen Sinn, wenn er nach einer halben Stunde weg ist.«

Seit einiger Zeit fehlt er nun doch, trotz Strippe. Heuer liest der sieche Bürger in der Siegfried-Apotheke nur noch im Periodikum »Deine Gesundheit«, was ihm fehlt. »Wie die Pressestelle des Ministeriums für Post- und Fernmeldewesen mitteilt, ist die Zeitschrift ›Sputnik‹ von der Postzeitungsliste gestrichen worden. Sie bringt keinen Beitrag, der der Festigung der deutsch-sowjetischen Freundschaft dient, statt dessen verzerrende Beiträge zur Geschichte.« So das »Neue Deutschland« am 19. November 1988 auf Seite 2 in knapper ADN-Meldung. Zugleich wurden unsere Kinogänger von etlichen Spielfilmen befreit, die wenige Wochen zuvor beim »Festival des sowjetischen Kino- und Fernsehfilms« großen Zulauf gefunden hatten. Warum mußten sie urplötzlich aus den Spielplänen verschwinden? Bornierte Kommentare wie »kein Publikumsinteresse« beiseite, heißt der wahre Grund: *Unsere Menschen* sind darauf nicht vorbereitet.

Wir gingen zehn Jahre oder länger zur Schule. Wir lernten zum Beispiel eine idealistische Anschauung der Sowjetunion, an der nun von seiten des Großen Bruders Korrekturen vorgenommen werden. Warum sollten wir das, nach einer kleinen Zeit der Ironie, nicht verkraften, durch Allgemeinwissen ebenso darauf gefaßt wie durch dialektisches Denken? Hat man uns doch als Antrieb der Geschichte den Widerspruch gelehrt. Heikel ist nur der Kontrast zu *unseren Medien* und deren unisoner Belcanto-Harmonie: Politisch halten alle Tageszeitungen der DDR denselben Kurs. Leider hemmt das auch den innergesellschaftlichen Disput, weil *man* das gesellschaftliche Leben in jeder öffentlichen Facette als politische Angelegenheit betrachtet. Wo Volkes Stimme nur in Fragen des Fernsehprogramms und der Kindererziehung als pro und contra veröffentlicht wird, ist die Synonymität von Staat und Gesellschaft zu groß. »In unseren Zeitungen wird nicht gestritten«, klagte Jochen Hauser mit vielen seiner Kollegen auf dem Schriftstellerkongreß 1987, »in unseren Zeitungen kommen gewisse Wörter, Wendungen, Begriffe, Themen, über die ich falle, sobald ich den Fuß vor die Haustür setze, nicht vor.«[2]

Wie anders nun die sowjetische Presse, zum Beispiel der »Sputnik«. Eine frühe Assoziation zu dessen Verbot gab es schon Ende 1987. Das ZDF hatte Tengis Abuladses Film »Die Reue« ausgestrahlt und das »Neue Deutschland«, sonst nicht rezensorisch am Westfernsehen interessiert, den Film als fatalistisch und gleichsam konterrevolutionär eingestuft. Dieses naseweise Fernurteil über ein Werk, das in der Sowjetunion als Befreiung empfunden wurde, löste anschließend beim Schriftstellerkongreß Empörung aus. Nachlesen kann man sie in den beiden Protokollbänden des Aufbau-Verlages, wobei man bemerkt, daß es via UdSSR um ein DDR-Thema ging, zum Beispiel bei Günther Rücker: »Die Medien erfüllen ihrer Rolle unzureichend, wenn überhaupt. Man sollte alle Behinderungen aus dem Wege räumen, die die Informationen über unsere eigene Geschichte, also die unseres Landes und seines Kampfes, seiner Erfahrungen, seiner Erinnerungen an harte, bittere, entbehrungsreiche Jahre erschweren. Wie anders kann ein sachliches Verhältnis, Klarheit, Patriotismus, Würde gewonnen werden (...) Über das Verstehen kommt das Empfinden.«[3]

Der Umgestaltungsdruck auf die Sowjetunion ist aus wirtschaftlichen und moralischen Gründen ungleich größer als der auf die DDR. Den wichtigsten Unterschied benannte kürzlich Erich Honecker und belehrte die »neuen ›Freundchen‹ der Sowjetunion im Westen«: »... unsere Partei (...) hat nie zugelassen, daß bei uns Personenkult und Massenrepressalien auftreten konnten.«[4] Dennoch wünscht sich der hiesige Mensch wenigstens eine kleinen Teil des russischen Wunders, daß morgens die Zeitung kommt und man nicht weiß, was drinsteht. In jenem Maße, in dem die Monotonie publizistischer Darbietungen steigt, sinkt die Leserzahl unter die der Abonnenten.[5]

## Was in der Zeitung steht

Impressionen alter Fasson: Am 4. Oktober 1988 empfing den Leser des »Neuen Deutschland« auf Seite 2 ein inniges Bild vom Honecker-Staatsbesuch in Spanien. Erich Honecker hatte sein »ND« vom Vortage mit in den Palacio de la Zarzuela transportiert und führte dem Hausherrn Juan Carlos die annähernd hundert Porträtfotos medaillenträchtiger DDR-Olympioniken vor. Stolz wie ein Spanier blickt der deutsche Gast, »interessiert« nennt die Bildunterschrift das königliche Minenspiel. Wie sollte die Majestät auch dreinschauen angesichts der Tatsache, daß Spanien es in Seoul zu einer einzigen Goldmedaille brachte, die der wakkere Segler José-Luis Doreste erstritt? Arme Armada!

Aber auch die DDR kämpft mit wechselndem Wind. Zwar stimmt der sportliche Erfolg nach wie vor, doch schauen *unsere Menschen* längst seltener in den Medaillen-Spiegel, um sich ihrer DDR-Identität zu versichern. Was im (Frei-) Zeitalter kultureller Alternativen normal sein sollte, mißbehagt einem Staat, der Sport als nationalen Identifikations-Komplex behandelt und dabei recht viel des Guten tut.

So wurde die beliebte Katarina Witt durch überzogenen Medien-Jubel verschlissen. Am 19. Juli 1988 erlebte unsere *Gold-Kati* einen traurigen Abend in Berlin-Weißensee, als sie vor einhundertzwanzigtausend jungen Leuten westliche Rockstars ansagte, zum Beispiel Bryan Adams, »den ich bei den Winterspielen in Calgary getroffen habe«. *Hi Bryan* beim Bankett in Übersee – diese Vorstellung erregte bei Ost-Berlins seßhafter Jugend pfeifende Stürme der Begeisterung. Frau Witt soll hernach, nicht laut Zeitung, die Größe besessen haben zu bemerken: Die Leute wollten Musik; ich war deplaziert. – Tapfere Einsicht. Katarina Witt ist vorzüglich als Eiskunstläuferin, dazu eine erfreulich anzuschauende junge Frau. Als Inbegriff für *Heimat DDR* wäre sie ebenso überfordert wie jedes andere athletische Individuum. Es macht mich auch nicht irre an meinem Land, daß seine Fußballauswahl sportlich seiner Größe entspricht. Man hält ja gern für die Kleinen.

Ein anderes Zeitungs-Fündlein, nicht weniger bezeichnend: Am 24. November 1988 meldete das »Neue Deutschland« auf Seite 2 in großer Aufmachung: »Antifaschisten ehren Erich Honecker«. ANPPIA, die Traditionelle Nationale Vereinigung der politisch Verfolgten Italiens, hatte dem DDR-Staatsoberhaupt ihre Mitgliedskarte für 1989 übersandt; Abbildung anbei. Nicht die Meldung, ihre Typik ist interessant, weil sie Ethos und Pathos des Staates DDR zusammenfaßt. Vor allem ruft sie das Zeitalter in Erinnerung, aus dem »die DDR« immer noch ein polemisches Selbstverständnis bezieht: die Epoche des großbürgerlichen deutsch-nationalen Imperialismus, zugespitzt im Nazistaat.

Für die Ersten Männer des antifaschistischen Staates DDR lieferte der Widerstand gegen Hitler die Grunderfahrung ihres Lebens; daraus ergibt sich ein psychischer Code der hiesigen Staatsdoktrin. Man darf es mit Stephan Hermlin für zweifelhaft halten, wie hier ein ganzes Volk zu »Siegern der Geschichte« propagiert wurde[6]: Unschuld platonisch erzeugt. Fest steht aber, daß Kriegsverbrecher in der DDR keine Schonung genossen, daß der Geschichtsunterricht von deutscher Schuld handelt, daß kein Groschenheft den Landser absolviert. Die DDR-Medienarbeit zum jüdischen Pogromdenken war vorbildlich. Wer sollte da nicht ratlos sein, wenn sich mit einem Male in der DDR neofaschistische Regungen zeigen? Skinheads überfallen Punks in der Ost-Berliner Zionskirche mit dem idiotischen Schlachtruf »Für eine judenfreie deutsche Kirche!«, junge Leute singen im Kino während Karl Gass' Dönitz-Dokumentation »Eine deutsche Karriere« Nazi-Lieder mit, auswärtige Fußballfans gröhlen »Juden-Berlin!«, Schüler grüßen sich mit ausgerecktem Arm.

## Was nicht in der Zeitung steht

Das sind Ereignisse von geringer, gleichwohl nicht verschwindender Minderheit. Was geht da vor? Wer DDR-Belletristik liest, kennt Antifaschismus als großen Grundton hiesiger Literatur, angefangen mit jener ersten nach dem Kriege, die den kommunistischen Widerstand zum Thema hatte. Mit Dieter Nolls »Abenteuer des Werner Holt« nahmen Schilderungen deutscher Verblendung zu. Mit Christa Wolfs »Kindheitsmuster« trat eine psychologisch differenzierte Prosa auf den Plan, die den gewöhnlichen Faschismus spürbar machte; hier begriff man endlich, daß die Deutschen nicht einfach gebannt unter dem Dämon standen, sondern nach und nach Alltägliches geschehen ließen. Es ist das Verdienst dieser Literatur, Faschismus weniger historisch abzutun, als psychisch so nahe zu bringen, daß man ihn begreifen kann. Die Presse tut das kaum. Nur für die Gebildeten unter ihren Verächtern, die Literaten, erfährt somit das Phänomen faschistoides Rowdytum eine akzeptable Reflexion.

Warum nicht in den Zeitungen? Warum nur durfte das Ost-Berliner Wochenblatt »Die Kirche« einen Text nicht drucken, in dem der Filmregisseur Konrad Weiß die Skinhead-Prozesse kommentierte? Vermutlich, weil Weiß die stereotype Formel von der »westlichen Inspiration« nicht aufgriff, sondern sich fragend an sein eigenes Land hielt: »Ist es die unverarbeitete Schuld der Großväter, die auf die Enkel zurückschlägt? Rächt sich, daß unsere nationale Identität seit einem halben Jahrhundert gestört ist und sie ein gesundes Nationalgefühl nicht entwickeln konnte? Wurde ihnen unsere Geschichte zu einseitig und zu rational vermittelt, blieben ihre Gefühle unerzogen? Haben Gesellschaft und Kirche Werte wie Gewaltlosigkeit und Ehrfurcht vor dem Leben ungenügend behütet und gefördert?«

Weiß schloß mit moderatem Schwenk: »Ich weiß die Antworten nicht. Aber ich weiß, wir müssen aufhören, die neue, alte Gefahr zu verharmlosen.« Sprich: sie derart zu verschweigen, daß nicht sei, was man sich nicht erklären kann, weil die Kultur veröffentlichter Strittigkeit versagt, versagt wird. So lesen wir also weiter über Sport und antifaschistische Rituale. Niemand kann der DDR ihre Olympiamedaillen abspenstig machen. Aber was, wenn weltweit Leistungssport immer mehr unter die bedenklichen Wachstumsideologien gerät? Niemand kann der DDR ihre antifaschistische Integrität bestreiten. Aber was, wenn die Erfahrungen der Altkommunisten nicht übersetzt werden? Wenn sie aussterben? Wenn der Glaube von immer mehr Bürgern erst in der DDR beginnt?

## Probierstübchen »Kirche«

Konrad Weiß' Text passieren zu lassen hätte durchaus in eine Praxis gepaßt, mit der die DDR-Führung seit Jahren gute Erfahrungen hat: Kirchenpresse als Versuchsballon. Die kirchlichen Blätter sind hierzulande die einzigen »Presseorgane«, die nicht das Image des Staatlichen tragen. Unbelastet von eigener Zuständigkeit, konnte »die staatliche Seite« wiederholt beobachten, wie »die Kirche« als Vorhut manövrierte. Erinnert sei an die Debatten um Emanzipation der Homosexuellen in der Kirche, an sozial-diakonische Texte zum Massenproblem Alkohol, an die kirchliche Absage an Geist und Praxis der Abschreckung. In all diesen Fällen betätigte *man* sich staatlicherseits dankbar als Nachnutzer kirchlicher Pionierdienste.

Dieses praktische Verfahren wich im Februar 1988 fürs erste einem anderen Kurs. Immer wieder mußten seitdem DDR-Kirchenredaktionen Änderungen und Streichungen von Beiträgen hinnehmen, was wiederholt zum Ausfall der Zeitung führte. Begründet wurden die Zensurmaßnahmen meist mit dem Prinzip der Trennung von Kirche und Staat, das auch der kirchlichen Pressearbeit zugrunde liegen müsse. Kirchliche Zeitungen hätten sich demnach an kirchliche Themen zu halten. Nur – was ist ein kirchliches Thema? Es scheint, als hätte »die staatliche Seite« sich eine profane Auslegung der lutherischen Zwei-Reiche-Lehre zu eigen gemacht, wonach mechanisch zu entscheiden wäre, was zu dieser zählt, was in jene Sphäre gehört.

Die Kirche hat jedoch den Auftrag, »das Wort« auch als Weltverantwortung auszudrücken oder, eine Nummer kleiner, als gesellschaftlichen Gedanken. Das heißt für eine kirchliche Zeitung: öffentliche Reflexion. Die wird ihr auch nicht bestritten, wenn es um Beiträge zur Diakonie geht, um Abrüstung, um Bewußtseinsarbeit gegen Apartheid.

Schwieriger schaut es aus, wenn derselbe christliche Blick andere Themen ins Auge faßt: Gemeindesterben im Braunkohlerevier, Kirche in der Sowjetunion, Kernkraft-Risiken oder eben Neo-Teutsche in der DDR.

Die Kirche ist, auch nach ihrem Willen, vom Staat getrennt; sie zählt als Institution nirgends zur Exekutive. Aber die Christen in der DDR, zur Mitgestaltung ihrer Gesellschaft aufgerufen, dürfen wohl auf kirchliche Zeitungen hoffen, die nicht beschränkter sind als ihre Leser. Man versteht den deprimierten Eindruck der Konferenz der DDR-Kirchenleitungen, »daß es nicht nur um Fragen an die kirchliche Presse geht, sondern das bisher stets begrüßte gesellschaftliche Engagement der Kirche selbst angefragt wird«[7]. Dennoch scheint »Öffentlichkeit« der Schlüssel zum Problem.

»Im sozialistischen Staat dienen die Massenmedien, ein entscheidender Bestandteil der sozialistischen Demokratie, als Instrumente der Herrschaft der Arbeiterklasse unter Führung der marxistisch-leninistischen Partei, gesellschaftlichen Organisationen sowie der Staatsmacht zur Erfüllung der wirtschaftlich-organisatorischen und kulturell-erzieherischen Aufgaben.«[8] Ja, aber wie? Die derart definierte sozialistische Presse hat Ahninnen in rauher Vorzeit: Marx' und Engels' »Neue Rheinische Zeitung« von 1948/49 oder die von Lenin edierte »Iskra« (»Funke«) von 1909, das »erste Organ einer Partei neuen Typus«. Der klassenkämpferische Marschtritt des obigen Lexikon-Zitates wirkt aber ein bißchen altpreußisch in einer Gesellschaft, die stolz darauf sein darf, die Klüfte zwischen den Klassen überbrückt zu haben. Fremd ist dieser Presse-Philosophie die befreiende Formel: »Namentlich gezeichnete Manuskripte geben nicht unbedingt die Meinung der Redaktion wieder«; deshalb mickert auch das Feuilleton. Die staatliche Allverantwortung für »Printed in GDR« erklärt vielleicht dem erstaunten West-Beobachter, warum »die DDR« in Medienfragen so heikel ist, obwohl das meiste an Information per West-Hörfunk und -Fernsehen ohnehin millionenfach in unsere Stuben kommt – freilich nach Art des Absenders. Es geht hier nicht nur darum, bestimmte Dinge vorzuenthalten, sondern immer auch um die ständige allgemeine Über-Autorschaft des Staates – ein beinahe katholisches Imprimatur: »Hugh, ich habe gedruckt.«

Oder eben nicht. »Die Bücherverbrennungen«, erkannte Christoph Hein zum Ost-West-Unterschied, »sind seltener geworden.« Man sei auf probatere Mittel verfallen: »Wer Bücherverbrennungen scheut, hat die Möglichkeit, die Manuskripte erst gar nicht drucken zu lassen oder die fertigen Bücher zu ertränken in einem Büchermeer, das alles verschlingt und allein einige schillernde Blasen und etwas schmutzigen Schaum an die Oberfläche läßt.«[9] Analog die Medien. Sicher macht das marktwirtschaftliche Medien-System auch eine Watergate-Enthüllung möglich, die Affäre Waldheim, die Tschernobyl-Information, die öffentliche Fraktionierung von Minderheiten. Doch hat der geballte Medienpluralismus eben nicht nur eine neue Aufklärung erzeugt, sondern auch die Postmoderne, die unmittelbare moralische Erfahrung und Kommunikation durch gewieften Umgang mit geprägten Texturen und Normen ersetzt. Die Philosophie des Zitierens wirkt auf uns östliche Moralisten vielleicht urban und intellektuell chic. Sie darf jedoch nicht als geistige Errungenschaft gelten, sondern ist ein ratloser Welt-Zustand und als Bewußtsein ein Dilemma. Man merkt das, wenn ich so urteilen darf, am Hauptstrom westlicher bildender Kunst, in dem das Menschenbild unterging. Der Gestus der Postmoderne ist wählerisch und konservativ: beliebig jonglierend mit Material, verstrickt ins vorhandene Detail. Postmoderne klärt nicht auf; sie entwickelt keine Utopie; sie nimmt Erneuerung, wenn überhaupt, als Trend. Sie weiß alles und glaubt an nichts.

## Vertrauen auf den Buschfunk

Wir hier glauben, da man uns wenig wissen läßt, vorsichtshalber an alles – an alles, was der Buschfunk raunt. Die offiziellen Medien sind aber nicht wirkungslos. Es ist ihr Verdienst, das verehrte Publikum mit einem starken DDR-Einheitsbewußtsein auszustatten, da jedermann mit denselben Dingen befaßt wird. Wie sehr der DDR-Mensch dieses gußeiserne Gefühl in der Provinz seines Gemütes gar schätzt, merkt er, so dazu instand gesetzt, im Inferno bundesdeutscher Zeitungsläden. Der westliche Pressepluralismus ist Babel, sein östliches Gegenstück Preußen. Hier meldet die Zeitung Vollzug, aber nicht, was im Gange, geschweige denn im Schwange ist.

Das macht uns problemscheu und skeptisch. Staatsfixiert, wie wir sind, stets bereit, selbst das Wetter der Obrigkeit zu verdanken, denken wir die gängigen Strukturen immer schon mit. Nicht Neuigkeit erwarten wir von der Zeitung, sondern Segen und Fluch über jenes Wissen, das bereits zuvor in Volkes Psyche steckt. Und die DDR-Medien sind darauf eingestellt, wenn sie beispielsweise Meldungen und Kommentare veröffentlichen, zu deren Verständnis man vorher westwärts ferngesehen haben muß.

Fast fundamentalistisch wirkte bei soviel Weltschläue jene kleine Ost-Berliner Demonstration vom 10. Oktober 1988, bei der etwa zweihundert Leser gegen Behinderungen ihrer Zeitung »Die Kirche« waren. Juristisch unstatthaft, barg diese Aktion etwas, das die Staatsmacht übersah: Loyalität. Denn jede Petition erkennt den Adressaten an; die Bitte um mehr Presse-Toleranz wahrte die Autoritäts-Struktur. Nur muß der Staat zusehen, daß er nicht bloß als Institution bestimmend bleibt, damit die juristische und die mentale Autorität im DDR-Bewußtsein nicht auseinanderdriften.

Staatsverdruß, Zynismus, doppelte Moral bei der Arbeit und daheim? Die junge Generation von DDR-Christen wünscht Identifikation mit ihrem Leben und mit ihrem Land, nicht Arrangement. So gesehen, müßte dem Staat das redliche *face to face* jener ungesetzlichen Aktion vom 10. Oktober 1988 eigentlich gefallen. Und eine kritisch-konstruktive Kirchenpresse müßte ihm lieber sein als der Samisdat kirchlicher Gruppen, die ihre eigenen Zeitungen machen – im Matrizenverfahren, »zum innerkirchlichen Dienstgebrauch«. Eine offenere Kirchenpresse könnte diesen Publikationen den Ruch des Subversiven nehmen. Sie würden schlicht, ähnlich wie im Westen, Informationsblätter engagierter Gruppen. Vorerst bezeugen sie, daß Öffentlichkeit ihrer Konzession voranläuft. Wer verbietet, lötet einen Wasserkessel zu und stellt ihn aufs Feuer. Günstiger scheint ein Ventil; besser Pfiffe als ein Knall.

Man schlendert, seine Kirchenzeitung ausgebreitet, gemächlich übers Trottoir und liest. Schon stürzt ein aufgeregter Mensch herbei und zupft am Papier: »Wo kann ich die kaufen?« Wie für ein Buch oder ein Theaterstück die beste Reklame ein Verriß im »Neuen Deutschland« ist, so bewirkt die Zensur der Kirchenzeitungen, westlich vermeldet, nur eine gewaltige Werbung. Dieser Skandal-Effekt schadet Staat und Kirche – dem Staat wegen des Image-Verlustes, und der Kirche, weil ihr nicht daran gelegen sein kann, dem Staat zu schaden, dessen Bürger ihre Christen sind. Außerdem entsteht das schiefe Bild, als würden unsere Kirchenzeitungen pausenlos von Top-Autoren mit Reizthemen beschriftet. Die Kirche ist ein Corpus mixtum, und die Kirchenblätter liefern schlicht Mischmasch. Sie bieten Information und Frömmigkeit, Erbauliches steht neben Kunstkritik und die Öko-Prophetie neben der Kulturgeschichte des Pfefferkuchens. Erst die Zensur verlieh das Renommée der großen Sache.

Durch eine kritischere Selbstdarstellung würde »die DDR« dieses Prestige ohne weiteres für sich gewinnen. Aber ist sie dazu noch in der Lage, frage ich mich manchmal, fasziniert von Thomas S. Kuhns Paradigmawechsel-Theorie.[10]

Wie wäre es mit einem ganz neuen Erklärungsmodell für DDR-Wirklichkeit, nicht erbaut aus den alten Monolithen Staat, Klasse, Partei, Ideologie? Man kann ja in aller industrialisierten Welt beobachten, daß die großen Blöcke splittern und sich in kleinerer Einheit zu Subkulturen formen.

Nach Kuhn sind alle Paradigmen strukturell konservativ und können nicht von innen verändert werden, weil das Alte nicht von seinem Mangel weiß, weil es den Glauben nicht aufbringt, abgetan zu sein. Wo aber so flott die Matrize gewechselt werden soll, geht der DDR-Bürger mit mir durch. Ich hab die DDR im Leib, und sie hat meine Geschichte. Wir Deutschen sind Sammler, nicht Jäger; und Revolutionen abhold, vertraue ich dem moralischen Frieden der Evolution. Die Lehre von Weimar: Man darf einem friedlichen System nicht die staatstragende Idee unter den Füßen wegziehen, auch der Bundesrepublik nicht das vielfach geschmähte Prinzip des christlich-bürgerlich/sozialdemokratischen Parlamentarismus.

Der Staat hat sich im letzten Jahrzehnt außenpolitisch vielfältig gebunden, was allen Beteiligten Anlaß schuf, ihre Feldzeichen von etlichen Posten abzuziehen. Das zeitigt innere Folgen. Auch innen ist die DDR mittlerweile erheblich gereift, bei allen und mit allen ideologischen Prämissen, die sie weiterhin prägen. Westreisen wurden erleichtert und lassen Millionen Bürger die Anachronismen unserer Nationalstaatlickeit ahnen; Weltmusiker des Rock spielen in Ost-Berlin; das Konzept »nationales Kulturerbe« weitet den geistesgeschichtlichen Horizont. Langzeitwirkung erhoffen darf man sich von der Öffnung für die Sozialwissenschaften; besonders die Psychologie schafft Plausibilitäten, die ideologisch immun sind. Das marxistische Religionsverständnis wurde differenziert. Und diskutieren wir doch öffentlich, wie wir uns stillschweigend verändert haben und über historische Umwertungen – von der Abgrenzung zur Politik des Dialogs, von »wir sitzen nicht in einem Boot« bis hin zum »gemeinsamen Haus Europa« und zum SPD/SED-Papier. Von ČSSR 68, Polen, Stalinismus ganz zu schweigen, nein, zu reden, und davon, was man jenseits der Parolen von der Sowjetunion lernen sollte.

Die Geschichte kann nicht »siegen«, sie ritte denn »auf toten Gäulen ins Ziel«[11]. Geschichte zu begreifen, wird der Bruch gesucht, die diskontinuierliche, gleichwohl evolutionäre Bewegung, mit Heiner Müller »die Lücke im Ablauf, das Andere in der Wiederkehr des Gleichen, das Stottern im sprachlosen Text, das Loch in der Ewigkeit, der vielleicht erlösende FEHLER«[12]. Wo liest, wo lehrt man ihn? Noch wachen unsere Medien, ganz Volksbildung, als Gralshüter der Ideologie[13]. Aber jede reine Lehre ruht auf Defiziten kultureller Kommunikation. Bis der Götze wackelt. Niemand verhindert ein Erdbeben, indem er den Seismographen arretiert, sozusagen immer die Presse haltend. Durchaus verheimlicht nicht jeder arretierte Seismograph eine unruhige Basis. Doch glauben das viele, verlieren Vertrauen und steigen aus, dann unauffindbar für die Stimme der DDR und ungewiß, wo sie denn selber sind.

## Prosit Neujahr!

Husemannstraße, »Restauration 1900«. Es ist der 29. Dezember 1988. Die Szene vom Prenzlauer Berg ersäuft das alte Jahr. Der Nickelbrillen-Poet zur Linken ist in Sartres »Ekel« versunken, rechts kritzelt einer in ein Heft. Tom Waits röchelt, Lederhosen-Machos spielen dekadent, West-Betuchte schnuppern Ost-Berlin. ARD-Korrespondent Börner schwebt durchs Ambiente, blauer Coat, weinroter Schal, küß die Hand, schöne Frau. Er ist der Star. Er fängt sich Impression. Was kann er hier erfahren für seine bündigen Talks über uns Ost-Deutsche? Heimatliebe? DDR-Gefühl? Was uns hier hält?

Zahlen, raus. »Guten Rutsch!« Ja, es muß anfangen. Man kann nicht immer nur warten: Einmal streift es uns warm. Dann fliegen wir, dann geht es los. Dann ... Dann beginnt die Zeit, die jetzt verlorengeht.

*Januar 1989*

1 Aus einem Schreiben vom Mai 1916 an den Oberbefehlshaber in den Marken, von Kessel, nach wiederholter Konfiszierung der »Zukunft«. – Maximilian Harden: Kaiserpanorama. Literarische und politische Publizistik. Buchverlag der Morgen, Berlin 1983, S. 308.

2 Zitiert nach: X. Schriftstellerkongreß der DDR 24.–26. November 1987. Schriftstellerverband der Deutschen Demokratischen Republik. Aufbau Verlag, Berlin und Weimar 1988. Band II: Arbeitsgruppen, S. 300.

3 Schriftstellerkongreß, Band I: Plenum, S. 207.

4 Bericht des Politbüros an die 7. Tagung des ZK der SED. In: »Neues Deutschland« v. 2. Dezember 1988, S. 3.

5 Christoph Hein: »Ich danke unserer Presse und unseren Medien für ihre Arbeit, die die Wirkung unserer Literatur maßgeblich ermöglichen (...) Ihre Zurückhaltung in der Berichterstattung und der verläßliche Konsens ihrer Meinungen führte dazu, daß kaum ein Bürger unseres Landes mehr als ein paar Minuten sich mit ihnen zu beschäftigen hat. Der Leser wird durch Neuigkeiten nur für kurze Zeit abgelenkt und kann sich dann wieder unseren Büchern zuwenden, von denen er nicht nur Unterhaltung und Geschichten, sondern auch Neues erhofft.« – Schriftstellerkongreß II, S. 233.

6 Stephan Hermlin: Äußerungen 1944–1982. Aufbau Verlag, Berlin und Weimar 1983, S. 399.

7 Nach einer Presseinformation des Bundes der Evangelischen Kirchen der DDR vom 14. November 1988.

8 Meyers Universal-Lexikon (4 Bände), Artikel: Presse/Journalistik. VEB Bibliographisches Institut, Leipzig 1981, Band 3, S. 475.

9 Christoph Hein: Worüber man nicht reden kann, davon kann die Kunst ein Lied singen. In: Öffentlich arbeiten. Essays und Gespräche. Aufbau-Verlag, Berlin und Weimar 1987, S. 45.

10 »Derjenige, der ein neues Paradigma in einem frühen Stadium annimmt, muß das oft entgegen den durch Problemlösungen gelieferten Beweisen tun. D. h. er muß den Glauben haben, daß das neue Paradigma mit den vielen großen Problemen, mit denen es konfrontiert ist, fertig werden kann, wobei er nur weiß, daß das alte Paradigma bei einigen versagt hat.« – Thomas S. Kuhn: Die Struktur wissenschaftlicher Revolutionen. Suhrkamp, Frankfurt/Main 1981, S. 186. Dazu ein Zitat von Max Planck: »Eine neue wissenschaftliche Wahrheit pflegt sich nicht in der Weise durchzusetzen, daß ihre Gegner überzeugt werden und sich als bekehrt erklären, sondern vielmehr dadurch, daß die Gegner allmählich aussterben und daß die heranwachsende Generation von vornherein mit der Wahrheit vertraut gemacht ist.«

11 Heiner Müller, aus seinem Stück »Leben Gundlings Friedrich von Preußen Lessings Schlaf Traum Schrei«, 1976. Und in einem Essay von 1979: »Was für die Eliten Geschichte ist, ist für die Massen noch immer Arbeit gewesen.«

12 Heiner Müller, aus »Bildbeschreibung«.

13 Der real existierende Sozialismus hat im Verhältnis zu seiner Idee Schwierigkeiten, die jenen des Christentums vergleichbar sind, als dessen Nah- der Fernerwartung von Christi Wiederkehr und dann dem Staats- und Amtskirchentum wich: Irritation bei der Profanisierung metaphysischer Bestände bzw. umgekehrt Ratlosigkeit bei der Metaphysierung des Profanen. Ständig droht Orthodoxie, was Manfred Jendryschik auf materialistische Art so beschreibt: »Da Staat und Partei relativ identisch sind, sehe ich es als ein Problem, daß die Partei sich dadurch eines möglichen theoretischen Vorlaufs, der auch Fehler einschließt, beraubt, da sie gleichzeitig Administration ist und sich selber ständig auf die Finger klopft.« – Schriftstellerkongreß II, S. 115.

# Der ewige Mensch (I)

## Stefan Heyms Roman »Ahasver«

Als Jesus den Kreuzweg ging, die via dolorosa, da brach er unter seiner Last vor dem Hause des Juden Ahasver zusammen. Der half ihm nicht auf, sondern wies ihn von der Schwelle. Zur Sühne muß Ahasver ruhelos die Welt durchwandern, unstet bis zu Jesu Wiederkehr. So erzählt die Legende vom Ewigen Juden.

Stefan Heym erzählt anders. Für ihn ist Ahasvers Missetat Programm. Er entwirft den Ewigen Juden als Gewährsmann Lucifers, des gestürzten Engels. Der hatte sich gegen Gott aufgelehnt, weil er dessen problematische Schöpfung, den Menschen, anbeten sollte. So empört sich auch Ahasver gegen den Propheten Jesus, der mit Gottes Willen letztlich auch die Menschen-Ordnung auf sich nimmt, das Kreuz nicht hinwirft, das Schwert nicht ergreift, Israel zu befreien. »Wie willst du uns erlösen, du Sohn Gottes, kannst du dir doch selber nicht helfen (...) Glaubst du denn, den da oben kümmert's, wenn sie dir Nägel treiben werden durch deine Hände und Füße und dich stückweise absterben lassen am Kreuz?« Jesus: Gottes Konformist. Statt die Revolution gegen den Alten Adam zu gewinnen, wählt er die Machtlosigkeit. Und alles bleibt beim alten. Im Himmel ist kein Gott, seit Gott den Menschen sich als Ebenbild erhob.

Das Kreuz für Christen: Jesu Tod ein Opfer der Liebe, Erstverzicht auf Gewalt, für Altes Denken absurd. Der Sieg des Prinzips Hoffnung über das Prinzip Augenschein, Entmachtung der Macht durch Entwertung der Macht. Das Kreuz zugleich Auferstehung: Was Tod und Ohnmacht schien, zeugt Leben durch Menschlichkeit. »Gottes Kraft ist in den Schwachen mächtig«, heißt das im Neuen Testament. Über all dies muß Stefan Heym nicht belehrt werden. Sein Buch, in sich verspiegelt, trägt doppeltes Gesicht, ego und alter ego in einem. Ahasver scheint Gottes anderer Menschen-Sohn und Lucifer Jesu anderer himmlischer Vater. »Das Nein ist so notwendig wie das Ja, und aus dem Widerspiel beider erwächst die Tat.« Gleich nach seinem Himmelssturz weiß Lucifer: »Es wird IHM schon bald leid sein, (...) denn uns verstößt man nicht so leicht. Er braucht das Nein, wie das Licht das Dunkel braucht.« Dies Wort in Gottes Ohr, wer immer da thront.

Die Haupthandlung spielt im spätreformatorischen Wittenberg. Da residiert ein dicker Luther, längst kein hämmernder Mönch mehr, und ordiniert Opportunisten wie den Paulus Eitzen aus Hamburg, der sich zum klerikalen Ungeheuer mausern wird. Restauration als Konterreformation – es hätte auch eine andere Zeit sein können und ein anderer Versuch, Ahasver per Dekret von Jesu Wiederkehr zu pensionieren, da die Idee des Schöpfers endlich in ihr wahres Wesen eingetreten sei. Aber die einzige Wiederkunft Jesu hat Dostojewski in Iwan Karamasows Erzählung vom Großinquisitor inszeniert: statt Menschlichkeit unter dem heiligen Namen der Kultus der Macht, statt der Vision eines Kommenden genäschiger Raubbau der Utopie in einer Gegenwart, die ihre Zukunft verfrißt. Heym vergilt derlei Mißbrauch mit der Entfernung Gottes aus der Welt und mit der heimlichen Allgegenwart jenes Geistes, der stets verneint. Wer Gott in irdische Dienste nötigen will, kriegt Lucifer am Wickel, den Leuchtenträger, und das Ewige Licht blakt in den Ämtern der Krämer. »... denn uns verstößt man nicht so leicht.« *Sympathy for the devil?*

Man hörte schon Stimmen, »Ahasver« sei ein kämpferischer Gegenentwurf zum Pazifismus des Christentums. Gekämpft wird hier gar nicht. »Ahasver«: ein Mythos, der das Menschliche gegen alle Ordnungen ins Feld führt, durch die der Mensch Wolf und Schlachtschaf wird. Ein Mythos ist keine Revolution des Menschlichen; er siegt und unterliegt nicht; er deutet das Zeitliche als ewiges Prinzip. Es ist die immer wieder verlorene Revolution des Menschlichen, die Stefan Heym bewegt, und »wie es kommen mag, daß aus den lautersten Revolutionären die strengsten Hüter der Ordnung werden«. Und das Prinzip Hoffnung? Das Christentum, in seinem Wesen Aufbruchs-Religion, fährt unentwegt den Neuen Himmel und der Neuen Erde entgegen. Heym grüßt von der Gegenspur als Spätling jüdischer

Weisheit: noch einmal Ethan, der Schreiber. Vielleicht könnte man tauschen, wie Ahasver ja ohne Unterlaß Zeit, Raum und Weichbild tauscht in dieser Scharade zwischen Ja und Nein. Doch ist er schon so lange unterwegs, und immer kam, was war. Immer liegt die Zukunft hinter uns. So klingt ein Spätwerk. Heym ist Jahrgang 1913.

Ich lese den »Ahasver« nicht als Unikum. Die Pogrome des Antisemitismus, in denen Jesus zum Ewigen Juden wird, sind wohl allen, die empfinden, der Schlüssel zum inquisitorischen Wahnwitz verkommener Ideen. Stefan Heyms Buch stammt aus dem Geist einer weltweiten humanen Skepsis, die Ziel und Preis der großen Programme vergleicht und das Erreichte gegen die Sehnsucht wägt. Hoffentlich verliert sich die Philosophie des »Ahasver« nicht in seiner Eleganz. Das Buch liest sich zu gut. Heym, als epischer Journalist sonst kaum zur Kavallerie geneigt, sitzt prächtig im Sattel, wenn er sich fremde Gattungen zureitet. Im »König David Bericht« bot er alttestamentliche Variationen, diesmal kolportiert er die Apokalyptik, die derbe Prosa der Lutherzeit und das Hausdeutsch eines Berliner Instituts für wissenschaftlichen Atheismus. In den Briefen des Dr. Dr. h. c. Siegfried Beifuß gibt Heym seinen Affen reichlich Zucker. Und Saures. Fürwahr, der Leser grient. Wie freut bei viel Moral ein bißchen Schwerenöterei!

Nun endlich ist »Ahasver« bei uns erschienen, fast zeitgleich mit einem brüderlich großen Werk: »Der Pirat« von Egon Günther. Auch hier der Großinquisitor, auch hier die Täterschaft der Macht. Heyms Sarkasmus und Günthers orgelnde Melancholie verkünden dasselbe: Vom Himmel auf die Erde fall'n sich die Engel tot.

*August 1989*

# Der ewige Mensch (II)

## Egon Günthers Roman »Der Pirat«

Es war vor sechshundert Jahren, da pflügte ein kühner Pirat die Meere. Blond wogte sein Haar im Sturm, und wenn an Land ein Weib in seine grünen Augen blickte, stach es sie mitten ins Herz. Der Held hieß Klaus Störtebecker. Von niederer Herkunft und also hochgemutem Sinn kaperte er mit seinen Getreuen die Kauffahrtsschiffe der Hanse. Für sich wollte er nicht mehr als für jedermann. Likedeeler, Gleichteiler nannten sich die Freibeuter, die den Armen gaben, was die Reichen gerafft hatten. Ein Märchen aus uralten Zeiten: Stülpner-Karl zur See, Kurs KuBa.

Es war vor sechshundert Jahren, da segelte ein neunjähriger Knabe durch den Finnischen Meerbusen. Das Schiff, nach Nowimir bestimmt, lief die östlichste Station der Hanse an. Es hatte an Bord dreißig Tote und dieses Kind namens Klaas, später Klaasbroeder, ein Schrecken der nördlichen Meere und manchen ein Licht der Welt. Erster unter Gleichen wird Klaasbroeder sein in Visby, der ur- und endzeitlichen Kommune, und dann, als die Vision zertrümmert liegt, nichts als ein Räuber und Mörder. Sie werden ihn fangen und auf dem Grasbrook zu Hamburg enthaupten. An keinem seiner zweihunderteinundneunzig Gefolgsleuten wird er vorüberstürzen als kopfloser Retter. Sie werden alle sterben unter dem Schwert des aufgeblasenen Scharfrichters Rosenfeldt, und auch dem haut man am Ende noch den Kopf herunter, wegen seiner üblen Beflissenheit.

Überall Blut und schrille Szenen. Der Hof zu Stralsund, wo der schwedische Königsvater dem Gelichter des ganzen Kontinents Kaperbriefe ausstellt, Straffreiheit inklusive, damit sie das belagerte Stockholm entsetzen. Der Großinquisitor und der Terror der Macht in Stockholm. Visby, Gotlands weiße Stadt, die Gegenwelt mit einem anderen Terror. Tief im Osten Konrad von Jungingens geierumflogene Marienburg, Söldnerzentrum des Deutschritter-Ordens. Das Geld dazu, Brügges patrizische Pracht ... Bilder über Bilder.

Egon Günther, der seit Jahren in München lebt, ist Filmregisseur – einer der besten, die die DEFA je hatte (»Erziehung vor Verdun« und »Junge Frau von 1914«, »Der Dritte«, »Lotte in Weimar«). Nun dieser Gegenwartsroman, der auch ein utopischer ist, eine skeptische Prophetie, friedenssehnsüchtig und ohne Illusion. »Der Pirat« handelt von biblischer Umkehrung der Verhältnisse und von der Bluttäuferei der Revolution, von der Not nach Neuem und vom immerwährenden Marsch des Alten. Weil keiner sich lösen kann von dem, was ihn hervorgebracht hat. Weil jeder, der dem Neuen die Tür aufmacht, auch die alte Schuld einläßt. Weil man nicht ganz neu beginnen kann, ohne in abergöttlicher Anmaßung die Sintflut auszulösen, den totalen Krieg.

»Der Anfang ist leicht, (...) das Aufhören fast unmöglich«, schreibt Egon Günther an der einzigen Stelle, in der er sich direkt bekennt, »zwischenzeitlicher Waffenstillstand, das ist wohl alles, was für die Menschheit drin ist, seit der Vertreibung aus dem Paradies. Selbst der ewige Frieden würde sich mir nur als ein verlängerter Waffenstillstand darstellen, aber ich bin ein Zyniker, und auch die, obwohl dicht an der Wahrheit, wird Gott ausspeien aus seinem Mund.«

»Der Pirat« ist ein Ideenroman und ist es wiederum nicht. Das Kalkül hat Grenzen. Die Menschen dieses Buches sind eben nicht Literatur. Sie leben; sie morden und behüten, sie lieben, huren, träumen. Vor allem erleiden sie ihr Geschick, als wären sie Vieh und die Welt eine Krankheit. Egon Günthers Buch, überall erhältlich, erreicht uns zugleich mit einem brüderlich großen Werk: »Ahasver« von Stefan Heym. Hier Heyms geschliffener Sarkasmus, dort Günthers orgelnde, gurgelnde Melancholie, aber beide Bücher verkündigen dasselbe: Vom Himmel auf die Erde fall'n sich die Engel tot.

*August 1989*

# Die Welt von gestern

## DDR-Gefühle im Umbruch

*»Ich weiß nur noch: Ich lief und lief Die Rhône entlang*
*Die Seine und die Loire Unter dem Himmel der*
*Mit einem Strohhalm alle Schwere aus mir sog*
*Ach Land wo ich nur immer meinem Kopf nachjagte*
*Der mir wie ein Luftballon von dannen flog«*
Gabriele Eckart[1]

Diese Geschichte beginnt in Bonn. Ein östlicher Mensch, verwandtschaftlich nach West gereist, begehrte den Kanzler zu sprechen. »Herr Bundeskanzler«, wollte er ihm sagen, »was fangen Sie nur an mit diesen Fluten von DDR-Deutschen? Soll sich etwa die Wiedervereinigung auf dem Boden der Bundesrepublik vollziehen? Werden wir nicht langsam zur Landplage, wir Heuschreckenschwärme, für die Sie auch noch Obhutspflicht reklamieren? Wäre es nicht landesväterlicher, uns zuzurufen: ›Kinder, bleibt zu Hause! Wir haben hier Massen von Flüchtlingen, aus gräßlichen Ländern, die ihren Abtrünnigen ans Leben wollen. Schon für die sorgen wir kaum genug, und manche schieben wir ab, was eine Schweinerei ist. Kinder, bleibt, wo ihr seid, und ändert die schöne DDR!‹« Ich wollte also den Kanzler sprechen, doch er sprach gerade selber, denn es war der 5. September 1989 und Haushaltsdebatte. Statt dessen stand im Godesberger Wasserwerk eine Ausstellung offen: Videos mit den besten Darbietungen der Bundestagsgeschichte, dazu in Vitrinen Adenauers Boccia-Besteck und Helmut Schmidts Einkaufszettel. Dann nahte aber doch die parlamentarische Gegenwart in untersetzter Gestalt. Sie sprach: »Jetzt sag ich mal meine Meinung, und die sag ich noch jedem. Jeder deutsche Mann und jede deutsche Frau ist mir in Deutschland herzlich willkommen. Ich kenne deutsche Landleute aus Salzwedel bei Magdeburg, die warten schon monatelang auf ein Ersatzteil für ihr Auto. Da würde ich auch den Weg in die Freiheit wählen. Jeder deutsche Mann und jede deutsche Frau ... Wenn die kommen, da geb ich vielleicht sogar was ab. Aber die Polen, die hasse ich langsam mit ihrer Handelei. So wie ihr die Vietnamesen haßt.« – »Aber ich hasse die Vietnamesen nicht!« – »Warum nicht? Die schmälern doch den Volkswohlstand!«

Unsere Ehemaligen, wurde bekannt, schmälern den bundesdeutschen Volkswohlstand keineswegs, sondern kommen ihm zugute: Fachkräfte, jung, »arbeitswillig«, »flexibel einsetzbar« und dem Staate schon vorab zu jenem Dank bereit, den man hier vergebens verlangte. Das »linke Wählerspektrum« wird wenig von ihnen profitieren, die da nachts bei Sopron über die österreichische Grenze fanden. Wer in der DDR bleiben wollte, saß allabendlich wütend und traurig vor der Horror-Picture-Show und vernahm den neuen Frontbericht, die kernigen Statements zu Freiheit und Knutenstaat, die Zahlen der Flüchtlingsbörse. »200 000 brechen durch!« schrieb »Bild«. »Explodiert die DDR?« wollte der »Spiegel« wissen. Die Presse Ost blieb ungerührt, rief hin und wieder »Menschenhandel!« und »Hetzkampagne!« und druckte willfährige »Leserpost« aus einem Volk, das täglich kleiner wurde. Hysterie griff um sich: Weg, nur weg, die machen dicht, ich hab ein Visum, rasch nach Budapest, ich hab keins, also wenigstens nach Warschau, nach Prag, mit Kindern und Kinderwagen in den letzten Zug und über den Botschaftszaun. Nur kein Zurück! Die Schiffe sind verbrannt, die Trabbis verkauft, verschenkt, verlassen am Straßenrand. Dann warten, warten – zermürbend, aber telegen, als litten hier des Unglücks edelste Kinder.[2] Und dann öffnet Ungarn die Grenze. Und dann der Tag von Prag: Hans-Dietrich Genscher betritt den nächtlichen Balkon des Palais Lobkowitz und ruft die Freiheit aus. Ungeheurer Jubel. Ende gut, doch für uns fing alles erst an.

## Love it or leave it?

Wer hat die »Wende« gemacht? Gorbatschow. Er setzte uns den Glasnost-Virus ins Nest. Er reformierte die sowjetische Außenpolitik; der russische Bär nahm die Pranke von den »Bruderländern«. Gorbatschow gab die Ungarn frei, Ungarn die Grenze, und dann betrat unser Volk den Kampfplatz der Geschichte. Erst lief es so massenhaft davon, daß die Mär umging, 1990 werde es eine Volkszählung geben:

im Palast der Republik, bei Kaffee und Kuchen. Dann rannte es auf die Straße und rief immer lauter: »Wir bleiben hier!« Das klang wie eine Drohung. Immer mehr wurden sie, erst in Leipzig, montags nach den »Friedensgebeten« in der Nikolaikirche. Der 7. Oktober, »DDR-Geburtstag«, brachte laut ADN »Störungen der Volksfeste« auch schon in Arnstadt und Dresden. Und in Berlin. Wie an diesem Tag den Sicherheitskräften die Sicherungen durchgingen, das durchflog das Land wie ein Lauffeuer und trieb noch mehr Menschen aus den Häusern. Das Maß war voll; der Kontrast von Sein und staatsoffiziöser Scheinwelt konnte greller nicht werden. Die Kirchen und die Akademie der Künste begannen, Gedächtnisprotokolle von Mißhandelten zu sammeln. Langsam vernahm man auch aus den Medien etwas von »Übergriffen« und »Befugnisüberschreitungen«, so die ersten Angebote zur Sprachregelung. Rock- und Liedermacher-Prominenz spielte am 15. Oktober in der Berliner Erlöserkirche ein unvergeßliches »Konzert gegen Gewalt«, dessen Erlös für die Inhaftierten bestimmt wurde. Es war die Zeit der Resolutionen. Die »Sektion Rock beim Komitee für Unterhaltungskunst« hatte sich schon am 18. September mit einem von dreitausend Kollegen unterzeichneten Text zur aktuellen Lage gemeldet. Die Partei- und Staatführung wurde der Ignoranz bezichtigt, dem Neuen Forum applaudiert und nach neuen, basisdemokratischen Strukturen gerufen.

Ginge es nach dem Druck-Datum, dann wäre Schriftsteller-Präsident Hermann Kant der erste Rufer der unruhigen Künstlerschaft gewesen. Sein Offener Brief an die »Junge Welt«, am 1. Oktober in Kantschem Barock verfaßt und am 9. Oktober ediert, enthielt heftige Medienschelte: Die Zeitungen seien voll unisoner Schönfärberei, unterschlügen Kritik und strotzten von »elendiger Selbstzufriedenheit«. Freilich, Kant prügelte den Sack und meinte die Esel, was man nur angedeutet las: Das Beste an der DDR sei, daß es sie gibt, und das Schlechteste, daß es sie so gibt wie zur Zeit. – Immerhin, Kants Brief machte Rumor. In »Lothars Bierbar« waren am 9. Oktober sogar solche Zecher schwer begeistert, denen man den Gebrauch einer Zeitung niemals zugetraut hätte. Zehn Tage später war die Epistel vergilbt. Krenz saß im Sattel.

Egon Krenz kenne ich genau; ich bin ihm zweimal begegnet. Vor Jahren weilte er beim Festival des Politischen Liedes unter dem Publikum der Berliner Volksbühne. Beim Abgang trat ich ihm auf den Fuß (versehentlich). Er reagierte sofort und menschlich (mit einem Wehlaut). Das andere Mal machte er Stippvisite beim Bruce-Springsteen-Konzert in Berlin-Weißensee. Der Volvo schnurrte ins Backstage-Areal, Krenz entstieg, umrundete das Gefährt, wurde begrüßt und beküßt, tat desgleichen und fuhr wieder von hinnen – nach *einem* Song (»Born To Run«). Das war nonkonform gehandelt, wenn man mit den einhundertsechzigtausend Fans vergleicht, die stur bis zum Schluß des Konzertes blieben.[3]

Was viele Menschen gegenüber Egon Krenz bewegt, liegt weniger an seiner Einstellung zu Bruce Springsteen. Er ist, als Honeckers Ziehkind, ein Mann des *Ancien régime*. Er war Leiter der Wahlkommission, als am 7. Mai 98,77 Prozent *unserer Menschen* ein eindrucksvolles Bekenntnis zur DDR nach dem anderen ablegten; und in den Tagen des Himmlischen Friedens, als die Staatsführung den Schulterschluß mit China ausrief, hat Krenz sich am weitesten aus dem Fenster gelehnt. Aber Honeckers Kronsohn ist nicht selbst zum Kartätschenprinzen geworden. Bei der Leipziger Demonstration der siebzigtausend vom 9. Oktober drohte ein Massaker. Krenz befahl – nach eigenem Bekunden – den Sicherheitskräften: Keine Gewalt! Leipzig – das war die Krisis.

Ein chinesischer Ausgang der deutschen Oktoberrevolution wurde unwahrscheinlicher, als am 11. Oktober die Alte Garde zum gesamtgesellschaftlichen Dialog aufrief, an dessen Spitze sie sich stellen wollte. »Welch schöner Gedanke. Man stelle sich vor, die Höflinge von Versailles hätten, als die Pariser Marktweiber ins Schloß eindrangen mit zornfunkelndem Auge und kreischender Stimme, Dialoge mit diesen geführt, statt diskret zu verschwinden; vielleicht herrschte in Frankreich noch immer ein König.«[4] Kurt Hager, als es ihn noch gab, unterstand sich gar zu der Erkenntnis, die SED habe »den Dialog ja erfunden«[5]. Die Politbüro-Erklärung hatte genug martialische Rhetorik und ein bißchen Selbstkritik: Viel Klassenfeind spiele der DDR derzeit mit; nach eigenen Fehlern wolle man suchen. Viele empörten sich über so wenig. Aber das war der Anfang.

In den folgenden Tagen hantierten die Zeitungen vorsichtig mit drei reformerischen Themen: Leistungsprinzip, Reisefreiheit, »lebensverbundene« Medien. Das paßte, das fügte sich: Wir arbeiten jetzt effektiver, dann können wir auch verreisen, und unsere Medien werden von nun an passabel – ganz im Sinne des Dialogs, den »man« als große Volksaussprache zur Vorbereitung des SED-Parteitages 1990 zu kanalisieren dachte. Nicht jeder ahnte, daß mit den Kolossen Wirtschaft und Medien auch deren Hintermänner wankten: Günter Mittag und Joachim Hermann. Sie stürzten als erste – mit Erich Honecker.

Dieser 18. Oktober verblüffte die meisten. Begeisterung? Das West-Fernsehen zog auf Ost-Berlins Straßen und erfuhr: »Krenz, das ist, als ob man ein lahmes weißes Pferd gegen ein lahmes braunes Pferd eintauscht.« Der historische Optimismus unserer Menschen an einem historischen Tag: »Hoffnung, verstehense, man muß immer Hoffnung haben!« – »Und haben Sie Hoffnung?« – »Ick? Nee!« Doch nun geht es Schlag auf Schlag. Die Medien erheben sich wie Phönix aus der Asche. Reports zur Mißwirtschaft erscheinen. Die Staats- und Stasi-Brutalität soll Sühne nach sich ziehen. Berlins Polizeipräsident Rausch bittet das Volk um Verzeihung – wann, seit des vierten Friedrich Wilhelms Griff zum Hut, hat es solches gegeben? Walter Janka widerfährt als erstem Stalinismus-Opfer späte Rehabilitation. Der »Sputnik«, das sowjetische »Reader's Digest«, kehrt zurück; Honecker danke man das Verbot, meldet das »Neue Deutschland« auf Nachfrage.[6] Rücktritte, Rücktritte. Privilegien kommen an den Pranger. Die FDJ-Führung steigt von Citroen auf Lada um.[7] Die »Aktuelle Kamera« mausert sich zum Thriller; der Chefredakteur entschuldigt sich beim Publikum für das, was er früher senden mußte. Bärbel Bohley geht live über den Schirm, und Karl-Eduard von Schnitzler, den Straßenvolkes Chorus in die Muppet-Show einwies, sagt Adieu mit dem wahrsten Satz seines eintausendfünfhundertallerletzten »Schwarzen Kanals«: »Einige werden jubeln.« Sie tun es. Sie wollen mehr. Sie bleiben auf den Straßen, die sich nun auch im Norden füllen, nachdem man »Nordlichtern« im Süden kein Benzin mehr verkauft hat, mangelnder Revolution wegen. Das ganze Land demonstriert. Am 7. November tritt die Regierung zurück, tags darauf das Politbüro. Die Verschmutzer von gestern können nicht die Saubermänner von morgen sein. Was weiter? Was noch? Freie Wahlen! Opposition! Unabhängige Medien! Machtkontrolle! Stasi in die Volkswirtschaft! Kein Rücktritt ohne Rechenschaft!

Rache schreit noch keiner. »Hurra für den Pöbel!« hat Stefan Heym gerufen und ein Volk gefeiert, das immer nur Bevölkerung schien.[8] Grandios: Eine Feierabend-Revolution siegt, ohne Streiks, ohne Gewalt. Die Produktion läuft weiter, und abends geht's zur Demo. Ein deutsches Wunder mit ruppigem Charme, ein zivilisiertes Naturereignis. Nur haben Lawinen ihr eigenes Gesetz; man kann sie lostreten, nach Belieben stoppen kann man sie nicht. Welches Agreement macht diese Koalition des Zorns zur Koalition der Vernunft, auf daß dieses Märchen nicht ende wie das vom Fischer un siner Fru? Wer garantiert Gewaltlosigkeit auf Dauer? Vielleicht die steigende Zahl gelungener Versuche. Aber Massen sind labil; sie verstärken nicht nur die guten Anstöße. Alle Massenphänomene macht verwandt, daß Individuen die Menge, nicht sich als Subjekt empfinden. Pueblo unido, hurra, aber Völker sind edel, solange sie ihr Recht einklagen und die Gefangenschaft vertreiben. Aber nach den Bastillen stürmen sie Destillen, und dann ...

Zum Staat braucht es Regierung, und da sind wir wieder bei Egon Krenz. Ich muß den Mann nicht lieben, nicht hassen; der mündige Bürger hat Pragma und Kalkül. Krenz mag lächeln und sich wenden, wie er will – Vertrauen ist nicht alles, wenn Kontrolle besser wird. Krenz hat die Entflechtung von Staat, Gesellschaft und Partei versprochen, dazu, implicite, Verfassungsdisput und freie Wahlen. Das heißt: Opposition wird legal, und die SED-Macht steht zur Disposition. Das heißt: endgültig weg vom monolithischen, real vegitierenden, hin zum realistisch existierenden Sozialismus. Es riecht ja doch nach Demokratie, der Staatsform, in der das Volk seine Regierung scheitern lassen darf und die Gesellschaft die Gesellschaft heilt. Vox populi: »Ein Vorschlag für den 1. Mai: Die Führung zieht am Volk vorbei.«

## Vorwärts und nicht vergessen

Nichts ist ohne Opportunismus, gerade jetzt nicht, da sich alles und jeder wenden will. Von »Wendehälsen« sprach Christa Wolf; das sind aber auch jene, denen die neue Freiheit den Kopf verdreht, auch die Klugen, die darüber die »Kindheitsmuster« verdrängen. Ich kann nicht – nicht so schnell. Nichts ist vorbei, solange das Herz sich entsinnt. Ich habe diese DDR, in der soviel zwanghafter Stuß passierte, geliebt wie Hölderlin seine dürftigen Zeiten, gegen die er schrieb. Ich danke meinem Leben hier Heimat und ein frühkindliches Vertrauen in »Geschichte als Sinngebung des Sinnlosen« (Theodor Lessing). »Mit uns zieht die neue Zeit« – irgendwie steckt das drin, wider besseres Wissen und alle Ironie. Kinderzeitschriften, Schullieder, geliebte Lehrer, die das System mit Wärme erfüllten, Unidad Popular in Chile, Freiheit für Angela Davis – so aufgewachsen, fühlt man im Umbruch auch Trauer: In eben dem Moment, da »das Volk« die Realitäten erzwingt, verliert dieser Staat endgültig die Utopie, unter deren rotem Stern er angebetet werden wollte. Was auf den Endsieg des Humanen in der Gesellschaftsgeschichte hinauslaufen sollte, endet ganz profan in Historie, wie sie immer war – ein bißchen Goethe, ein bißchen Bonaparte:

*»Die geschichtlichen Symbole*
*Törig, wer sie wichtig hält,*
*Immer forschet er ins Hohle*
*Und versäumt die reiche Welt.«*

Das ist die Tragik aller ideologischen Formationen. Sie sind ewig, aber nicht für immer, denn sie leben vom Symbol. Und Symbole leben nicht mehr.

Was war das Ende der alten DDR? Ihr Anfang? Man darf nicht übersehen, daß bis Gorbatschow die DDR nicht als Anachronismus existierte, sondern als logische Miniatur des sowjetischen Systems. Dieser Staat entstand als Installation der Nachkriegsverhältnisse, mit Kaltem Krieg und Stalinismus als Geburtshelfern. Stalinismus meint hier nicht unbedingt Gulag, Mord und Massenrepression, sondern einfach jene administrative, zentralistische Art von Staatssozialismus, die der DDR von Anbeginn aufgenötigt war und sie, als Selbstläufer, bis heute behindert hat. Was in der DDR geschah, war ja nicht nur ein hiesiges Phänomen. Diese Sorte Sozialismus hat all die sowjeteuropäischen Länder, die ihm verpflichtet wurden, immer wieder in Krisen geführt. Die Jahre 1953, 1956, 1968, 1980 markieren nur die Spitzen. Stets gab es danach eine kleine Läuterung der Macht, zage Selbstkritik im Rahmen des Systems und Teilreformen. Sie brachen aber nicht mit der zentralgewaltigen Grundstruktur von Sozialismus, sondern versuchten nur, diese Struktur den entwachsenen Verhältnissen neu anzumessen. Bald kam die nächste Krise.

Die Innovationsschübe dieses Zyklus verkürzten sich ständig; immer strikter wurden alle Eigentümerfunktionen, alle Machtpositionen, alle geistigen Kräfte ins administrative Zentrum einberufen. All diese Energien müssen resozialisiert werden. Um zu genesen, brauchen wir keine Kapitalisierung, sondern eine Sozialgesellschaft, in der die Menschen das Trauma des kindlichen Bürgers verlieren. Ein populistisches *l'état c'est moi* muß her gegen Volkszorns traurige Propaganda, wir hätten vierzig verlorene Jahre als Hammelherde in der Wüste gegrast und müßten nun endlich westwärts, ins verheißene Land. Dieser Staat entwickelte Eigenes. Erstens übernahm die DDR per Staatsdoktrin und de facto historische Pflichten, denen sich die Bundesrepublik weit weniger rigoros unterwarf: Antifaschismus und soziale Garantie. Dies sind die idealistischen Wurzeln; ohne das macht die DDR keinen Sinn, darin stimmen SED und Opposition überein.

Zweitens ging unserer Krise Entwicklung voraus, »und sie ist jenen zu verdanken, die in den Grundstrukturen dieses Sozialismus für wissenschaftlich-technischen, ökonomischen, sozialen und politischen wie geistigen Fortschritt gekämpft, tagtäglich das Sinnvolle getan und das Unsinnige unterlassen haben. Es waren jene, die die stalinistischen Auswüchse und Verbrechen in unserem Lande minimierten, die unserer Wirtschaft immer wieder von neuem eine soziale Orientierung gaben, um Bildung, Gesundheit, Kultur gegen alle Widerstände dieses Systems stritten, Kompromisse eingingen und dadurch das Mögliche erreichten. Dafür muß Achtung da sein und Dank. Ohne sie hätte dieses System seine gefährliche Logik allseitiger Enteignung und Entfremdung voll entfalten können, ohne sie wäre ein Aufbruch aus dieser Krise zu einem neuen Sozialismus nicht einmal möglich. Und wenn es auch heute unpopulär ist, sei es doch gesagt: Dazu hat lange Jahre (die Ausbürgerung Biermanns 1976 stellt eine Zäsur dar) auch Erich Honecker beigetragen. Und ist er nicht an der wachsenden Kluft zwischen dem eigenen subjektiven Wollen und der krisenhaften Zuspitzung des Systems, zu dem er keine Alternative sah und mit dem er sich so überlang identifizierte, gescheitert ...?«[9]

Honecker reformierte Ulbricht; seine Tat war, nach dem VIII. Parteitag der SED 1971 den sozialistischen Zahltag in die Gegenwart vorzuziehen. Das korrigierte den Grundfehler des Kommunismus, wie Camus ihn beschrieb: um einer zukünftigen vermeintlichen Gerechtigkeit willen denen, die jetzt leben, ins Gesicht zu schlagen. Honecker liberalisierte die »Diktatur des Proletariats«. Der Apparat sollte lächeln und Leistung sich lohnen. Personenkult wirft man ihm heute vor, dem Landesväterchen mit dem Saarländer Strohhut und dem Talent, auf einmalige Art nicht reden zu können. Er war rührend eitel. Seine Rundgänge bei der Leipziger Messe feierte das »Neue Deutschland« im Schnitt mit fünfunddreißig Photos. Doch keine Briefmarke hat ihn je gezeigt, keine Straße ward nach ihm benannt. Richtig unbeliebt zu werden, schaffte er nie. Das sind wichtige Sentimentalitäten, jetzt, da allein die Obergärtner unserer blühenden Republik zu Sündenböcken werden, als wären wir nicht mitgedackelt. Nur Christoph Hein hat auf der Berliner Demonstration vom 4. November eine Art Ehrenrettung für den »einsamen alten Mann« gesprochen, der bereit war, für seinen Traum zehn Jahre ins Zuchthaus zu gehen, und der dann, als seine Zeit gekommen schien, keine unschuldige Zukunft vorfand. Er nahm teil an der Schuld. Zum 7. Oktober raunte ihm Gorbatschow hinters Ohr: »Wer zu spät kommt, den bestraft das Leben.« Er ging zu spät. Er wollte nicht abtreten. Man trat ihn ab.

## Die Jungen Wilden

Auch ein Satz vom 4. November: »Wir haben die Sprache wiedergefunden, und die Welt kennt seitdem dieses verschlafene Land nicht wieder.« Jens Reich sagte das, Hauptgestalt des Neuen Forums, das von allen korrektiven Gruppierungen den meisten Zulauf hat. Dabei scheint diese neue Nationale Front noch ein ziemlich loser Haufen. Aber das muß wohl so sein, wenn man darauf baut, daß der basisdemokratische Prozeß jene Taten und Strukturen, derer »das Volk« bedarf, erst hervorbringen wird. Das Neue Forum hat einen Vorteil und einen Nachteil gegenüber den Gruppen mit fertigem Statut. Der Vorteil liegt im Verzicht auf ideologische Striktheit und darauf, sich als Konkurrenz auf die SED einzuschießen. Der Nachteil ist derselbe. Diese Bevölkerung, noch an Vorgaben gewöhnt, eignet sich für fertige Ziele besser als für einen Massenstart vom Nullpunkt. Der Rochus auf die SED kommt hinzu. Trotzdem dürfen SPD, Demokratischer Aufbruch & Co., falls überhaupt schon weiter bekannt[10], in unserem Volk der kleinen Leute wie intellektuelle Ausbrütungen wirken.

Das wissen natürlich auch die Westmedien, über deren Publicity-Bombast man schon grinsen mußte, als jeder, der mal mit Kutte und Kerze Mahnwache stand, »Regimekritiker« hieß. Es hat was von Köpenickiade, wenn »SPD-Vorstandsmitglied« Steffen Reiche mit Helmut Schmidt im »Brennpunkt« sitzt, mit Oskar Lafontaine diniert, sich von Egon Bahr »Verhandlungspräferenz gegenüber der SED« zusagen läßt und, im Jeansanzug neben Hans-Jochen Vogels Kleinkariertem, Fototermin gewährt. Mein Ex-Kommilitone Steffen, jetzt Pastor in Christinendorf, ist ein akademisch beschlagener, idealistischer großer Junge, aber kein »sozialdemokratischer Politiker«. Der Staatsbesuch ging eigentlich zur Tante. Etwas Selbstironie bitte!

Einig sind sich die In-spe-Parteien, jeden machtideologischen Monopolismus abzulehnen. Sie fordern Trennung von Staat und Gesellschaft und eine Alternative zum westlichen Muskelspiel des Kapitals, die im SPD-Statut »ökologisch orientierte soziale Marktwirtschaft« heißt. »Wiedervereinigung« will keiner oder nur, nach Genscher, »im Rahmen eines geeinten Europa«. Alles andere wäre Kohl.

Hier ist nicht Platz, ausführlich zu werden. Nur soviel, daß »Freie Wahlen!« zwar prächtig klingt. Aber eine Opposition aus politischen Dilettanten ist damit auf absehbare Zeit herzlich überfordert, auch gegenüber den durchkonstruierten »Blockparteien«, von denen besonders Manfred Gerlachs LDPD anruckt. Daß Artikel 1 der Verfassung mit dem Führungsanspruch der SED zur Debatte gestellt wird, scheint keine Frage mehr. Stefan Heym hat es ausgesprochen: »Macht korrumpiert. Absolute Macht korrumpiert absolut.« Soweit zur Moral, aber fürs erste verfügt nur die SED über das *Know how* und die Strukturen, den Staat zu regieren. Das ist eine pragmatische, keine ideologische Feststellung. Falls es »der Partei« gelingt, sich zu profanisieren, muß sie Opposition und Vertrauensfrage *wünschen*, um Volkspartei zu sein, nicht Partei der politischen Kaste. Sie kann das auch, denn der Riß in unserem Land geht nicht durch »das Volk« auf der einen und 2,3 Millionen SED-Mitglieder auf der anderen Seite. Er spaltet jene, die für Erneuerung arbeiten wollen, von denen, die »dem Staat« so indifferent gegenübertreten, wie er das mit ihnen immer tat.

Überdies heißt die eigentliche Frage nicht: Was wird aus der SED? Sie lautet: Kann die heruntergewirtschaftete DDR als offener Staat neben der übermächtigen Bundesrepublik existieren? Widersteht sie mit leeren Taschen dem Geld? Tucholsky im Nachruf für Harden: »Die Wirklichkeit ist niemals falsch. Sie ist.« Ja, leider.

## Abschied

Noch einmal ausgereist auf Privileg, noch einmal Transit durchs eigene Land, vorüber an öden Fassaden, von denen es »Frieden!« ruft und »Alles für das Wohl des Volkes!«. Nun wird dies draußen zu Ende geschrieben, in Luzern am Vierwaldstätter See. Der Lido liegt naß und kalt, Kastanienblätter decken die Allee, Dunst hängt über dem Wasser. Ein kleines Mädchen wirft Steine hinein. Ein Großer, Schöner hilft und schleudert weit in den Horizont, gegen die Ufer, die Berge, die ganze melancholische Pracht. Drinnen, im »Casino«, spielt Karpow Schach. Ein Mann tritt heraus, der läßt von dem Schönen kein Auge. Kino? Ein bißchen »Tod in Venedig«. Da ist es spät geworden in diesem unerhörten 1989, das noch weitergeht. Bald werden wir alle reisen. Es treibt uns so. Ist Anne in der Kollwitzstraße oder gerade in Dänemark? Wir laufen auseinander und werden, wenn wir wiederkommen, nicht dieselben sein. Wir gewinnen an Welt und verlieren an Heimat, an nachbarlicher

Wärme, an unserer kleinbürgerlichen Weisheit. Wir werden uns, so frei, recht relativ vorkommen.

Erst wenn die Mauer fällt, werden wir wissen, daß wir sie gebrauchten, wir DDR-Deutschen im Überlandsturm »Freiheit«. Wie sehr hat uns der Zwang, hier zu bleiben, davor geschützt, mit unseren weltbürgerlichen Absichten Ernst zu machen. Wohin mit uns, wenn wir nicht mehr »Freiheit!« rufen können, da wir sie haben? Euphorie geht vorbei; man kann nicht unentwegt mit Resolutionen und Leitartikeln Glasnost feiern, denn, fatal, wir sind ja schon alle dafür. Bald kommt statt Freibier Teuerung und die lange Arbeit am Fundament, während der man noch nichts vom neuen Hause sieht. Und täglich die Chance zu gehen. Auf unabsehbare Zeit wird aus dem Westen das vollere Leben winken.

Noch sind wir alle einig. Noch haben wir Jugend und Wildermut, die Große Koalition der Wahrheit. Wo gibt es das noch? Gewiß nicht im »Pluralismus« des polytheistischen Westens. Der hatte seinen letzten moralischen Aufbruch in der Friedensbewegung und wurde selbst dabei nur zur Minderheit mobil. Ja, dieser Tage in der DDR zu leben ist schön. Es fällt so vieles ab. In den Zeitungen Menschenverstand, und man fühlt sich verbunden. In den Straßen das Volk, und man stellt sich dazu. Fünfhunderttausend am 4. November in Berlin – mein Gott, was für ein glücklicher, verknallter, besoffener Tag! Aber nichts ist neu. Es bricht nur aus, was längst im Lande war. Hunderttausendfach »Wir sind das Volk!«: letzter Ruf des alten DDR-Einheitsbewußtseins, in dem wir alle gehegt und erzogen sind. Millionenfach »Die Wahrheit!« in den Medien: noch einmal credo in uno, bevor die Wahrheit in die Wahrheiten muß. Das wird die neue Zeit. Noch feiern wir die Welt von gestern.

## Anhang: 9. November

Der Sturm der Tage fegt durchs Manuskript. »Décision historique: le Mur démantelé!«, »Frontières ouvertes en RDA!«, »Euphorie à Berlin!«. Grandioses Reporterglück: Berlin kocht über, und ich sitze in Genf am Quai des Bergues und schaue der Rhône hinterher, wie sie nach Frankreich hineinfließt.

Im Ökumenischen Rat gibt's Glückwünsche, als sei ich der Gesandte eines Heldenvolkes. Press officer Théo Buss lädt die kleine DDR-Equipe mit Hermann Goltz, Gerhard Linn und Götz Planer-Friedrich zum Champagner ein. Das Fernsehen läuft: unglaubliche Bilder! Aber vielleicht ist das alles nur ein Film von Fellini oder Spielberg?

Wie man sich fühlt? Man heult fast vor Verwirrung. Die Geschichte hat die Käseglocke von diesem Land genommen, und nun zieht's. Das ist wundervoll, ein Rausch, ein Braus. Danach kommt die Lethargie der Erfüllung: leeres Herz, leerer Kopf. Mein geistiger Vorlauf ist futsch, weil er sich so auf diesen Tag bezog. Was bleibt an Opposition ohne dieses oppositum aus Beton? Und – welche Dämme, welche »Schutzwälle« werden nun gebraucht? Die Schweizer fürchten »Wiedervereinigung«; achtzig Millionen Deutsche auf einem Haufen, das macht ihnen Angst. Cäsar Springer: »Jede Entscheidung in und über Berlin ist eine Entscheidung für ganz Deutschland.« Ich bin ein Preuße, kennt ihr meine Farben ... »Bild« erscheint schon schwarz-rot-gold: »Einigkeit und Recht und Freiheit!«, »Guten Morgen Deutschland!«, »Morgen rufen sie: Wir sind ein Volk!«.

Über diese Tage in Berlin müssen andere schreiben, und sie tun das mit Macht. Aber daheim wartet ein Brief, der datiert vom 10. November und sagt den Teil der Wahrheit, den man sonst nirgends liest: »So sieht er also aus: Der Tag. Die halbe DDR steht an der Grenze. Alle wollen wie wild rüber. Euphorie, ein Hin und Her. Das merkwürdigste ist, daß in mir keine Riesenfreude ist. Im Gegenteil: alles still. Christoph, was wird wohl von unserer lieben, kleinen, alten DDR übrigbleiben? Ich bin sehr beunruhigt. Die nächsten Wochen wird dieses Land einen ganz hohen Preis zahlen für die zwanzig Jahre, die es davor auf Pump gelebt hat. Das bisherige Leben ist vorbei. Darauf muß man doch einen auf die Lampe gießen? Prost. Deine traurige Liane.«

*Dezember 1989*

1 Gabriele Eckart: Erinnerung an Frankreich. Aus: Sturzacker. Buchverlag Der Morgen, Berlin (DDR) 1985, S. 69.

2 Es handelt sich bei denen, die die DDR verließen, um Übersiedler, nicht um Flüchtlinge. Dieser Begriff gehört der halben Million spa-

nischer Demokraten, die vor Francos Mördertruppen nach Frankreich flohen, den Trecks des Zweiten Weltkrieges, den vietnamesischen *boat people* ... Allerdings veröffentlichte »Wiener«, das Münchner »Magazin für Zeitgeist«, im November erschütterndes Bildmaterial von Ex-DDRlern: »Im Rausch der Sinne: die ersten Nacktfotos von DDR-Flüchtlingen« mit dem Vermerk: »Diese Jungs gehen ab wie eine SS 20.«

3 Krenz' Protokollbesuch am 19. Juli 1988 bezog sich wohl auf das FDJ-Rocksommer-Motto: »Nicaragua im Herzen«, mit dem der veranstaltende Jugendverband die Bühne drapiert hatte, ehe dann – auf Protest des Springsteen-Managements hin – umdekoriert werden mußte.

4 Stefan Heym: Hurra für den Pöbel. In: Der Spiegel 45/1989, S. 30.

5 Am 12. Oktober im ZDF.

6 Neues Deutschland v. 16. Oktober 1989, S. 2.

7 Junge Welt v. 28. Oktober 1989.

8 Siehe Anmerkung 4.

9 Michael Brie: Die Wende. In: Sonntag 45/1989, S. 2. Michael Brie ist Bereichsleiter Historischer Materialismus an der Sektion Philosophie der Humboldt-Universität. Er gehörte auch zu den Rednern der SED-Basisdemonstration am 8. November im Berliner Lustgarten (siehe Der Spiegel 46/1989, S. 40).

10 Völlig unbeachtet blieb, daß das »Neue Deutschland« schon am 13. Oktober auf seiner Berlin-Seite den SPD-Mitbegründer Ibrahim Böhme zu Wort kommen ließ – im Rahmen des »ND«-Gaststättenwettbewerbs. Böhme hatte in der Bierstube Greifswalder Straße dem Trunk zugesprochen, fand es »urgemütlich« und schlug das Etablissement zur öffentlichen Auszeichnung vor.

# Vom Himmel auf die Erde

## Wolf Biermann in der DDR

Das Grün bricht aus den Zweigen, und das am 4. November. Biermann singt auf dem Berliner Kollwitzplatz. Was tut's, daß nur ein Tonband läuft:

*»Du laß Dich nicht verhärten*
*in dieser harten Zeit*
*die allzu hart sind brechen*
*und die zu spitz sind stechen*
*und brechen ab sogleich.«*

Also, man pariert und wird weich. Es kommt so vieles nach Hause.

Für mich ist Wolf Biermanns Ausbürgerung 1976 das erste richtige DDR-Erlebnis gewesen. Was davor lag, war Spielerei, Mensch-ärgere-dich-nicht: das ideologische Gerangel in der Schule, EOS-Verweigerung mangels FDJ, Zoff in der Lehre, GST-Lager – man konnte damit umgehen und blieb noch in der Logik des Systems, das auch viel Wärme bot. Biermanns Kölner Konzert, jener Spätherbstabend mit drei Stunden ARD, machte manches Vage zu Ja oder Nein. Hie Staat, hie Biermann – die Medien bliesen zum Sammeln. Willfähriger Volkszorn prominenter Herkunft distanzierte sich von dem Sudler und Hetzer. Wir freuten uns diebisch, als Komponist Gerhard Rosenfeld dem »Neuen Deutschland« unterschob: Was er, mit Erstaunen, über die Ausbürgerung Biermanns gelesen, fordere seine Distanzierung. Stefan Heym, Christa Wolf, Günter Kunert ..., die nicht nur mit Eulenspiegels Schläue protestierten, erwarben sich Heldenruhm. Daß auch Free-Jazzer Ulrich Gumpert den Protest unterschrieben hatte, sicherte ihm für Jahre einen Bonus in der Szene. Biermann selbst, Prophet außer Landes, wurde zum Star; vorher kannten ihn nur Eingeweihte. Das Köln-Konzert gehörte zur liturgischen Grundausstattung der Feten des Winters 76/77. Aus zerfledderten Kladden abgetippt, kursierten die Texte, selbstredend mit Vorsicht. Wahrheit als Geheimbündelei – auch das paßte in die Nischen jener DDR-Gemütlichkeit, die uns eines vielleicht für immer gelehrt hat: Privat geht vor Katastrophe.

Das alles ist lange her. Wolf Biermann, der erlaubte, kann kein Opfer bleiben, und zum Propheten fehlt ihm die Askese. Schön, daß er immer wieder sagt, es sei ihm gutgegangen all die Jahre. Da er nun wieder auf Erden weilt, darf man ihn endlich kritisieren. Biermann: schlicht ein Song-Poet mit sinnlichem Triebwerk und teutonischer Links-Romantik. Viel Kraft, viel Bild und Assoziation, bei erheblichen Qualitätsverlusten im jüngeren Werk (*»He he Gorbi / Hoffnung die ich heg / Mütterchen mein Rußland / macht sich auf den Weg / oi oi Mama / blast mal in die Glut / Feuerchen du wärmst mich / und das macht mir Mut.«*) Auch die Conférence möchte man mal gedruckt genießen. Biermann ist ein Medienprofi, der genau weiß, welches Maß an Selbst-Inszenierung live noch verdaut werden könnte. Kein Publikum außer dem hiesigen erträgt solch eitle Tiraden, aber wir mündigen Lauscher sind ganz wild auf Lichtgestalten und deren Wegweisung. Bob Dylan sagte nichts, Biermann predigt tragisch gern. Das funktioniert nach der Aquaplaning-Methode: Den Hörer trägt der Wortschwall fort, den Redner desgleichen. Bremsen kann sich Biermann nicht, aber rudern, bis eine Pointe vorbeikommt. Oder es kommt keine – egal, die Gemeinde liebt diesen Missionar, ob er nun die Ewige Kommune verkündigt, von Robert Havemann im Kirschbaum zu Grünheide träumt oder mit uns Kindertränen weint. Biermann ist sentimental. Nach dem Leipziger Konzert war Hörers Preußenohr ganz voller Schmalz.

Anderntags die Soiree im Haus der jungen Talente: historisch wie derzeit alles – eine Wiedervereinigung von DDR-Sängern dieser und jener Tage, durch DT 64 an sämtliche ARD-Hörfunkanstalten verteilt. Mensching/Wenzel begannen mit ihrem Lied vom Neuen Mann, das sie immer noch nicht oft genug umgeschrieben haben. Barbara Thalheim sang so mokant und Gerhard Schöne so zart wie gewohnt. Jürgen Eger war stark verunsichert, weil ihn die Barden-Runde schnitt, kompromißlerischer Vergangenheit wegen, vor allem im Falle Krawczyk. Damit auch das mal öffentlich wird: Eger ist bei der Rocker-Vollversammlung mit Aurich am 16. Oktober der einzige gewesen, der auszurufen wagte (damals war's noch ein Wagnis): »Bevor das Politbüro nicht geht, hat es nichts begriffen!«

Ja, und die Ehemaligen. Niemand darf diesen Leuten, die mehr wagten als wir, an die Ehre; ein anderes ist, wie man moraline Gesänge zur Gitarre verträgt. Bettina Wegner: immer noch ganz Gefühl, Tremolo von Herz zu Herz mit Icke, Zorn und Tränen – Joan Baez vom Prenzlauer Berg. Auch Renft-Texter Gerulf Pannach kehrte heim, wie er gegangen war: als proletarischer Raunzer, jetzt begleitet von Johnny-&-The-Drivers-Gitarrist Joey Albrecht. Bei Stephan Krawczyk dachte ich an Manfred Krugs Bemerkung zu Frank Beyers »Spur der Steine«: Man muß aufpassen, daß der Nimbus eines verbotenen Werkes nicht größer wird als das Werk selbst. Ich-Bezug und angemaßtes Wesen konnte man bei Eva-Maria Hagen nicht bemerken, aber Verve und Emotion. Ninas Mutter war die Beste. Mit Biermanns »Ballade vom wiederholten Abtreiben« sang sie das Lied des Abends. Dann der Schöpfer – siehe oben.

Dank an Biermann für zwei Mahnungen. Erstens: Keine Wiedervereinigung, vor allem nicht Wieder ...! Zweitens: Raus aus dem Teufelskreis der Rache! Wer Menschen Schwein nennt, will auch schlachten. Dazu Steffen Mensching (in der übervollen Podiumsrunde zu »Deutschland – Sozialismus – Kapital«): Die Rufe nach Vergeltung verdrängten unsere inneren Mechanismen, die uns all die Jahre in diesen Verhältnissen verharren ließen. Jürgen Fuchs erinnerte an Alexander Mitscherlich: Die Unfähigkeit zu trauern, die selbstgerechte Vergeßlichkeit sei auch eine deutsche Art zu lieben. Aber Zukunft brauche Erinnerung. Gregor Gysi: Von der Bundesrepublik verschluckt, könne dieses Volk, das sich endlich eine Identität erkämpft, seine Vergangenheit nicht mehr aufarbeiten. Jeder deutsche Staat benötige den anderen als Korrektiv.

Dietmar Keller, der neue Kulturminister, mochte vierzig Jahre Arbeit für Sozialismus nicht in den Rauch schreiben. Eva-Maria Hagens Pianist Siegfried Gerlich: Solche Beschwörungen seien ein Rückfall in den vormarxistischen, ethischen Sozialismus. Trete der Marxismus nun nicht mehr als Wissenschaft auf, seiner gesellschaftlich-ökonomischen Zwangsläufigkeit gewiß? Nun wieder religiöse Abstraktionen statt Konzepte, moralische Vorsätze gegen Kapitalgewalt? Ein Gast aus Israel betrat die Bühne: Nach den Bundestagsreden von Kohl, Rühe und Voigt am 28. November sei ein Zittern durchs Land gegangen. Ein Friedensvertrag müsse der Deutschen Einheitssucht steuern. Toni Krahl: Manche werden sagen, wir hier sind Spinner mit unseren linken Reden. Die Vereinigung hat längst stattgefunden. Uns hält nur noch das Regelwerk der Alliierten.

Tatsächlich, die Demonstrationen werden einheitsdeutscher. Weiter, weiter, weiter? Oder Schluß, damit dieses Märchen von Revolution nicht ende wie das Märchen vom Fischer un siner Fru? »... *das woll'n sie doch bezwecken / daß wir die Waffen strecken / noch vor dem großen Streit*«, heißt es in Wolf Biermanns schönstem Lied, »Ermutigung«. Diese Stelle hat mich immer bang gemacht, das martialische Geklirr der Waffen des WIR: »Wir sind das Volk!«, »Wir sind ein Volk!«. Und die Polen, die Vietnamesen, die Moçambiquaner, die bei uns arbeiten und Salami kaufen? Massen sind labil; sie verstärken Gutes wie Böses. Alle Massenphänomene macht verwandt, daß Individuen die Menge, nicht sich, als Subjekt erfahren. Menschen können sich vernünftig beschränken; Massen wollen alles. Ich hoffe, daß die Volks-Bewegung sich in den alten und neuen Parteiungen möglichst rasch demokratisch individualisiert. Ich habe die schwierige Herkunft der DDR immer für eine Chance gegen Nationalismus gehalten; jetzt zeigt sich, daß die Massen-Psyche offenbar unter riesigen Defiziten litt. Man kann das zwar irrational nennen. Tucholsky im Nachruf für Harden: »Die Realität ist niemals falsch. Sie ist.« Ja, leider.

*Dezember 1989*

# Drei Tage der Revolution

## 26. Dezember 1989: Ceaușescu-Film

Ein kurzer Film über das Töten. »Szenenwechsel: man sieht eine Art Fußweg aus Beton, dahinter eine Mauer. Davor liegen zwei Leichen. Die Kamera fährt näher heran, und man erkennt den Kopf Ceaușescus. An der Mauer sind Blut und Einschüsse erkennbar. Man erkennt deutlich, daß Nicolae Ceaușescu einen Kopfschuß erhalten hat.«

Nachlese zum kurzen Prozeß. Die pure Neuigkeit gab's schon zwei Tage zuvor, in den weihnachtlichen Frühnachrichten: »... wurde sofort vollstreckt.« Wie es sich regte und räkelte, mein klammheimliches Tier, morgens im Bett bei Kaffee und Stolle: vierundsechzigtausend Tote, Mütter, Kinder – wer, wenn nicht *der*? Und *die* gleich mit! Und wer noch? Abends, launig aufgemacht, Jugendradio-Nachrichten. Zwischen Neujahrslauf und Wetter »Neues aus der Ceaușescu-Familie«. Bruder Marin ward zu Wien erhängt gefunden. Wie viele Brüder hatte *der* eigentlich? Auf wieviel *Neues* aus der Ceaușescu-Familie können wir noch hoffen?

Szenenwechsel. 2. Januar im Internationalen Pressezentrum. Václav Havel kommt, in Manfred Gerlachs Begleitung. Offiziöse *statements*, Williges zur Öffnung und Zusammenarbeit und dann die Frage: Was fühlten Sie bei den Bildern vom Ceaușescu-Tribunal? Havel sagt, er wolle privat antworten: »Ich hätte mir einen langen, mehrmonatigen Prozeß gewünscht. Das hätte viele Dinge ans Licht gebracht. Zum Vergleich denke ich an den Eichmann-Prozeß, mit dem Unterschied, daß ich mir als Höchststrafe nur lebenslänglich vorstellen kann. Ich war immer ein prinzipieller Gegner der Todesstrafe und werde es bleiben. Allerdings verstehe ich, daß mit der raschen Aburteilung Menschenleben gerettet werden sollten.« Gerlach, trocken, schließt sich an.

Draußen, auf dem Flur, steht Udo Lindenberg. Der hat

gerade auf seiner Pressekonferenz über die anstehende DDR-Tour geredet. Auch gegen »nationalsozialistisches Gedröhne« wolle er singen. Auf seiner neuen LP »Bunte Republik Deutschland« klingt das so:

*»Vom Opfer zum Täter ist's 'n kleiner Schritt,*
*noch gestern ein Nichts und heut marschierst du mit.*
*Bist 'n armes Kind – bist 'n dummes Kind.*
*Jetzt stolperst du mit im braunen Wind.*
*Alte Hetzparolen und jetzt grölst du mit.*
*Vom Opfer zum Täter ist es ein kleiner Schritt.«*

Und umgekehrt auch.

Neue Szene: Ein Restaurant, kein schlechtes. Man speist, man trinkt, man spricht. Vom alten Politbüro ist die Rede. Man müsse henken, befindet die versammelte Auslese unserer Menschen. Um Gottes Willen, wem nützt denn das? »Uns nützt das was. Unseren *Gefühlen*, junger Mann.«

Szenenwechsel. Leipzig: »Rote aus der Demo raus!« Dresden: »Helmut, rette uns! Wir sind nicht mehr zu retten!« Szenenwechsel: die Sudeleien von Treptow, Görlitz, Pirna ... Szenenwechsel: die Vietnamesin, die den Schokoladen-Weihnachtsmann wieder ins Regal stellen muß. Man kann sie *zwingen*. Man hat *das Recht* dazu und auch die große Lust, die kleine Macht zu spüren. Szenen, Szenen; man kommt nicht hinterher. »Dies ist keine Zeit für Schreiber«, sagt Liane, »dies ist eine Zeit für Photographen.« Aber Bilder machen geil, die Balz des Augenspiels. Und Wörter? »Man erkennt deutlich, daß Nicolae Ceauşescu einen Kopfschuß *erhalten* hat.« Auch dies war Mord.

Es geht nicht mehr um den Mörder Ceauşescu. Wir hatten unsäglich Glück; hier gelang die sanfte Revolution. Keine Toten bis auf ein paar Unglückliche, die von eigener Hand starben. Keine Mörder – welche Gnade für unser Volk! Und nun auf zur Selbstbeschädigung? Ein Opernsänger wird von Handwerkern angeschwärzt: dieses Subjekt habe sie immer in West entlohnt. Am Rechtsanwalt Schnur erprobt sich tapfer gewordene Presse, weil Schnur, den Vorwürfen nach, auf leider landesübliche Art Wohnung genommen hat. Aktenzeichen XY ungelöst: Haben Sie *Hinweise*? Wer ohne Sünde ist, werfe den ersten Stein, und wer zum Schwert greift, wird durch das Schwert umkommen.

## 29. Januar 1990: Honecker in Rummelsburg

> *»Wenn sich die Französiche Revolution ewig wiederholen müßte, wäre die französische Geschichtsschreibung nicht so stolz auf Robespierre (...)*
> *Im Abendrot leuchtet alles im verführerischen Licht der Nostalgie, sogar die Guillotine.«*
> Milan Kundera: »Die unerträgliche Leichtigkeit des Seins«

1. Mai 1989: In sechs Lebensjahren war die Tochter noch nie zum Mai-Umzug. Nun hat sie der Kindergarten heiß gemacht: »Der Erich Honecker ist der beste Mann, den ich nicht kenne.« Was will man machen. Eine Windmühlen-Attrappe des VEB Getreidewirtschaft dient als Ausguck, und als das Gefährt an unseren Führungs-Gestalten vorüberschaukelt, schreit das Kind: »Erich Honecker, hast du Angst vor mir?« Um Himmels willen. Der beste Mann hat's aber nicht gehört, nur Willi Stoph greift verstohlen unter die Tribünenbrüstung und stärkt sich auf den Schreck mit einem Hieb aus dem Flachmann.

Nun ist das Honecker-Bild aus dem Kindergarten verschwunden. Es bleibt eine Leerstelle. Jede alte Zeitung, reichlich mit Honecker bebildert, erfreut das Kind, und wenn E. H. in den Nachrichten auftaucht, gibt es kein Halten.

Revolution – welch technologischer Begriff. Der Mensch, gottlob, verflucht, taugt knapp zur Evolution. Er kann, was einmal sein Wesen ist, beugen oder büßen; ersetzen kann er es nicht. Die Kindheitsmuster ... Nichts ist vorbei, solange das Herz sich entsinnt. Schon vergessen die Persilschein-Entnazifizierung durch die westlichen Alliierten? Kein Gedanke mehr, wie man hierzulande ein ganzes Volk zu »Siegern der Geschichte« erklärte? Ja, unser Stalinismus brauchte seinen Repressionsapparat, aber ebenso sein Volk von Opportunisten – jenes Volk, das ihn am 7. Mai 1989 nicht mit 98,85 Prozent, aber mit etwa 85 Prozent Ja-Stimmen bestätigt hat. 85 Prozent, was für ein Chorus! Es lebe ...! Vorwärts zum ...! Ruhm und Ehre der ...!

Das Echo: Deutschland einig Vaterland! Keinen Schritt mit der SED! Nie wieder Sozialismus! Die groben Polarisierungen, die klobigen Gefühle, die Wahl-Kampf-Parolen – was sind sie anderes als Ausgeburten jener einheitlichen DDR-Mentalität, die uns die Welt so simpel machte, wie wir sie hingenommen haben.

Nun wird alles anders? Demokratie ist ein Wippe. Sie brauchen einander, die Opponenten; sie können ohne Widerpart nichts tun. Aber wissen sie das? Die SED/PDS solle sich auflösen, aus Gründen der öffentlichen Stabilität? Vielleicht könnte sie gar verboten werden, nach den Wahlen, durch eine neue *stärkste Kraft* und deren kindisches Dekret, das untersagen würde, was uns in den Knochen steckt.

29. Januar 1990: Erich Honecker, am Arm seiner Frau, kommt aus der Charité. Draußen wird er verhaftet. Dieser neue Staatsanwalt scheint ja wirklich mal *durchzugreifen*!

Da stocken selbst die »heute«-Nachrichten und wiederholen den Augenblick in Zeitlupe. Anderntags riskiert das »Neue Deutschland« auf Seite 1 Charakter contra *Volkszorn* und zitiert ausführlich Urologie-Chefarzt Althaus: Honecker ist haftunfähig. Er hat Krebs. Er ist fertig im Kopf. Er faßt nicht mehr, was seiner DDR passiert. Eine Bekannte erzählt: Im Krankenhaus bat Honecker um Bohnenkaffee. Daraus wurde nichts: »Haben Sie welchen abgegeben?«

Dann kam Honecker nach Rummelsburg. Sein Volk kriegt Freispruch durch die neuen Polit-Juristen, die unsere Stimme wollen, und Ablaß durch Partei-Theologen – viele davon ehemals meine Kommilitonen. Sie waren damals anders – ohne diese neureiche Mächtigkeit und weder auf Masse erpicht noch auf Ideologie. Ihre Logik sah hinter den Augenschein, und was Recht sei, bemaß sich barmherzig nach den Schwächeren im Land, zu denen wir selbst gehörten. Der Luxemburg-Spruch. Man kannte Höheres als die Zwangsvorstellungen eines Staates, dem seine Pfarrer einen oppositionellen Opportunismus abtrotzten und viele Kompromisse. Theologe, so machten wir uns gegenseitig Mut, sei der freieste Beruf der Welt.

Nun ja. »Was gibt's Schöneres auf Erden, als Politiker zu werden. Prost! Es lebe die Partei! Frisch und fromm und steuerfrei.« Nur der Berlin-brandenburgische Bischof Gottfried Forck, um Populismus schon immer weniger besorgt als um seinen Glauben, hat dem Ehepaar Honecker kirchlichen Wohnraum angeboten.

Laßt den alten Mann nach Hause! Es ist vorbei. Ich fürchte nicht mehr den alten Apparat. Ich fürchte die Konterrevolution durch kollektive Verdrängung. Das hat Spätfolgen. Die Eule der Minerva beginnt erst in der Dämmerung ihren Fluch.

Postskriptum: ADN meldete am Abend des 30. Januar, das Stadtgericht Berlin habe es wegen Honeckers Gesundheitszustand abgelehnt, Haftbefehl zu erlassen. Honecker sei nach seiner Entlassung in die evangelischen Hoffnungsthaler Anstalten Lobetal bei Bernau gebracht worden. – Seitdem häufen sich Kirchenaustritte.

## 18. März 1990: DDR in der Urne

> *»Was für Eliten Geschichte ist, ist für die Massen noch immer Arbeit gewesen.«*
> Heiner Müller

Wenige Tage vor dem 18. März geisterte eine Meldung durch die Presse: Honeckers hätten nicht vor zu wählen. Man male sich auch aus: Der alte Mann in Lobetal, das Benachrichtigungskärtchen in zitternder Hand, steigt herab aus Pfarrer Holmers Dachgeschoß und bewegt sich ins Wahllokal. Dort durchkramt er seinen blauen Mantel nach dem Personalausweis, meldet sich bei den eisigen Mienen und verschwindet mit dem Wahlschein im Kabuff. Wohin das Kreuz? PDS? Es geht nicht. Es läßt sich nicht denken.

Alte Menschen, die Belastung gewohnt waren, bauen rasch ab, wenn sie ihre Aufgabe verlieren. Wir alle sind jählings alt geworden, als DDR-Leute, und daß unser müdes Land am Ende sei, haben sie uns jeden Tag gesagt. Sie kamen uns in die Heimat geritten, die reichen Sieger mit Troß, sie beschallten unsere Märkte mit ihrem Triumph, und eine Mehrheit bejubelte ihnen dies als unser aller Sieg. Wir liefen mit, wir mitgelaufenes Volk. Ein kleines Beichten ging um und ein großes Verzeihen durch die päpstlichen Gesandten. Mea culpa? ABSOLVE TE! Wo wir als DDR mit dem Latein am Ende sind, braucht man uns noch für DEUTSCHLAND.

Daß sie uns nicht in Ruhe lassen konnten, die aus Bonn, wenigstens bis wir zum ersten Mal freie Wahlen hatten. Daß sie uns über den Hals kamen wie Conquistadoren und alle Trauer, alles Fragen abbrachen mit ihren lärmenden Patenten. Daß sie uns abermals zu *Siegern der Geschichte* erklärten – diesmal der künftigen, denn die Zukunft hat wieder einen Namen: *gutes Geld*. Als Sinnstifter traten sie auf, mit einer halbreligiösen Autorität, die sie daheim nicht haben, weil derlei Kultur unserer unseligen Vergangenheit entstammt. Die Bundesrepublik: ein profaner Staat, ein Verwaltungswesen mit öffentlichen Dienern ohne sakrales Anrecht. Wir dagegen gehörten einem Vater Staat, dessen real existierende Priester uns unentwegt im Weihräuchern unterwiesen. Ob man ihnen glaubte oder nicht – dem Ohr war ihre Litanei vertraut. Hängen blieb ein Geschmack an Ideologie, und sei es die vom *besseren System*. Nun wechselt die Konfession, aber der Glaube bleibt: Staatfrömmigkeit. Der Muezzin ruft, wir knien gen Westen.

»Die Menschen sind Kühe«, sagte mein Großvater, »vox populi vox Rindvieh«: Demokratiebegriff eines preußischen Superintendenten, der Volks-Mehrheit einfach ordinär fand. Diese ist es wirklich, eine Mehrheit der Labilen – laut gerufen, rasch gekommen. Galle des Verlierers? Heute haben viele verloren; längst nicht alle wissen es schon, aber sie werden sich umgucken. *Hoffentlich allianzversichert!* Mein Kreuz bekam eine Partei, die nicht siegen konnte und nicht siegen sollte, aber ich wollte über Mauern klettern, dorthin, wo nicht die Unschuld galoppiert, die Anwalt Schnur den Hals brach und den Pastor Ebeling so schamlos macht. Ich hätte gern noch eine Stimme der Barmherzigkeit gehabt, für die Trotzkisten, die das Fernseh-Volk mit einer denkwürdig kuriosen Wahlsendung beschenkten. Keiner der Kräfte am Runden Tisch sei zu trauen, weil die alle anders sind als Leos lichte Reihen. So einfach leben Sekten. Ach Kinder! *Wir* sind ein Volk.

Das alte DDR-Einheitsgefühl scheint fort. Wahlen ziehen Fronten: Grenzgänger sind selten, höchstens, daß mal ein Grüner in roten Socken kommt. (»Meine Grünen kann ich nicht wählen, die Muttis vom Frauenverband sind mir zu aggressiv.«) Diese Stimme fehlte: knapp zwei Prozent. Und nur wenig mehr haben die Tapferen vom Bündnis 90 ergattert, die doch hätten gewinnen müssen, wenn es nach

Gerechtigkeit ginge. Echter Protestantismus taugt eben nicht zur Mehrheit; er lebt von dem, was fehlt – wie Kunst, die Partei nehmen, nicht Partei sein kann. Ihr Amt bleibt, Mut gegen die Riesen zu machen, zu zeigen, daß Ideologien, Parteien und alle Politik relativ und ohne letzte Größe sind. Aber leicht gesagt. Wer ahnt denn, was nun blüht. Vorerst Abschied von der DDR. Die Utopie wird zu Markte getragen. Was einmal auf den Endsieg des Humanen in der Gesellschaftsgeschichte hinauswollte, das endet ganz profan als historischer Durchläufer. Doch es war unser Leben.

Wahltag, Ende der Zwischenzeit. Draußen ist herrliche Sonne. Das Volk strömt durch den Friedrichshain. Die politische Tat ist vollbracht, die Stimme *abgegeben*. Die Männer stemmen Biere, Mutter macht mit den Kleinen, und der Hund frißt Currywurst. Unten am Märchenbrunnen ein Trupp Punks. Jedes der bunten Kinder trägt eine große DDR-Fahne. Verlorenes Land, verlorene Jahre? Kannst du vergessen, daß wir auch glücklich waren?

*Januar / März 1990*

# Als ich wie ein Vogel war

## Wie die Musik alterte und die Zukunft verging

*Als ich wie ein Vogel war, der am Abend sang*
*Riefen alle Leute nur: Sonnenuntergang!*
*Alle Vögel sind schon da – keiner, der das rief*
*Ohne Stimme flog ich fort, als schon alles schlief (...)*

*Als ich wie der Himmel war überm Rosenstrauch*
*Setzte mancher sich und sprach: Rosen blühen auch*
*Ach, wie ist der Himmel blank – keiner kam darauf*
*Fiel mein Regen auf die Bank, standen alle Leute auf (...)*

*Meine Stimme sprang beim Sonnenuntergang*
*So schön wie Rosenblätter*
*Fiel mein Regen auf die Bank, mein Himmel wurde krank*
*Und auch mein Wetter.*
Gerulf Pannach, 1974

### 1

Am 20. August 1990 trat im »Red River Saloon« von Austin/Texas ein unvergeßlicher Sänger auf. Fünfzig mochte er sein, graue Mähne, ledernes Gesicht, und knarrte knochentrocken Desperado-Hymnen wie »Fit to kill and goin' out in style«. Sein Sohn spielte ihm dazu eine brüllende Gitarre. *The devil made me doin' it the first time*, sang der Alte, *the second time I done it on my own*. Im Raum saß ein Dutzend Leute. Der Alte ging von Tisch zu Tisch und gab jedem die Hand. Die Hand war eine halbe. Der Mann war Billy Joe Shaver.

Zum ersten Mal gehört hatte ich den Namen anderthalb Jahre zuvor – ausgerechnet beim »Festival des Politischen Liedes« der FDJ in Berlin/Hauptstadt der DDR. Michelle Shocked war eingeladen, damals ein knabenhafter Tramp mit Schiffermütze, dessen Melancholie den klassenkämpferischen Pomp des Sängertreffens verblüffend entschärfte. Da saß sie auf der Garderobe im Palast der Republik, wie beschrieben in »Texas auf der Themse«, baumelte mit den Beinen, erzählte von der texanischen Songwriter-Bewegung, von ihrem Mekka Austin, und wies alle ideologischen Offerten leise und bestimmt zurück. Nein, dies sei keine politische Musik. Aber sie hüte Gefühle, sie inspiriere Sozialität, sie stifte Erinnerung, sie mache beständige Menschen.

»Wer sind deine Helden, Michelle?«

»Guy Clark. Townes Van Zandt. Nanci Griffith. Billy Joe Shaver.«

»Nie gehört.«

Aber bald. Kurz darauf entdeckte ich im West-Berliner Radio die SFB-Sendung »Roots«, worin ein Gralshüter namens Wolfgang Doebeling den heiligen Schrein der bodenständigen US-Musik auftat. Vor einem Vierteljahrhundert war Doebeling in einer louisianischen Krämerbude über ein paar Kisten gestolpert, in denen der Geschäftsinhaber die Reste seines früheren Country-Plattenladens verwahrte. Doebeling kaufte den ganzen Ramsch für sechshundert Dollar, besaß nun noch deren zwei sowie drei Koffer Vinyl und war verloren an die wahre Musik. *Aaah, those were the days, ladies and gentlemen!* seufzt Doebeling auch heute noch jeden Sonntagabend ab 23 Uhr auf Radio Eins und spielt alles, was wurzelt und knackt *(Vinyl only!)*.

Und dann fiel die Mauer. Mit Hilfe guter Mächte und des World Press Institute in St. Paul/Minnesota verbrachte ich das halbe Jahr 1990 auf einer US-Kreuzfahrt, die zehn Journalisten aus zehn Ländern durch zwanzig Städte führte. Austin war die freundlichste. Wir wohnten im altehrwürdigen »Driskill«-Hotel. Wir fuhren, bei Gewitter, auf dem grünen Colorado Motorboot. Wir besichtigten Computerfirmen, Madalyn O'Hair, die militante Gottmutter der amerikanischen Atheisten, sowie Admiral Bobby Inman (später Clintons Kriegsminister-Kandidat), der uns die US-Tourneen der Genossen Gorbatschow und Jelzin rezensierte. Gorbi kam gut weg, aber den Säufer Jelzin hatte Admiral Inman höchstselbst bei einem Bankett voll betankt unterm Tisch hervorgezogen.

Zum Schluß empfing uns ein heiterer Rundling, der Oberbürgermeister Lee Cooke. Er kredenzte Kekse, er zeigte uns sein Lieblingsphoto mit seinem alten *buddy* George Bush, er pries Austins Aufschwung und die Sicherheit: 22 Morde pro Jahr; New York biete 5 000. Und als uns das freute und weil wir alle Kekse aufgegessen hatten, ernannte uns Lee Cooke *for now and for all time to come* zu Ehrenbürgern der Hauptstadt von Texas. *Please come again!* Und da wären wir wieder, nach sieben Jahren.

## 2

Gegenwart ist namenlos. Wenn etwas zu entschwinden droht, geben ihm die Chronisten Geschichte und Begriff. So entstand erst nach dem Untergang der DDR die Ost-Identität – ein Konstrukt von Kollektiverfahrung, das sein Recht und seine Grenzen hat. Auch Generationen sind Spekulationen. *My generation* macht da keine Ausnahme.

Also: Vom Wir zum Ich. Es drängt mich, von einem DDR-Generationsgenossen zu erzählen, der das Wir so lange dehnte, bis es riß. Sein Name: Michael Möller, der designierte letzte DDR-Botschafter in den USA. Wie zu Beginn dieses Buchs berichtet, traf ich ihn in Washington auf der deutschen Vereinigungsparty. Es war ein Wiedersehen nach langer Zeit. Für ein paar Jahre ist Michael der engste Freund gewesen, den ich jemals hatte. Wir lernten uns kennen im September 1975, als wir am Leipziger Theologischen Seminar mit dem Studium begannen. Es trieb uns zueinander in dieser Zitadelle protestantisch-bürgerlicher Bildung, die eine geistige Freiheit bot, wie sie in der DDR wohl nur *bei Kirchens* auszuleben war. Eines freilich mangelte dem Seminar: Rockfans. Michael war einer und signalisierte dies, wie ich, mit schulterlanger *Hecke*. Die Fräuleins, titulierte uns pikiert der alte Griechischprofessor Haupt. Das unterließ er dann in dem Maße, wie wir wenigstens grammatikalisch spartanische Zucht bewiesen. Wie alle Altphilologen litt auch Wilhelm Haupt unter der jargonverseuchten Gegenwartssprache, welcher er besonders das plappernde Geschlecht verfallen wähnte. »De Sachsenmädels sind ja hübsche Dinger«, sprach er bekümmert, »aber wennse den Mund auftun, huppt ei'm der Bauer ins Genick.« Vollends gewogen war uns Haupt, der noch mit dreiundsiebzig Jahren die theologischen Leibesübungen leitete, als wir ihn beim Hallenfußball glänzen ließen. Danach befürwortete er sogar Michaels und meine Freistellung zum Warschauer Jazz Jamboree. »Aber hütense sich vor diesen Drogen«, gab er uns, väterlich sächselnd, mit auf den Weg in die gottlose Ferne. »Und es soll ja bei dem Dschäss och leichte Mädels geben.« Wohlbehalten kehrten wir zurück, mit keinem anderen Virus infiziert als der Musik. Rock und Jazz, das waren damals Geschwisterkünste, gleichermaßen tauglich zum Abflug nach Woodstock und Obliadooh.

Noch etwas verband mich mit Michael: das elterliche Pfarrhaus, die Herkunft aus einer musischen Sonderwelt inmitten der werktätigen DDR. Aus dem Pfarrhaus betrachtet, war der Parteistaat per se das Andere – nicht nur wegen der atheistischen SED-Ideologie, sondern vor allem, weil die DDR tatsächlich ein Land der Arbeiter und Bauern gewesen ist. Die deutsche Teilung bewirkte ja auch eine soziale. Im Osten hatte sie ein proletarisches Weltbild an die Macht gebracht und arbeiterliche Lebensformen installiert, die uns *bürgerliche Rudimente* zwangsläufig fühlen ließen, daß wir Einzelne wären. *My generation* gab es also nicht, wie es Blauhemd-Paraden gab bei den Pfingsttreffen der Freien Deutschen Jugend. Aber überall und immer wieder traf man Gleichgesinnte, viele – Querköppe, Spinner, Gottsucher und Sturlinge der Kunst.

Michaels Vater zählte zu jenen westdeutschen Pfarrern, die Mitte der fünfziger Jahre in die DDR übersiedelten, um jenseits des Eisernen Vorhangs Dienst zu tun. Folglich besaß Michael reichlich Westverwandtschaft, folglich eine schöne Plattensammlung, der ich mit dem polnischen Spulentonbandgerät ZK 120 T zu Leibe rücken durfte. Auch meinen theologischen Absichten zeigte sich Michael zugänglich. Jeden Freitagmorgen um sieben weckte der Posaunenchor die Seminaristen mit dem Choral »Wach auf, wach auf, du deutsches Land, du hast genug geschlafen« und ähnlichen Hits. Um acht war dann Wochenschlußandacht mit Heiligem Abendmahl. Das Sakrament spendete ein Professor, Kurzpredigt und kirchenmusikalische Umrahmung oblagen jeweils zwei Studenten. Üblich waren Orgelmusik und Gesänge von möglichst mangelnder Modernität. Michael baute seine Superboxen auf. Zu Beginn der Mahlfeier jagten wir Chicago durch die Hütte, »Does Anybody Really Know What Time It Is« aus der orkanischen Phase des Bläserrock-Septetts. Sodann verabreichte ich eine Kampfandacht wider die pietistische Frömmelei, mündend in ein Gebet um Erkenntnis, welche Stunde geschlagen habe. Danach gab's Jimi Hendrix, »The Wind Cries Mary«, als Toleranzgeste an die katholische Marienverehrung. Nur mit Mühe war es dann dem Neutestamentler Dr. Werner Vogler möglich, Brot und Wein zu spenden. Abschließend fegte Michael die verstörte Sakramentsgemeinde mit »Jerusalem« von Emerson, Lake & Palmer hinaus ins tätliche Leben. Aus dem Lehrkörper verlautete zu meiner Andacht das herbe Urteil »Gesabbel«. Auch wurden Zweifel geäußert, daß bei dieser Mahlfeier der Heilige Geist angewest habe. Das wußten wir besser, Michael und ich.

Im Sommer 1977 nahm sich Michaels Vater das Leben. Fortan war Michael ein anderer. Das Spielerische wich, der Übermut, die Improvisation als Lebenskunst. Fleißig war Michael immer gewesen; jetzt strebte er, als wüßte er, wohin. Er wurde Pflichtmensch. Er grub sich in die theologische Existenz des Vaters. Ich wünschte weiterhin das Studium als heitere, endlose Gegenwart und die Zukunft namens Pfarramt möglichst fern. Meine große Philosophiearbeit schrieb ich über Adornos Musiksoziologie: ein manieristisch gespreiztes Rock'n'Rotz-Pamphlet mit verkompliziertes Exkursen und ohne Gliederung. Michael wählte »Existentialismus bei Camus« und gliederte aufs feinste. Das milde Herz des Dr. Ernst Koch gewährte mir ein »Bestanden«. Michael empfing eine Eins und hatte überdies das Thema seiner selbst gefunden: *Leben in der Wahrheit*, wie es Václav Havel damals formulierte in Anlehnung an Adornos Diktum, es gebe kein richtiges Leben im falschen.

Bald hielt Michael Kontakt zur oppositonellen »Charta 77«. Er schmuggelte Texte in die Tschechoslowakei und zurück. Er trampte durchs Baltikum und weit hinein in die Sowjetunion. Er verlieh in seinem großen Freundeskreis die verbotenen Bücher von Solschenizyn, Kopelew und Machovec. Ein Spitzel zeigte ihn an. Die Stasi griff zu. Man ließ Michael wieder frei, nach einer bittenden Intervention der evangelischen Kirche. Aber fortan wurde er, der Staatsfeind, genau observiert – freilich nicht genau genug. Sein konspiratives Meisterstück vollbrachte er anfangs der achtziger Jahre mit einer zweiwöchigen Westreise, die er mit dem Paß seines Westberliner Bruders Martin antrat. Bis zu Michaels fröhlicher Wiederkehr vergnügte sich Martin in der DDR. Die Stasi kam nie dahinter.

Schon mit zwanzig hatte Michael proklamiert: Vor meinem dreißigsten Geburtstag will ich in London, Paris und Rom gewesen sein. – Vorerst, 1978, trampten wir durch Rumänien. Selbstredend war Michael Reisemarschall, was öfters Streit gab, denn wo ich zum beschaulichen Verweilen neigte, mußte er Gipfel stürmen und Kilometer fressen. So ähnlich unterschied uns mittlerweile auch Ideologie. Ich wünschte eine Art von Frieden mit der DDR, Michael haßte sie immer mehr als Lügenrepublik. Ich war Pragmatiker, er Rigorist. Ich war ein Bleiber, er immer auf dem Sprung. Ich redete vom Gulasch-, er vom Gulag-Kommunismus.

Verstockt verschanzten wir uns hinter unseren so verwandten Urlaubslektüren – hier Feuchtwangers »Jüdin von Toledo«, dort die Thomas Mannsche »Lotte in Weimar«. »Der Doktor Riemer quasselt immer noch«, stöhnte Michael, und der Sommer sengte die karpatischen Felder, die Sonne gloste, der Asphalt schmolz unter unseren Sandaletten, bis hinter Baile Herculane – oder schon bei Szeged? – endlich dieser Schweinelaster hielt, dann der Melonen-Transporter, dann der Türken-Truck. Schließlich erreichten wir Budapest. Vom ersten Stadtgang kehrte ich mit Jimi Hendrix' Doppelalbum »Electric Ladyland« zurück, Michael mit zwei herrenlosen Australierinnen, denen er Zeltasyl angeboten hatte. Anderntags beim Frühstück sagte er feierlich: »Ich fühle mich zum ersten Mal in meinem Leben als Europäer.«

Es konnte nichts werden mit Michael Möller und der DDR; und mit uns wollte es nichts bleiben. Er stand mir stets vor Augen als Beispiel, wie unduldsam man leben müßte: Schweijks schlechtes Gewissen. Er war der erste etlicher Gefährten, die ich vor, während und auch nach der Wende zieleifrig davonziehen sah – immer wieder in Sorge, ich müßte eilends hinterher, bis ich kapierte, daß fremdes Tempo an kein eigenes Ziel geleitet. Michael wurde nach dem Studium wissenschaftlicher Assistent und sandte mir alsbald einen Sonderdruck aus der bewunderten Göttinger Zeitschrift »Kerygma und Dogma«, die sein erstes Opus aufgenommen hatte: »An Deus sit ridiculus. Betrachtungen zu einem Motiv der Aussagen Luthers über Gott in seiner Schrift ›De servo arbitrio‹ (1525)«. Das Werk, 25 Seiten lang, beschenkte den Leser mit reichlich Latein sowie 154 Fußnoten, um deren jede ich Michael beneidete. Ich war mittlerweile Beiträger der Kirchenzeitungs-Kolumne »Gedanken zu einem Film« und hatte eben »Tootsie« rezensiert.

Es ist an der Zeit, ein paar Menschen Dank zu sagen dafür, daß ich nicht im Kino sitzenblieb. Reinhard Henkys und Matthias Hartmann vom (westdeutschen) Gemeinschaftswerk für evangelische Publizistik ermutigten mich, ab 1985 für die (West-)Zeitschrift »Kirche im Sozialismus« Essays zur Situation in der DDR zu verfassen. Hans-Jürgen Röder vom (westdeutschen) Evangelischen Pressedienst schmuggelte diese Texte nach West-Berlin. Und Adelheid Wedel und Peter Jastrow verschafften mir ein DDR-Podium jenseits der Kirchenpresse, indem sie mich ab 1987 im »Sonntag« über Rockmusik schreiben ließen und über das, was sich damit verband. Die warmen Reaktionen stifteten mir auf die späten Tage der DDR ein Gefühl von ostdeutscher Zugehörigkeit, das mich bis heute unterweist, SED-Staat und DDR-Lebenswirklichkeit nicht als Synonyme zu verwenden. Endlich fand ich mich in einem Wir, vermittelt durch *unsere Musik*. Die Großkonzerte von Cocker, Dylan, Springsteen in der DDR waren Generationswallfahrten. Es wurde schon geschrieben: Rockmusik, wie Ungezählte sie verstanden, ist nicht *Unterhaltung* gewesen, sondern Freistatt, Spiegelung ersehnten Lebens, Kunst der versagten Gegenwelt.

In jener Gegenwelt, sofern sie *Amerika* hieß, war Michael Möller inzwischen gelandet. Seit 1985 Pfarrer in Wismar, durfte er 1986 als erster Ostdeutscher für ein Jahr zum Aufbaustudium in die USA. Dort lernte er seine spätere Frau kennen. Die DDR-Behörden verweigerten ihr den Zuzug, und an die Erlaubnis, in Wismar zu heiraten, knüpften sie die Bedingung, daß der *feindlich-negative* Pfarrer Möller die DDR auf immer verließe. So geschah es, bis Markus Meckel Außenminister wurde und den Ex-Kommilitonen Möller zum US-Gesandten bestellte.

Rockmusik schrumpfte für Michael zum beiläufigen Interesse. Er brauchte sie nicht mehr wie ich als Gegenton zum Leben in der DDR. Eines der legendären Ost-Konzerte haben wir dennoch gemeinsam erlebt, wenngleich nicht zusammen: Bob Dylan am 17. September 1987 im Treptower Park. Tage später besuchte mich überraschend Michael. Er sprach davon, wie *günstig* es gewesen sei, Dylan auf Berlin-Visite zu erwischen; so müsse er nicht extra von Ohio zum Konzert nach San Francisco fliegen. Sein Renommieren tat weh, aber sollte er von seiner Freiheit schweigen, wie der Gesunde dem Trinker den Schnaps versteckt? Wir redeten

# Reunification Answers E. German s Prayer

By Laura Sessions Stepp
Washington Post Staff Writer

The Rev. Michael Moller was ambassador for an hour. At least that's the way it seemed to the East German Lutheran pastor who was appointed last May to represent his country as ambassador to the United States and had everything but final State Department approval.

With the reunification of East and West Germany this week, Moller is out of that job, and gladly. The new Germany was a dream that inspired him to hide contraband T-shirts in his church study, to lead demonstrations when other pastors were encouraging their flock from behind church doors. Sustained by a faith that told him good would eventually triumph over evil, Moller knew reunification would happen; he just didn't know how quickly.

Michael Moller is a lifelong anticommunist.

*Washington Post, 6. Oktober 1990*

in einer Kneipe im Prenzlauer Berg. Der Kellner kam: Er wolle schließen. Ich belaberte ihn um ein letztes Bier: Bitte, Meister, eins noch, wir trinken zügig ... Der Fatzke lehnte ab, in dem genüßlichen Polizei-Ton, der die DDR genauso ruiniert hat wie die Planwirtschaft. Schon standen wir draußen in der Nacht. Michael fand mich devot, den Kellner einen würdigen Repräsentanten dieser hoffnungslosen Scheiße namens DDR und sich selbst einen glücklichen Amerikaner.

Erst in Washington sahen wir uns wieder. Was waren wir nun verschieden. Es gebe eine kleine Differenz zwischen uns, erklärte Michael launig den Schmausern am kalten Vereinigungsbuffett. »I'm a hidden capitalist and Christoph is a hidden communist.« Letzteres erschreckte ein bißchen – auch mich. So trennten wir uns. Michael blieb in *Amerika*, bei seiner Familie und der Professur in Philadelphia. Ich mußte zurück, um zu beschreiben, wie aus dem alten Osten der neue würde und wie das Neue aus dem Alten stammt. Endlich hatte ich einen Beruf.

## 3

Herbst 1991. Die DDR gibt es nicht mehr. Das 89er Wir hat sich in Millionen Ichs verlaufen. Der »Sonntag« wurde »Freitag«, und statt in Heidi Wedels Redaktionskabuff am Hausvogteiplatz sitze ich im Hamburger Pressehaus der »Zeit«. Das Zentralorgan der westdeutschen Nachdenklichkeit begehrte einen Ost-Redakteur – eigentlich für die Politik, aber die Zäune zwischen den Ressorts lassen sich übersteigen. »Besuchen Sie uns doch auch mal im Feuilleton.« Da sitzen sie, die kapitalen Keiler der bürgerlichen Kunstbeäugung, und lauschen gütigst des Frischlings Berichten aus dem Unterholz der ollen DDR. »Na, das klingt ja alles ganz interessant«, sagt Ulrich Greiner, der Chef des Feuilletons. »Was wollen Sie uns denn gern als erstes schreiben?«

»Nächsten Montag gibt es in Berlin das Rockkonzert, von dem ungezählte Ostdeutsche zeit der SED-Herrschaft vergeblich geträumt haben: Johnny Winter.«

Es folgt eine Stille, die ich erst später deuten lernte. Es handelte sich um das extremste Ausdrucksmittel der hambürgerlichen Kommunikation: das hanseatische Bestürzungsschweigen. Wo möglich, wird es vermieden, zugunsten deliziöser Sprachlichkeit. In der »Zeit«-Zentrale würde niemand sagen: »Kollege Dieckmann, dein Text ist Kacke.« Man hört stattdessen etwa: »Lieber Christoph, Ihr Stück – ich habe das *sehr gern* gelesen. Nur frage ich mich, und gar nicht ohne Sorge, ob der Leser da so mitempfinden kann. Ich fürchte, nein.« Lediglich äußerstes Befremden erfordert das hanseatische Bestürzungsschweigen. Aus diesem erhebt sich nun das würdige Organ von Dr. Heinz Josef Herbort, dem Großmeister der pentatonischen Osmose und des finnischen Kontrapunkts. »Winters«, sagt Herbort. »Hatten wir nicht schon mal was über diesen Winters?«

Unter manifestem Mangel an Begeisterung wurde Johnny Winter eingeplant. Günstigerweise starb tags darauf Miles Davis, welcher also einen Nachruf brauchte, so daß die »Zeit«

den unernsten Künsten eine Seite räumte. Auch künftig durfte ich mich rockmusikalisch verbreiten, allerdings weit mehr geduldet als gedrängt – mit einer Ausnahme, der ich mich entzog: Rammstein. Die seien doch was für mich, mutmaßte Hamburg – ein Phänomen, und so ostdeutsch. Ich fand Rammstein so phänomenal wie Hammerwerfen und so ostdeutsch wie Wrestling und begehrte Platz für Steve Earle. Hamburg seufzte. Die »Zeit« ist nun mal kein Rockblatt, obwohl sie mit Konrad Heidkamp über einen Jazzkritiker verfügt, der auch die Musik der Dylan/Reed/Morrison-Generation mit kundiger Liebe in die Arme nehmen kann. Was meine Rootsrock-Vorlieben betraf, so galten sie wohl a) als Ossi-Nachholebedürfnis, b) als Klampfereien der vormodernen Provinz.

Das war ja zu begreifen. Anders als in der späten DDR hatte Rockmusik *drüben* ihre emanzipatorische Kraft längst verloren. Der Westen war im Westen keine Gegenwelt, und im Osten konnte er's nicht bleiben. Natürlich strömte statt der Wallfahrts-Massen von vor 1989 ein sehr überschaubarer Pulk ins Johnny-Winter-Konzert. Die Große Freiheit war an diesem Abend längst nicht mehr versprochen, nur das virtuose Spiel des texanischen Bluesgitarrenhäckslers John Dawson Winter. Einst hatte ihm die Rockwelt zu Füßen gelegen. Aber das war zwanzig Jahre her. Seitdem ereignete sich zweierlei: Winter wurde besser. Und der Zeitgeist ließ ihn hinter sich.

Musik oder Zeitgeist, du mußt dich entschließen. Kunst oder Pop. Ich erinnere mich an die arrogante Haßliebe, die ich als Jungrocker für das allgegenwärtige Schlagergedudel hegte. Peter Alexander, Roy Black, Daniel Gerard, »Butterfly, my butterfly« ... Dieser Massenschrott, grimmte ich, müßte verschwinden, dann würde das Radio überquellen von meiner, der wahren Musik. Was natürlich schrecklich gewesen wäre. Auch heute haßliebe ich den Schrott, von Techno bis Guildo Horn. Ich brauche ihn. Er deckt mein Geheimnis. Er rettet das Seltene vor Normalität. »Wenn das Salz stumpf wird«, heißt es in der Bergpredigt (Matthäus 5,13), »womit soll man's salzen?«

Ich liebe immer noch den Salz-der-Erde-Springsteen von »Nebraska« und »Darkness On The Edge Of Town«, aber ich hasse, was ich am 30. Mai 1999 in der Berliner Wuhlheide erlebte: Bruce Springsteen & The E-Street Band auf

Revival-Tour, mit Ballermann-Versionen ihrer Hits, vor einer Masse, die vom ersten bis zum letzten Ton der Show rhythmisch Backe-backe-Kuchen machte. Klappe zu, Affe tot. Springsteen, Cocker, Rolling Stones ... – die Immergleichen zeitigen die immergleiche Begleitprosa zu ihren immergleichen Großtourneen, obwohl die rührenden Altfans beteuern, sie wüßten einen Unterschied zwischen Jaggers Zirkustruppe, den Drei Tenören und den Zillertaler Schürzenjägern.

Ich bemerkte keinen. Also schrieb ich über die Halbgroßen und Viertelberühmten, deren Egos die Musik nicht überstimmten: David Munyon. Michael Hurley, Hazeldine, John Henry, Neal Casal. Über die Schatzhauser: Ry Cooder, June Tabor, Emmylou Harris. Über die Nibelungen: J. J. Cale, Rory Gallagher (einer der freundlichsten Menschen, die mir je begegnet sind) und die Ossi-Band schlechthin: Lynyrd Skynyrd. Die südstaatliche Kavallerie der Vereinigungs-Verlierer (1865 = 1990) galoppierte derartig entfesselt, daß ich anschließend mit *Tynnytus* ins Krankenhaus mußte. Zehn Tage hing ich stolz am Tropf. Dann eilte ich nach Köln, zu Steve Earle.

All dies sei »falsche Musik«, eröffnete mir ein Hamburger Kollege, der sich an postmodernen Klangcollagen delektiert. Das ist mir so egal wie das westliche Wettern wider die realistische Malerei. Mich interessieren Menschenbilder und -gesänge. Ich liebe erzählte Geschichten, Reportagen-Dichtung, Songs mit Metaphysik. Jeder Mensch, vermute ich, erwirbt sehr früh eine musikalische Ur-Grammatik, die ihn sein Lebtag beheimelt. Bei mir ist das die Moll-Choralik angloamerikanischer Provinzmusik: Folk, Bluegrass, Rootsrock, Alternative Country.

Ein Klischee besagt, die Amerikaner, diese Teenage-Nation, seien neidisch auf die schiere Länge europäischer Geschichte. Schon vor der Neogotik geht der Ami in die Knie. In Burgruinen und Lutherhäusern dreht er durch, polkt Kalk aus historisch kontaminierten Fugen und grämt sich ob der Schande seiner Jugend. Ich bewundere umgekehrt den sentimentalischen Mut der Amerikaner, ihr Talent zur Dehnung der Zeit. Ihr Land und ihre Musik sind so voll von Erinnerung. Die Größe macht das, die nomadische Mobilität, die Einwanderei, die ja zugleich ein Auswandern ist, und natürlich der Abbruch- und Wegwerfkapitalismus. Jeder Abschied zeugt Gedächtnis. Jenseits der Charts – so vielen armen Deutschen die einzig bekannte US-Musik – lebt *Amerika* in einem Kosmos bodenständiger Klänge, und wer ihn kennenlernen will, mache das Radio aus, lese das »No-Depression«-Magazin und schreibe nach den vortrefflichen Import-Katalogen von Chill Music, Scheeren 12, 28865 Lilienthal. Oder: Glitterhouse, Grüner Weg 25, 37688 Beverungen. Oder: Taxim, Am Dobben 3, 27330 Asendorf. – Dörfer, deutsche Provinz.

Als Deutschlands Antiprovinz spreizt sich, wie immer, Berlin. In vielem erinnert Berlins heutige *urbane* Selbstbeschwurbelung an sein Jubiläumsjahr 1987. Wieder sendet die Hauptstadt ungeheuerliche *Energien* übers Land, *spannende Impulse* noch und nöcher, und der ganze Rest der Republik, so wird in *Spreeathen* geglaubt, sabbert vor Begeisterung für diese rüde, unbedachte Stadt. Hauptstädte sind dumm. Sie kennen nur sich selbst. Provinz hat Raumblick – aufs Eigene *und* auf die Metropole. Berlin mag Zeitgeist reklamieren, *Hauptstadtwerdung*, Hip, Hop, House. Hier eitelt sich die blanke Gegenwart, hier geht es ab, hier steppt der Bär im Kettenhemd; aber was kümmert mich der dämliche Bär? Ich suche keinen Zeitgeist in der Musik, sondern *timestop*: nicht Tempo, aber die Entschleunigung der Welt. Zeitgeist heißt: Aktualität. Zeitgeist ist Westen. Im Osten ist Zeit auch der Geist der Geschichte, weil, was wir Gegenwart nennen, so viel Voriges mit sich schleppt. Statt Westen ist nun Gestern unsere Gegenwelt. Wir existieren in zwei Zeiten. Im bloßen Heute sind wir nur zu Besuch. Ein Teil von uns lebt hinter einem Zeitengraben, den der Westen nicht kennt: 1989. Das doppelt uns Gestern und Heute. Diesen breiten Begriff von Gegenwart hat der Osten dem Westen voraus, derweil der Westen denkt, der Osten hinke ihm Jahrzehnte hinterher. *Was is not was*, heißt es bei William Faulkner, dem Mystiker des verlorenen Südens, und der Berauner des Ostens erklärt: *Is is not is*. Auf ostdeutsch: Was war, ist nicht vergangen; es unterkellert, was ist. Unablässig zieht Gewesenes die Gegenwart zu sich hinab, und diese ruft jenes herauf. Einander verlassen können sie nicht, denn der Mensch ist Zeit.

Während ich die Ossi-Lebensuhr begrübelte, jagte Michael Möller nach der ganzen Welt. So wie er früher osteuropäische Städte und Balkankilometer gesammelt hatte, zählte er nun stolz die Staaten, in denen er gewesen war. Seinen vierzigsten Geburtstag feierte er in Bangkok und hatte es bis zu diesem 11. März 1997 auf dreiundsiebzig Länder gebracht. Wie kein zweiter aus unserer Generation erfüllte Michael die Weissagung des FDJ-Oktoberklubs: *Wir sind überall auf der Erde …*

## 4

»Weißt du noch«, sage ich zu Speiche von Monokel, »erinnerst du dich, wie wir im Frühjahr 90 bei dir in der Zionskirchstraße saßen, und du hast die ›Twin Peaks‹ von Mountain aufgelegt?«

»Weiß ich«, sagt Speiche, »weiß ich noch genau.« Und Monokel-Gitarrist Micha Linke ist auch dabeigewesen. Und wir waren hin und weg von Leslie Wests Klampfe in »Nantucked Sleighride«. Ist lange her, sechs Jahre. Monokel gibt es immer noch. Und nun trinken wir ein Käppchen auf den Karfreitagsauftritt hier in der »Rockfabrik Halford«, und Speiche sagt, was er immer sagt: »Alter, heute haben wir scheiße gespielt.«

»Letzte Woche«, sage ich, »hab ich Mountain im ›Loft‹ gesehen. Leslie West war wie ein Tier. Hundertachtzig Leute sind dagewesen, das muß doch wehtun, wenn man mal Woodstock gespielt hat. Am nächsten Morgen saß ich mit Leslie im Flur von seinem billigen Hotel, und ich fragte ihn dies und das, und die Putzfrau machte solchen Krach mit ihrem Staubsauger, daß ich sie um Ruhe bitten wollte. Da sagte Leslie: Laß sie, Gott liebt Menschen, die arbeiten. Und da hab ich ihn doch gefragt: Ist es nicht hart, vor hundertachtzig Leuten zu stehen, wenn man in Woodstock vor einer halben Million aufgetreten ist? Da packte er sich auf die Couch, weil er's mit dem Blutdruck hat, und sagte: Damals wie heute habe ich nur gespielt, weil ich meine Gitarre hören wollte.«

»Versteh ich«, sagte Speiche, »versteh ich vollkommen.« Speiche ist ein Weiser, im Unterschied zu Monokels Sänger Gala Gahler, dessen Ego-Manie seit der Wende nicht gelitten hat. Vor zwei Stunden enterte er die Bühne und verkündete, es sei zu Karfreitag netter, lustige Musik zu machen, als sich irgendwo annageln zu lassen. Dann ging's los:

»Boogiemobil«, »Spannersau«, »Das Monster vom Schilkinsee«, »Bye bye Lübben City«, und was man von Monokel sonst noch braucht. Jetzt betritt ein Ordner die Garderobe: »Eh, euer Sänger reihert grade ab.«

Speiche nickt wissend. »Alter«, sagt er sanft, »Alter, ich feiere in diesem Jahr dreimal. Zwanzig Jahre Monokel. Fünfzig Jahre Speiche Schütze. Und Silberhochzeit, mit Gitti. Venedig, Alter. Voll Kitsch.«

Jetzt gehen die Lichter aus. Wir müssen raus. Wenn man mit einer Zweiliterpulle »Burgadler« die Ost-Berliner Karsamstagnacht durchwandert, von Lichtenberg bis Pankow, da fällt einem viel Ewiges ein.

Dann starb Tamara Danz, am 22. Juli 1996, mit 43 Jahren.

Dann starb Rio Reiser, am 20. August 1996, mit 46 Jahren.

Dann starb Gerhard Gundermann, am 21. Juni 1998, mit 43 Jahren.

Dann erlebte ich Toni Krahl und City bei der SPD-Wahlkampf-Abschlußkundgebung am 25. September 1998, wie sie für Gerhard, Oskar und die *Neue Mitte* »Am Fenster« fiedelten. *Einmal wissen, dieses bleibt für immer ...*

Kurz zuvor war auch Gerulf Pannach gestorben, der Renft-Texter, am 3. Mai 1998, mit 49 Jahren. Ein Jahr darauf erschien ein Sammelband mit Pannachs Texten: »Als ich wie ein Vogel war«. Der Verlag Schwarzkopf & Schwarzkopf lud zur Buchpremiere. Renftmündiges Volk füllte die Ost-Berliner »Knorre« bis zum Platzen. Der Herausgeber Salli Sallmann erklomm das Podest und erhob ein Wolfsgeheul zur Wanderklampfe:

*»Ob im Süden oder Norden*
*Nirgends bist du froh geworden*
*Suche, Seele, suche!*
*Such nur, kannst doch nichts finden!*
*Siehst das Glück nur von hinten*
*Fluche, Seele, fluche!*

*Ob im Osten oder Westen*
*Wo man ist, ist's nie am besten*
*Suche, Seele, suche!*
*Freiheit, Freibier und Frieden*
*Sind dir, Seele, doch nicht beschieden*
*Fluche, Seele, fluche!«*

Dann kam Cäsar Gläser und flötete den »Apfeltraum«. Dann spielte Renft-Keyboarder Kuno Kunert, der mittlerweile aussah wie der Piratenkoch aus einem Mantel-Degen-Film, vom Tonband Gerulf-Pannach-Lieder vor, die verblüffend zwischen Wolf Biermann und Reinhard Mey oszillierten. Es folgte Boddi Bodag, der erzählte, er habe mit Engerling bei der Totenfeier für Tamara Danz gespielt und bei der Totenfeier für Rio Reiser, und als Gundermann gestorben war, habe man sie auch für dessen Feier engagieren wollen. »Da habe ich gesagt«, sagte Boddi, »Engerling ist eigentlich keine Beerdigungsband, und außerdem war Gundermann, als Gerulf Pannach im Stasi-Knast saß, IM Grigor, oder wie er hieß.«

»Haben mir viele übelgenommen, den Spruch vorhin«, sagte Boddi später am Tresen. Inzwischen waren sogar Angelika Mann (die sogenannte Lütte) und Veronika Fischer aufgetreten. Das wiedervereinigte Ostvolk schwelgte in Umarmung seiner selbst, und auch das Bier tat, was man von ihm erwarten durfte. Und dann rief Kuno Kunert die Reste der Renft-Combo zu den Instrumenten und kündigte für die Jahrtausendwende eine neue Platte an. Eigentlich habe Gerulf Pannach darauf den Leadsänger machen wollen, aber das, sprach Kuno mit bewährter Trockenheit, habe sich ja nicht so ergeben. Nun singe dafür Klaus. – Klaus Renft monierte die Länge der Pannachschen Texte: »Mal sehn, ob ich mir das alles merken kann mit meinem Schultheißgehirn.«

Er konnte. Bloß hatte, was die Band zusammenhackte, nichts mehr gemein mit dem Trotz, der Liebe, dem verknallten Überschwang der alten Zeiten, als ich wie ein Vogel war. *Ohne Stimme flog ich fort, als schon alles schlief.* Endlich erklärte Kuno das Pannach-Memorial für beendet: Die Band habe für heute noch was vor. Da reckte und entknautschte sich Klaus Renft und brüllte aus leuchtendem Antlitz: »SAUFEN!«

An diesem 11. Mai 1999 habe ich die Zukunft des Rock 'n'Roll gesehen. Sie hieß Klaus Renft.

## 5

Zu wieviel Prozent bestehst du aus Erinnerung? hatte ich 1989 Michelle Shocked gefragt, und sie hatte erwidert: Zu hundert Prozent. – Das ist sogar mir ein bißchen viel. Aber seit längerem wünschte ich, wieder dorthin zu reisen, wo soviel Erinnerungsmusik herkommt, um mit Michelles Helden zu sprechen, von denen mir bislang lediglich Townes Van Zandt in Berlin begegnet war, Billy Joe Shaver nur beim eingangs erwähnten Konzert im »Red River Saloon« von Austin und Guy Clark, der Große Weise unter Texas' Songpoeten, nie. Neujahr 1997 starb Townes Van Zandt. Totgesoffen, mit 52 Jahren. Nun wurde es Zeit.

Flug nach Texas. Tief unten liegt Neufundland, das Eismeer; weiße Klüfte klammern braunes Land. New York. Der Delta-Anschlußflug ist ersatzlos gestrichen. Protest erwirkt Überweisung zu American Airlines. Kurz nach Sonnenuntergang schneidet das Flugzeug ins *afterglow*, den purpurnen, kobaltblauen, schwarzen Himmel. All die Babeltürme unten werden Fläche, ein riesiges leuchtendes Beet. Bald Washington, dann Louisville, in gelb blinkenden Zirkeln ums State Capitol von Kentucky gelegt. Nashville, Memphis ... Die Erdsterne unten verlöschen nie. Man hielt doch immer dieses Riesenland für leer. Nachtwiesenbunt strahlt Dallas herauf, wie bei Jimmie Dale Gilmore: *Have yo ever seen Dallas from a DC 9 at night?* Wir landen. Wir starten wieder. Um Mitternacht Austin.

Austin ist zweierlei – die selbsternannte *Live Music Capital of the World* und das neue Silicon Valley. Die Computerindustrie boomt: dreihundertvierzig Firmen. Gewerkschaften gibt es nicht, und Texas gehört zu den acht US-Bundesstaaten, die ihrer Industrie die Einkommenssteuer erlassen. Keine Stadt der USA wächst wie Austin, das momentan fünfhunderttausend Einwohner zählt, Greater Austin achthunderttausend. Täglich ziehen einhundertzwanzig Menschen zu. Alle finden Arbeit, wird versichert. Zu den Computern hat die Stadt noch den Regierungssitz und die University of Texas mit fünfundfünfzigtausend Studenten. Das prägt. Auf dem Weg vom malerischen Campus zum erhabenen State Capitol (das *Texas-like* ein bißchen höher werden mußte als das in Washington) passiert man viele billige Cafés. Austin gilt als schön. Das meint wohl innere Werte.

Auch hier dominiert die allamerikanische Betonprärie: Parkplätze, Blockhütten aus Klinkern und Hochhäuser, für die aber Baustopp herrscht.

Spätestens wenn es dunkelt, führen alle Wege zur 6th Street. Hier finden sich, Häuschen an Häuschen, die meisten der über hundert Musikkneipen. Alle offerieren jeden Abend Live-Musik bester Güte, oft mit Berühmtheiten. Jetzt tobt außerdem, wie seit 1987 jeden März, die South by Southwest, die größte Messe bodenständiger amerikanischer Musik. Siebenhundertfünfzig Konzerte in fünf Tagen an sechsunddreißig simultanen Spielstätten. Die polygamen Ohren hetzen durch die Stadt und verhelfen Austins Taxifahrern zum Geschäft des Jahres.

Ich hetze nicht. Ich muß im »Speakeasy« auf Billy Joe Shaver warten. Wir sind verabredet. Der Spätnachmittag füllt die Bar. Shaver taucht nicht auf. Die Laune sackt in den Margarita, da öffnet sich die Tür. Die Shavers. Billy Joe voran, im Schlepptau Sohn Eddy. Ein Bild wie im Western: Zwei Männer betreten einen fremden Saloon.

Dann sitzen wir auf der Empore, das Mädchen bringt Kaffee, und als ich mich bedanke, nimmt sie ihn gleich wieder mit.

»Hallo, ich wollte das trinken!«

»Ich mache ihn stärker«, sagt das Mädchen, »ich habe deinen Akzent erkannt.«

»Wir waren wirklich arm«, sagt Billy Joe. »Mein Vater verschwand, bevor ich geboren war. Meine Mutter hatte nichts gelernt, sie schrubbte Fußböden und pflückte Baumwolle. Aber sie war hübsch, da ging sie nach Waco und arbeitete in einem *honky tonk*. Ich blieb bei meiner Großmutter in Corsicana/Texas. *We made it the best we could.* Ich liebte meine Mutter. So alle Jahre hat sie mich besucht, und sie schickte Geld. Hatten wir keins, dann nahm Großmutter mich mit in den Department Store und bat um Kredit. Okay, hieß es, wenn der Junge singt. Ich mußte auf eine Kiste steigen und die Kundschaft unterhalten. Radio hatten wir nicht, also sang ich, was ich in der schwarzen Nachbarschaft aufgeschnappt hatte. Den Rest hab ich erfunden. Ich sang einfach von mir selbst. So wurde ich Songwriter. Ich war fünf.«

Shavers Kollege Tom T. Hall hat mal gesagt: Falls Gott die Welt als seinen Fernsehapparat geschaffen hat, dann ist Billy Joe Shaver das Programm Montagnacht um drei. –

Shaver schulterte die obskursten Jobs; er kam mit der Hand in die Kreissäge; er brach sich als Zureiter das Kreuz; er heiratete dreimal dieselbe Frau und wurde dreimal von ihr geschieden. Daß er im Countrybusiness wenigstens den Außenseiter spielen kann, verdankt er dem Zufall.

»Anfang der Siebziger«, sagt Billy Joe, »auf Willie Nelsons 4th-of-July-Party, da waren Gott und die Welt. Ich saß mit ein paar Leuten vor dem Camper, die Gitarre ging rum, ich sang ›Willie The Wandering Gypsy And Me‹. *Three fingers whiskey pleasures the drinker and moving is more than the same thing for me* ... Plötzlich stand da Waylon Jennings, der damals gerade eine große Nummer wurde: Wer hat den Song geschrieben? – Ich. – Hast du noch mehr von der Sorte? – Einen Sack voll. – Komm nach Nashville, dann mache ich mit damit ein ganzes Album.«

Waylon Jennings galt als Rebell in Nashville, dem puritanischen Hollywood der Countryindustrie. Er provozierte das verschmalzte Genre mit brünstiger Proletenlyrik, und er bestand bei Plattenproduktionen auf seiner eigenen Band. Shaver glaubte ihm alles, begab sich nach Nashville und versuchte sechs Monate vergeblich, zu Jennings vorzudringen. Schließlich stellte er ihn im Studio. Es ist eine kostbare Szene der Countrygeschichte, wie der völlig unbekannte Shaver in den Kontrollraum stürmt, wo der berühmte Waylon Jennings mit seinem Troß hofhält, »und dann«, sagt Billy Joe, »rief ich: Hey, Waylon! Er schaute rüber: Was willst du? – Entweder du singst jetzt meine Songs, oder ich trete dir hier vor deinen ganzen Leuten in den Arsch.«

»Und dann?«

»Dann wollten seine Typen mich zusammenschlagen. Aber ich konnte nicht zulassen, daß er sein Wort bricht.«

»Und dann?«

»Waylon zog mich in einen anderen Raum und sagte: Mach das nicht noch mal. Spiel mir dein Zeug vor. Sowie ich was nicht mag, verschwindest du. Ich sang ›Ain't No God In Mexico‹, ›Old Five And Dimers Like Me‹ und so fort. Er mochte alles und machte daraus seine ›Honky-Tonk-Heroes‹-LP.«

1971 zogen Jennings und Willie Nelson von Tennessee nach Texas und etablierten Austin als Outlaw-Antithese zum bigotten Nashville. »Jetzt ist das Outlaw-Ding längst tot«, sagt Billy Joe. »*Working man's country* gibt's nicht mehr. Ich lebe auch lieber in der Stadt.«

»Wann war deine große Zeit?«

»Meine Songs sind zeitlos«, sagt Billy Joe. »Ich selbst hab mich immer klein gefühlt – wie ein Sandkorn, aber unvergleichbar mit dem Rest der Welt. Country ist persönliche Religion. Mein persönlicher Retter ist Jesus, und er ist der Retter von vielen anderen, und wir sind alle verschieden, und das haben wir alle gemein.«

»*Easy talkin' to you*«, sagte er zum Abschied. »Aber das Girl gestern im ›Stubb's‹, die war aufgeregt: Der deutsche Typ, hat sie immerzu gesagt, also dieser deutsche Typ ... Sie hat dich doch gefragt, ob du noch was brauchst.«

»Ein Bud, hab ich gesagt. Ein Budweiser.«

»Na, sie hat *butt* verstanden. Mann, sie dachte, du willst ihren Hintern.«

Dann reichte er die halbe Hand, winkte Eddy und ging. Um Mitternacht sang Billy Joe Shaver im Garten des »Stubb's« den schönsten Song des Festivals:

*»I'm gonna live forever*
*I'm gonna cross that river*
*I'm gonna catch tomorrow now*
*Nobody here will ever find me*
*But I will always be around*
*Just like the songs I leave behind me*
*I'm gonna live forever now.«*

An diesem 12. März 1997 wurde Michael Möller in Bangkok von einem Lastwagen totgefahren.

Zum Ende des Festivals vermißte Michael Corcoran, Musikpapst des »Austin American-Statesman«, seinen perfekten South-by-Southwest-Moment. Vielleicht ist er zuviel herumgesaust. Vieles war wunderbar. Jimmie Dale Gilmore sang auf der Straßenbühne »I'm so lonesome I could cry«, daß am einhundertzwölfjährigen »Driskill«-Hotel die Kalksteine schmolzen. Die Cowpunk-Pioniere Jason & The Scorchers überrannten das »Liberty Lunch« mit einer Rock 'n'Roll-Stampede, und Jason Ringenberg sah aus wie ein Unentschieden zwischen Prinzessin und Schweinehirt. Dave Alvin, Kaliforniens Roots-Rocker Nr. 1, fackelte das »Speakeasy« ab. Kimmie Rhodes sang in lauterster Schönheit die Besinnungen ihres Albums »West Texas Heaven«. Terry Allen war der texanische Randy Newman geblieben und Robert Earl Keen ein Opportunist geworden, der den Affen Zucker gab. Und dann stand auf der Bühne der Weise Guy Clark wie ein Gerhart Hauptmann des Songs, und er litt, und ich mit ihm, denn im »La Zona Rosa« pflegt das Volk brüllend zu quatschen.

Dann war das Fest vorbei. Am Abend danach saß ich im »Babe's«, lauschte dem Texas-Jodler Don Walser, dem schmerbäuchigen *Pavarotti of the plains*, und grübelte behaglich, warum mich, der ich sogar mal Free-Jazz-Fan war, die formatierte Roots-Musik viel mehr berührt, je älter ich werde. Vielleicht, weil ich nicht mehr so jung sein kann und möchte wie die arroganten Zukunftsmusiken jeder neuen Generation. Weil immer mehr von meiner Zukunft ins gelebte Leben überwechselt; und ich wünsche, das Vergangene möge nicht vorbei sein, sondern in meinem Besitz. Auch in der Kunst erscheint mir Freiheit heute reizlos jenseits von Form und Gesetz. Erst der Rahmen entgrenzt das Bild. Verharrt die Form, kann die Seele wandern, und umgekehrt. Ich liebe an meiner heutigen Musik ihre zyklische Weltfrömmigkeit, ihren Sensus für die letzten Dinge, ihren Respekt vor Syntax, Vers und Reim, ihr Kommunikationstalent, ihren Willen, sich auch die digitale Erde untertan zu machen, statt selbst ein Chip zu werden und im postmodernen Blubbern zu verschwinden. Diese Musik folgt den Gezeiten der individuellen Existenz in einer Welt, die keine gesellschaftlichen Illusionen erlaubt. In vielem hat es Deutschland besser als *Amerika*, aber sentimentalisch ist es feige, und wo es sich traut, droht Karl Moik mit *Volksmusik*. Die Nazis haben unsere Blaue Blume der Romantik zu Braunkohl gemacht. Gibt es deshalb keinen Gemeinsinn für die Mystik des Alltags? Nur den sklavischen Zynismus dessen, was in Deutschland *Unterhaltung* heißt?

Wir müssen das deutsche Brüten beenden. Tom hat sich an unseren Tisch im »Babe's« gesetzt, nebst seinem hispanischen Weibe. Familienphotos. Tom, pensionierter Anwalt, hegt für Deutschland gute Gefühle. Stolz ist er auf seine Handschriften von Goebbels, Franck und Kaltenbrunner. »Die Nürnberger Prozesse waren ungesetzlich«, sagt Tom. »Der amerikanische Soldat hat den deutschen Soldaten immer respektiert. Gefangene Japaner, die hat man weglaufen lassen, bis drei gezählt, und dann ...«

Dann tanzte ich mit Toms schöner stiller Mexikanerin, und Don Walser jodelte:

*»I'm lonesome but I'm happy*
*Rich but I'm broke*
*And the good Lord knows the reason*
*I'm just a cowpoke*
*From Dallas to Austin*
*The Ranches I know*
*I live with the wind*
*No one cares where I go.«*

»Warum habt ihr nie politisch gescrhieben, Townes Van Zandt und du«, fragte ich den Weisen Guy Clark. »Townes' und deine Jugend, die Sixties, das war doch für Amerika eine revolutionäre Zeit. Und es gab Pete Seeger, Country Joe McDonald, Joan Baez ...«

Was er politisch denke, meinte Clark, sei zwar nicht privat, aber es gehöre nicht in seine Songs. Er verfasse keine Kommentare, sondern Stories zur Imagination des Hörers. »Was ich schreibe«, erklärte Clark, »erfüllen andere mit ihrer eigenen Bedeutung.« Und wie er das sagte und dabei gemächlich seinen Tee umrührte und sorgfältig Rauch ausstieß, da war klar, daß diese Musik nicht nur zeitlos sein wollte und fern aller Jugendkultur, sondern ohne jedes Pathos zur Veränderung der Welt.

»Gibt es für Country eine Hoffnung auf gemeinsamen Fortschritt«, fragte ich. »Oder dreht sich alles im Kreis, und man wächst nur im eigenen Leben?«

»Das wäre doch ein großer Fortschritt.«

»Verliert man nicht auch mit den Jahren?«

»Nichts. Vielleicht Leidenschaft. Ich werde älter und weiser, ich schreibe besser.«

»Wie schreibst du?«

»Mit Abstand, einem Bleistift und einem großen Radiergummi. Mit einem Freund, wenn ich nicht weiter weiß.«

»Gehörst du einer vorigen Zeit?«

»Nein. Ich bin fünfundfünfzig. Das Heute ist, was es ist. Nur Videoclips mag ich nicht, die killen Imagination.«

»Ich finde doch, daß man auch verliert«, sagte ich. »Bis vor nicht allzu langer Zeit war mir, als stiege ich eine Treppe hoch, immer weiter, Stufe um Stufe, Jahr für Jahr. Aber ganz allmählich ergriff mich ein Gefühl, als liefe ich zugleich hinab. Ich vergesse, ich verlerne, und die Sensationen der Jugend scheinen mir Remakes des immergleichen Films. Das ist doch ein Verlust.«

»Das nennt man Leben«, griente der Weise Guy Clark.

»Sir! Wirklich?«

»Ja«, sagte er, »das ist ein Hammer, was?«

*Juni 1999*

# Quellenverzeichnis

Besuch einer Legende – »Sonntag« Nr. 4/1987
Musik aus Leib und Seele – »Sonntag« Nr. 19/1987
How does it feel – »Sonntag« Nr. 40/1987
Herbstmusik – »Sonntag« Nr. 48/1987
Schmidt und die Stars – »Sonntag« Nr. 6/1988
Ars longa? Vita brevis! – »Sonntag« Nr. 11/1988
Mode lang und Mode kurz – »Sonntag« Nr. 13/1988
Mensch zu Menschen – »Sonntag« Nr. 26/1988
Kleines Fest mit Sahne – »Sonntag« Nr. 31/1988
You rock, we roll? – »Sonntag« Nr. 34/1988
Wat ick bin – Geschrieben für »Die Kirche« am 24. Oktober 1988. Die betreffende Ausgabe wurde vom Presseamt verboten. Die »Wochenpost« bat mich ebenfalls um eine Rezension zu »Flüstern und Schreien«. Sie wurde zunächst akzeptiert, aber dann im letzten Moment aus dem Druck genommen.
Abschied vom Trabant – »Journal für Unterhaltungskunst« Nr. 9/1989
Neue Platte, alter Schnitt – »Sonntag« Nr. 25/1989
Texas auf der Themse – »Sonntag« Nr. 15/1989
Silencio – »Sonntag« Nr. 33/1989
Die Hitze in Dosen – »Melodie und Rhythmus« Nr. 1/1990
Rock gegen Gewalt – »Sonntag« Nr. 44/1989
Nur der kleine Udo – »Sonntag« Nr. 4/1990
Neil Old – »Sonntag« Nr. 11/1990
Allerlei mit Partei – »Sonntag« Nr. 12/1990
Augen auf und Mund zu – »Sonntag« Nr. 22/1990
Milberts großer Tag – »Sonntag« Nr. 25/1990
Baßknecht in der DDR – »Zeit-Magazin« Nr. 46/1990
»Rock'n'Roll is here to stay« – »Kirche im Sozialismus« Nr. 12/1986
Gott in Berlin und die Folgen – »Kirche im Sozialismus« Nr. 4/1987
Zeit und Zeitung – »Kirche im Sozialismus« Nr. 1/1989
Der ewige Mensch (I) – »Sonntag« Nr. 31/1989
Der ewige Mensch (II) – »Die Kirche« Nr. 34/1989
Die Welt von gestern – »Kirche im Sozialismus« Nr. 6/1989
Vom Himmel auf die Erde – »Sonntag« Nr. 51/1989
Drei Tage der Revolution – »Sonntag« Nr. 2, 6, 12/1990
Als ich wie ein Vogel war – entstanden für dieses Buch

# Bildnachweis

Archiv des Autors S. 29, 67, 225, 2. Umschlagseite
Jens Bark S. 47
Christoph Dieckmann S. 239, 4. Umschlagseite
Thomas Grabka 3. Umschlagseite
Harald Hauswald S. 33, 39, 68 , 79, 121, Titelfoto
Frank Löhmer S. 8
Uli Pschewoschny S. 133
Ulrich Rödiger S. 57
Ralf Zöllner S. 87